欧米諸国から見た日本法

―多様な視点を求めて―

マーク・デルナウア／奥田 安弘
編著

日本比較法研究所
研究叢書
134

中央大学出版部

装幀　道吉　剛

序　文

　外国法研究および比較法の重要な意義は、多くの場合、自国の法律問題を解決し、自国法を新しくするためのヒントを見つけるために、外国法に関する知見を得ることに見出される。そのため、比較法学者は、まず異質なものを見て、自国法の経験に基づき、それを分析する。

　日本においても、新しい立法を準備する際に、外国法を調査するのは、長い伝統であり、明治の初期にさかのぼるだけでなく、中国の前近代法の継受を含めれば、7世紀にまでさかのぼる。その反対に、外国法の経験に基づき、日本法を振り返ることは、あまり行われてこなかった。1つの理由としては、外国において日本法に関する知見があまり広まっておらず、日本法に関する外国語文献の数が少なかったことが挙げられる。しかし、別の理由としては、これまで多くの法律家にとって、これが役立ち得るとは、あまり想像できなかったことにもよる。

　ところが、日本法に関する外国の専門家の数は、1990年代の初頭から、米国、欧州の一部、オーストラリアにおいて増加した。特にドイツにおける増加は著しい。一方、日本の研究者も、外国に長期間滞在し、その結果、外国法の豊富な経験に基づき、あたかも外国人の目で日本法を見るような人の数が増えた。これらの人々にとっては、日本法の状況、および日本法に継受された外国の法制度の文化変容は、日本固有の視点と異なって見えるかもしれない。したがって、このような日本法に対する見方に一層留意することは、極めて有意義と思われる。

　執筆者の大部分がドイツ人であるため、『欧米諸国から見た日本法』というタイトルは、羊頭狗肉と思われるかもしれない。しかし、各章を読んで頂ければ分かるとおり、ドイツ法だけでなく、他の欧州大陸法や英米法との比較も行われているため、あえて欧米諸国という広い言葉を使うことにした。また本書では、オーストラリア法を取り上げた章があり、オーストラリアを欧米に含め

てよいのかという問題があるが、本書にいう欧米諸国とは、専ら法律的な観点によるものであり、オーストラリアが英国法の伝統を引き継いでいることには、異論がないであろう。

　本書の企画は、2023年7月に奥田がデルナウアに概要を伝え、比較法研究所の叢書として出版したいと相談したことに始まる。その際に、奥田とデルナウアは、ドイツ人の日本法研究者によるドイツ語論文を日本語版として収録することを決め、掲載論文の選定について意見を交換した。これらの論文は、日本法の全体に関わる総論的問題（第1章・第2章）から、ADR（第3章）・債権法改正（第4章）・憲法の平和条項（第5章）に至るまで、様々な問題について考察したものである。原著者は、いずれも日本法の研究者であり、日本語の読解能力は完璧であるため、奥田は大幅に意訳をして、それが適切であるか否かは、原著者の判断に任せた。また原著者は、必ずしも元の原稿にこだわらず、大幅な修正を施した。したがって、原著者が日本語版を作成するにあたり、奥田がその意を汲んで手伝ったというのが実態に合っている。

　第6章および第7章は、かつて同様の方法により、ドイツの差止訴訟と日本の消費者団体訴訟の比較、および重国籍者の国会議員資格に関する日本とオーストラリアの対応の比較について、すでに公表した論文を加筆修正したものである。また第8章は、奥田の書下ろしである。前半は、家族法上の問題点を取り上げ、後半は、日本の法科大学院制度および大学の研究環境を取り上げる。

　本書の背景として、ぜひ知っておいて頂きたいのは、2003年から続くマックスプランク外国私法国際私法研究所（ハンブルク）への日本法図書発送プロジェクトである。これは、奥田が有斐閣の江草忠敬社長（現・相談役）と研究所のハラルド・バウム教授の間を仲介して始まったものである。20年を超えた今も、有斐閣側の後任である江草貞治社長、および研究所側の後任であるルース・エフィノーヴィチ主任研究員に引き継がれている。選書作業は、奥田が引き続き担当し、有斐閣と研究所の多数のスタッフの協力を得て、毎年日本の各出版社の図書を実費で送っている。本書のドイツ人の執筆者は、すべて研究所に現在または過去に所属しているので、本書は、このプロジェクトの成果で

あるとも言える。

　最後になったが、ご協力頂いた執筆者の皆さん、すなわち、バウム教授・ベルツ教授・ライアン教授・シュヴィテック博士・エフィノーヴィチ博士（順不同）に対し、心から御礼申し上げたい。また、本書の編集作業を手伝って頂いた中央大学出版部の中村英之さん、出版について相談に乗って頂いた日本比較法研究所の関口夏絵事務室長、その他の事務作業を担当して頂いた林和彦さんにも、厚く御礼申し上げる。

2024年5月末

マーク・デルナウア　　　　　　　　　　　　　　　　奥　田　安　弘

目　次

序　文
初 出 一 覧
執筆者一覧

第1章　日本における法観念・法体系・法の現実
　　　　――日本法の比較研究――
　　　　　　　　　　　　　　　　　　……………………ハラルド・バウム　*1*
　Ⅰ．不適切な欧州中心主義 ………………………………………… *1*
　Ⅱ．日本法の特徴および分類 ……………………………………… *6*
　　1.「極東」法圏？　*6*　　2．学説の概要　*8*　　3．日本法の
　　変遷の歴史　*11*　　4．ラーン博士の分析における日本の伝統的
　　な法観念　*15*　　5．ヘイリー教授による制度的要素の重視　*22*
　　6．小田教授の普遍的アプローチ　*32*
　Ⅲ．私　見 ……………………………………………………………… *35*
　　1．伝統と革新　*36*　　2．第3の道　*40*　　3．結語　*42*

第2章　現代日本法の理解に必要な文化の意味
　　　　――異国趣味からの脱却？――
　　　　　　　　　　　　　　　　　……………………モーリッツ・ベルツ　*45*
　はじめに ……………………………………………………………… *45*
　Ⅰ．日本法への文化の影響は特に強いのか？ ………………… *45*

Ⅱ．日本における法と文化 …………………………………… 46
　　　A．文　化 46
　　　　1．日本の文化 46　　2．文化の変遷 47　　3．文化と法の相互関係 47
　　　B．法にとっての文化の意味 48
　　　　1．法と価値判断 48　　2．経路依存性と相互補完性 49
　　　　3．文化による説明に対する批判 52
　　Ⅲ．日本における法の移植の痕跡 ……………………………… 55
　　　1．法にとっての文化的背景と法の移植 55　　2．外国法の新しい意味 56　　3．西洋法の文化変容 57
　　お わ り に ……………………………………………………… 58

第3章　日本における「あっせん」の法制度化
　　　　　　　　　……ハラルド・バウム／エヴァ・シュヴィテック　59
　は じ め に ……………………………………………………… 59
　Ⅰ．概要 …………………………………………………………… 60
　　1．ADR法制定の経緯 60　　2．法的根拠 62
　Ⅱ．あっせん事業者 ……………………………………………… 64
　　1．認証 64　　2．業務の変更 71　　3．継続的な監督 73
　　4．認証の取消し 75　　5．義務 76　　6．責任 79
　Ⅲ．あっせん手続 ………………………………………………… 79
　　1．手続の流れ 79　　2．手続の終了と結果 82
　　3．手続の効力 86　　4．費用 88
　Ⅳ．評価とまとめ ………………………………………………… 88

第4章　ドイツから見た日本の債権法改正
　　　　　　……………………マーク・デルナウア　*95*

　はじめに ……………………………………………… *95*
　Ⅰ．改正の目的 ………………………………………… *97*
　　1．国民一般にとっての分かりやすさ　*98*　　2．債権法の現代化　*116*
　Ⅱ．改正の内容 ………………………………………… *118*
　　1．改正の範囲　*118*　　2．個々の改正点　*120*
　Ⅲ．改正法の基本的に足りない点 …………………… *129*
　おわりに ……………………………………………… *133*

第5章　75年間改正のなかった日本国憲法の平和条項
　　　　　　………………ルース・エフィノーヴィチ　*135*

　はじめに ……………………………………………… *135*
　Ⅰ．憲法9条の概要 …………………………………… *136*
　Ⅱ．憲法の改正 ………………………………………… *139*
　Ⅲ．憲法の解釈 ………………………………………… *140*
　　A．解釈権者　*140*
　　　1．内閣法制局　*140*　　2．最高裁判所　*141*
　　B．解　釈　*143*
　　　1．憲法9条の様々な解釈　*143*　　2．個別的自衛権　*144*
　　　3．武器使用と一体化　*146*　　4．軍隊ではないこと　*148*
　　　5．戦力　*149*
　　C．2014年の解釈変更　*150*
　　　1．限定的な集団的自衛権　*150*　　2．政府の主張する根拠　*152*
　　　3．学説　*154*　　4．憲法9条の立法経緯　*155*
　Ⅳ．法的枠組みの概要とその運用 …………………… *156*
　おわりに ……………………………………………… *160*

第6章　消費者団体訴訟の独日比較
——法制度と運用の実態——
……………………マーク・デルナウア／奥田安弘　*161*

　はじめに ………………………………………………………… *161*
　Ⅰ．法源の比較 ………………………………………………… *163*
　Ⅱ．差止請求権者の比較 ……………………………………… *166*
　Ⅲ．差止請求権の内容の比較 ………………………………… *170*
　Ⅳ．差止請求権の行使の比較 ………………………………… *174*
　　1．事前の警告　*174*　　2．差止訴訟の手続上の問題　*175*
　　3．判決の効力　*177*
　　おわりに ……………………………………………………… *179*

第7章　重国籍者の国会議員資格
——日豪の事例の比較——
………………………奥田安弘／トレバー・ライアン　*181*

　はじめに ………………………………………………………… *181*
　Ⅰ．日　本　法 ………………………………………………… *185*
　　1．台湾人の国籍　*185*　　2．中国国籍の得喪と政府承認　*189*
　　3．蓮舫議員の事案　*194*　　4．日本の国籍法上の国籍選択　*199*
　　5．重国籍者の国会議員資格　*205*
　Ⅱ．オーストラリア法 ………………………………………… *210*
　　1．重国籍による連邦議員資格の剥奪　*210*　　2．Sykes v Cleary　*216*
　　3．Re Canavan　*222*　　4．諸々の法改正案　*228*
　　おわりに ……………………………………………………… *232*

第8章　若干の例に見る日本法への誤解
――比較法的観点から――
……………………………………………奥田安弘　*237*

　はじめに ………………………………………………… *237*
　Ⅰ．離　婚 ………………………………………………… *238*
　　1．日本では離婚が容易であるのか？　*238*　　2．EU 諸国の離婚法との比較　*241*
　Ⅱ．養子縁組 ……………………………………………… *243*
　　1．日本の養子縁組法の特徴　*243*　　2．特別養子縁組が増えない理由　*246*
　Ⅲ．戸　籍 ………………………………………………… *252*
　　1．身分登録の機能の限界　*252*　　2．外国の方式による夫婦別氏婚？　*254*　　3．夫婦別氏の戸籍上の問題点　*259*
　　4．同性婚の戸籍上の問題点　*263*
　Ⅳ．法科大学院 …………………………………………… *266*
　　1．創設20年目の検証　*266*　　2．在学中受験と早期入学　*273*
　Ⅴ．大学の研究環境 ……………………………………… *275*
　　1．学術会議の協力団体　*275*　　2．認証評価制度　*278*
　　おわりに ……………………………………………… *282*

初 出 一 覧

第1章　Harald BAUM, Rechtsdenken, Rechtssystem und Rechtswirklichkeit in Japan – Rechtsvergleichung mit Japan, in: ZJapanR/J.Japan.L. 2 (1996) 86-109.

第2章　Moritz BÄLZ, Wider den Exotismus? Zur Bedeutung der Kultur für das Verständnis des modernen japanischen Rechts, in : ZJapanR/J.Japan.L. 25 (2008) 153-164.

第3章　Harald BAUM / Eva SCHWITTEK, § 29 Schlichtung, Mediation, Schiedsverfahren, in : BAUM / BÄLZ / DERNAUER / KOZIOL (Hrsg.), Handbuch Japanisches Handels – und Wirtschaftsrecht (2. Aufl., Carl Heymanns Verlag, Köln 2024, in Vorbereitung).

第4章　Marc DERNAUER, Der Schuldrechtsreform-Entwurf: Eine Bewertung, in: ZJapanR/J.Japan.L. 39 (2015) 35-72.

第5章　Ruth EFFINOWICZ, 75 Jahre unveränderte japanische Verfassung. Herausforderungen für die Auslegung des Friedensartikels, in: AIZAWA, Keiichi / JAPANISCHES KULTURINSTITUT KÖLN (Hrsg.), Gemeinsame Herausforderungen (Iudicium, München 2023) 23-46.

第6章　マーク・デルナウアー＝奥田安弘「ドイツの差止訴訟法と日本の消費者団体訴訟導入問題」中央ロー・ジャーナル3巻1号30頁～47頁（2006年）

第7章　奥田安弘＝トレバー・ライアン「重国籍者の国会議員資格――日豪の事例の比較と法的分析」比較法雑誌53巻3号45頁～75頁（2019年）、53巻

4号1頁〜28頁（2020年）

第8章　（書き下ろし）

執筆者一覧

編者・第 4 章・第 6 章：
マーク・デルナウア（Prof. Dr. Marc DERNAUER）
中央大学教授（詳しくは巻末参照）

編者・第 6 章～第 8 章：
奥田安弘（Prof. Dr. Yasuhiro OKUDA）
中央大学名誉教授（詳しくは巻末参照）

第 1 章・第 3 章：
ハラルド・バウム（Prof. Dr. Harald BAUM）
マックスプランク外国私法国際私法研究所（ハンブルク）元主任研究員

第 2 章：
モーリッツ・ベルツ（Prof. Dr. Moritz BÄLZ）
フランクフルト大学教授

第 3 章：
エヴァ・シュヴィテック（Dr. Eva SCHWITTEK）
May und Partner フランクフルト事務所弁護士

第 5 章：
ルース・エフィノーヴィチ（Dr. Ruth EFFINOWICZ）
マックスプランク外国私法国際私法研究所（ハンブルク）主任研究員

第 7 章：
トレバー・ライアン（Prof. Dr. Trevor RYAN）
キャンベラ大学教授

第1章　日本における法観念・法体系・法の現実
——日本法の比較研究——

ハラルド・バウム[*]

Ⅰ．不適切な欧州中心主義

比較法研究者は、時としてフランス大統領のような行動をする。有名な逸話

---

[*] 本稿は、Harald BAUM, Rechtsdenken, Rechtssystem und Rechtswirklichkeit in Japan – Rechtsvergleichung mit Japan, in: ZJapanR/J. Japan. L. 2 (1996) 86-109 をもとに、著者が最近の文献を加えるなどの加筆修正を行った後、奥田が日本語訳（意訳）を作成し、著者本人およびデルナウアがチェックしたものである。原著は、Harald BAUM, Rechtsdenken, Rechtssystem und Rechtswirklichkeit in Japan – Rechtsvergleichung mit Japan, in: RabelsZ 59 (1995) 258-292 をアップデイトしたものであり、以下の著作の書評でもある。Guntram RAHN, Rechtsdenken, und Rechtsauffassung in Japan, C. H. Beck (München, 1990). XIX, 470 S. (im Folgenden als ‚RAHN‘ zitiert); John Owen HALEY, Authority Without Power. Law and the Japanese Paradox, Oxford University Press (New York / Oxford, 1991) X, 258 S. (im Folgenden als ‚HALEY‘ zitiert); Hiroshi ODA, Japanese Law, Butterworth (1. Aufl., Dublin, Edinburgh, London 1992). XXXIV, 444 S. (im Folgenden als ‚ODA‘ zitiert). ラーン博士の著作の書評としては、W. RÖHL, in: NJW 1990, 3063; B. GROßFELD, in: JZ 1991, 235; J. SCHREGLE, in: Das Recht der Arbeit 1992, 2 f. があり、ヘイリー教授の著作の書評としては、C. STEENSTRUP, in: J. Jap. Stud. 19 (1993) 481 ff. がある。小田教授の著作の初版は、A. H. HERMANN, in: Business Law Brief, Mai 1993, 18 f.; Y. IWASAWA, in: Int'l & Comp. L.Q. 43 (1994) 236 f. において紹介され、詳しい書評としては、K. L. PORT, in: Am. J. Comp. L. 42 (1994) 452 ff. がある。1999年の第2版の書評としては、V. TAYLOR, in: Australian Journal of Asian Law 2 (2000) 99 ff.、2009年の第3版の書評としては、L. NOTTAGE, in: Australian Journal of Asian Law 11 (2009) 322 ff.、2021年の第4版の書評としては、Andrea ORTOLANI, in: ZJapanR/J.Japan.L. 53 (2022) 271 ff. がある。ただし、本稿における書

によれば、フランスのドゴール大統領は、1962 年に日本の池田勇人首相がフランスを訪問した際に、迎えに出るのを拒否した。「トランジスターのセールスマン」のために割ける時間はないというのである。それから 30 年後には、フランス（および欧州）の自動車産業は、EU の消費者を犠牲にして、日本製の自動車の輸入を大幅かつ恣意的に制限することによって、生き延びている。

　一般的な比較法の本を読んで、（多くの場合に最後のほうで）「アジア法」や「極東法」、特に「日本法」という記述に行き当たった人は、この話を思い出すかもしれない。たとえば、それほど古くない時代に、ある著名な本は、「社会的・文化的伝統の違い」、特に「日本人の法意識（japanisches Rechtsbewußtsein）」を理由として、日本法との有意義な比較は不可能であるという見解を示し、その代表例として、日本の契約法を引き合いに出している[1]。

　しかし、日本の劇的な経済発展を目の当たりにしたら、日本の経済現象において重要な役割を果たす信頼に基づく柔軟な契約慣行が、どれほど我々欧米人にとって参考になるのか、という問題を取り上げるべきであろう。すなわち、我々は、上記の逸話に類する他国の契約観念を理論的には別物と思われるからといって、重要でないと無視するのではなく、むしろ法実務的に重要であるその異質性のゆえに、掘り下げた比較研究を行うべきである[2]。ラーン博士も、すでに 30 年以上前に出版した著書の冒頭において、契約の例を取り上げ、非欧州諸国法との比較研究に貢献している（RAHN 8 ff.）[3]。

　　評の対象は、1992 年の初版である。
1)　K. ZWEIGERT / J. PUTTFARKEN, Zur Vergleichbarkeit analoger Rechtsinstitute in verschiedenen Gesellschaftsordnungen, in: K. ZWEIGERT / J. PUTTFARKEN (Hrsg.), Rechtsvergleichung (1978) 395, 406 f.
2)　この点については、たとえば、Z. KITAGAWA, J. O. HALEY, G. RAHN, L. NOTTAGE の論文を掲載した Law and Contract in Japanese Business, in: H. BAUM (Hrsg.), Japan: Economic Success and Legal System (1996) 145 ff., 167 ff., 185 ff. bzw. 197 ff. 参照。120 年間に及ぶ日本の判例を取り入れ、2020 年に施行された民法の債権法改正については、K. YAMAMOTO / G. KOZIOL (Hrsg.), Das reformierte Japanische Schuldrecht (2021) および本書の第 4 章参照。
3)　I. KITAMURA, Cultures différentes, enseignement et recherche en droit comparé:

欧州中心的な観点の例としては、さらに 1988 年に第 2 版が出版された著名な比較法研究の本がある。そこでは、日本について僅かに割かれた頁において、次のとおり書かれている。「西洋の法は、自由な個人からなり、この自由を基礎にして法律関係を規律する市民社会を前提とする。日本の現実は、このような状況とかけ離れている。……西洋の立法は、合理的な思考をする人々のために制定され、その抽象的な構成は、西洋の精神および思考方法に合致する。この近代法の適用は、日本では、論理よりも詩歌を愛し、歴史的に自由と人の尊厳という理想を極度に軽視する日本人の神秘的な感情論の抵抗に遭っている。……法は〔日本人にとって〕軽蔑すべきものとされる」[4]。

要するに、日本は十分な「法感情（Rechtsgefühl）」を持ち合わせていると装っているだけであり、それに基づく「正義の支配（Herrschaft der Gerechtigkeit）」の欠如が窺われるというのである[5]。この的外れな評価の対象となっているのは、（当時）世界第 2 位の経済大国かつ超技術大国である。その成功は、詩歌への傾倒ではなく、むしろ合理的かつ効率的な行動をする能力にあると思われる。それを考えれば、日本人をいわゆる「農産階級」に位置づけるのは[6]、滑稽とさえ思われる。社会的には神秘のベールに包まれているが、（兼業の）米農家が選挙で熱く訴えかけられ、欧州と同じく毎年何 100 万ユーロの補助金を受け、近代的な機械で田圃を耕し、安い外国の輸入米から守られた市場において、国際的な市場価格の何倍もの値段で米を売ることができるとは、おそらく知らないのであろう。哀れな農産階級というイメージは、約 90 パーセントの日本国民が中産階級に属すると感じている、という何度も繰り返されるアンケートの結果にも合わない。

  Brèves réflexions sur la méthode de comparaison franco-japonaise, in: Rev.int.dr. comp. 1995, 861 ff. も参照。
4) G. GRASMANN, Die Rechtsordnungen des Fernen Ostens, in: R. DAVID / G. GRASMANN, Einführung in die großen Rechtssysteme der Gegenwart (2. dt. Aufl. 1988) 545, 566 f.
5) GRASMANN, Fn. 4) 571.
6) GRASMANN, Fn. 4) 566.

しかし、このような現実離れした観察とは別に、欧米諸国では、その間に別の傾向も現れている。最初は米国において、やがて欧州においても、日本とアジアの経済的繁栄を受けて、その地域への関心が高まっている。これは、経済的な面だけでなく、日本（およびアジア、特に中国）の成功の社会的・法的背景に向けられている。この喜ばしく、かつ必要不可欠な転換は、「アジアの時代」の到来を信じているか否かを問わない[7]。

本稿で紹介する著作は、日本法に関する欧米言語の比較法研究の新時代を切り拓くものであり、欧州中心的なアプローチあるいは民族学中心的なアプローチとは無縁である[8]。特にラーン博士の著作は、注意深く、かつ先入観を排除して、研究対象にアプローチしているため、重要と思われる。幸いなことに、深い専門知識および比較法研究の駆使によって輝く業績は、これだけではない。特に米国では、すでに1980年代から90年代にかけて、日本法の多様な側面に関する研究が多数公表された[9]。これに対し、欧州の日本法研究は、少数

---

7) 特に1990年代の日本の挑戦については、D. ENCARNATION, Rivals beyond Trade (1992) または F. STREIB / M. ELLERS, Der Taifun. Japan und die Zukunft der deutschen Industrie (1994) 参照。ただし、2010年代以降は、経済的および政治的な挑戦を強める中華人民共和国に注目が集まっている。

8) 念のために言えば、民族学中心的なアプローチは、日本でも知られていないわけではない。法律学では少ないが、社会学および一部は自然科学においても、いわゆる「日本人論」が「学問」の一分野として確立し、膨大な本が出版され、日本人を他の民族と比べて、ユニークな存在であることを証明しようとしている。特に P. N. DALE, The Myth of Japanese Uniqueness (1986) 参照。さらに日本学の研究者による日本人論として、I. HIJIYA-KIRSCHNEREIT, Das Ende der Exotik (1988) 176 ff. 参照。

9) 多数の米国の著作のうち、特筆すべきであるのは、ラムザイヤー教授の一連の論文であり、そこでは、主に日本の法制度の経済分析が追究されている。たとえば、Mark J. RAMSAYER, Lawyers, Foreign Lawyers, and Lawyer-Substitutes. The Market for Regulation in Japan, in: Harv. Int'l L. J. 1986, 499 ff.; DERS., Takeovers in Japan. Opportunism, Ideology and Corporate Control, in: UCLA L. Rev., 1987, 1 ff.; M. J. RAMSAYER / F. MCCALL ROSENBLUTH, Japan's Political Marketplace (1993) 参照。重要な法社会学的研究としては、さらに F. K. UPHAM, Law and Social Change in Postwar Japan (1987) がある。また、21世紀初頭までの米国における日本関連の

の例外を除き、最初は控えめであった[10]。しかし、やがて現在まで続く変化が訪れた[11]。特に今のドイツには、研究書・シンポジウム報告書・論文集の形で、日本法に関する包括的な文献が存在し、それらの一部は、日本および最近ではアジア全体を扱った書物として出版されている[12]。さらに、多数の論文が専門誌に公表され、『日本法雑誌（Zeitschrift für Japanisches Recht / Journal of Japanese Law）』だけでも、1996年の創刊から2023年までに56冊が出版され、500以上の寄稿があった。それらは、全世界の研究者がドイツ語・英語・フランス語で日本法について書いたものである。また欧米言語による最近の関連文献は、書誌に収録されている[13]。

比較法研究に関する網羅的な概観としては、D. H. FOOTE (Hrsg.), Law in Japan. A Turning Point (2007) がある。

[10] 若干の短い研究書以外に、ドイツ人（および一部は日本人）の体系的な論文集として、たとえば、P. EUBEL u. a. (Hrsg.) Das japanische Rechtssystem (1979) または H. BAUM / U. DROBNIG (Hrsg.), Japanisches Handels- und Wirtschaftsrecht (1994) が挙げられる。後者は、その後、H. BAUM / M. BÄLZ (Hrsg.) Handbuch Japanisches Handels- und Wirtschaftsrecht (2011, Neuauflage für 2024 in Vorbereitung) に引き継がれた。さらに1990年代には、様々な比較法シンポジウムの報告書が出版された。たとえば、H. COING et al (Hrsg.), Die Japanisierung des westlichen Rechts (1990); DERS., Staat und Unternehmen aus der Sicht des Rechts (1994); H. MENKHAUS (Hrsg.), Das Japanische im Japanischen Recht (1994) がある。また、ドイツ人・日本人・アメリカ人によるシンポジウムの報告書として、BAUM (Hrsg.), Fn. 2) がある。

[11] その概要については、G. F. COLOMBO et al, The State of Japanese Legal Studies in Europe, in: ZJapanR/J.Japan.L. 49 (2020) 5 ff. 参照。

[12] 詳しくは、COLOMBO et al, Fn. 11) 41 ff. 参照。

[13] H. BAUM / L. NOTTAGE / J. RHEUBEN / M. THIER, Japanese Business Law in Western Languages: An Annotated Selective Bibliography (2. neubearbeitete und erweiterte Aufl. 2013).

II．日本法の特徴および分類

1．「極東」法圏？

今でも比較法学における最大のミステリーの1つとされるのは、日本法をいずれの法圏・法系・法族に分類するのか、という問題であろう。本稿で紹介する学説のうち、この問題を明確に論じているのは、小田教授（ODA S. 3 ff.）およびラーン博士（RAHN 404 ff.）であり、ヘイリー教授（HAYLEY 3 ff., 14 f., 193 f.）も部分的に言及しているため、この「性質決定の問題（Qualifikationsproblem）」をまず取り上げたい[14]。以下では、ラーン博士（RAHN 10）と同様に、欧州中心的な「極東」という概念を使わず（そこに住む者にとっては、西洋は「極西」ということになるであろうから）、その代わりに中立的かつ客観性のある「東アジア」という用語を使う。詳しく言えば、まず形式的と思われる分類の問題を取り上げた後、日本社会が20世紀を終えて、西洋の法制度を継受してから優に100年を超えた期間、どのように自国法と向き合ってきたのか、という極めて大きな問題を取り上げる。これは、ラーン博士およびヘイリー教授の分析の中心課題であり、小田教授は、少なくとも形式上は、分類の問題に批判的であるが、共通テーマの出発点と言える[15]。

ただし、そもそもこのような分類に意味があるのか、それに代わるものとし

---

14) 「極東法圏」という概念は、おそらく代表的な比較法の著書である K. ZWEIGERT / H. KÖTZ, Einführung in die Rechtsvergleichung auf dem Gebiete des Privatrechts, 2 Bde. によって広まったものと思われる。この本は、すでに1969年および1971年の第1版において、「極東法圏」に言及しているが、それは、1984年の第2版においても同じである（DIES., 404 ff.）。しかし、1996年の第3版では、本稿で紹介された学説を全面的に受け入れ、もはや「極東法圏」という概念を使わないことを宣言した（DIES., 281 f.）。

15) 以下については、T. KINOSHITA, Japanese and Western Law, in: H. G. LESER / T. ISOMURA, Wege zum japanischen Recht, FS Zentarō Kitagawa (1992) 199 ff. の優れた分析も参照。

て、いかなる基準を設けるべきであるのかという根本問題は、見送らざるを得ない[16]。本稿において実際的かつ学問的に意味があるのは、継受された法が新しい地において、どのように解釈適用されているのか、そして元の国とはどのような異なる結果を生じ得るのかという問題である。これは、様々な法域が提供する解決の共通点を見出す[17]、という古典的な機能的比較法の手法を超えて、日本との法文化の比較を必要とする[18]。

ラーン博士は、日本の法観念を分析するにあたり、特に法理論と法実務の境界が重要であるという考えに基づき、ドイツにおける通説的見解とは異なり[19]、比較法だけでなく外国法研究にとって根本的な意味を有するものを重視するという方法論を採用する（RAHN 6-12）。すなわち、まさに日本の民法学の歴史が語るように、「法曹法（Juristenrecht）の内部に伝統的考えの効果」が見出され、ラーベル教授のいう「法秩序の不文の精神（ungeschriebener Geist der Rechtsordnung）」が表れている（DERS. 378）。継受された法の更なる発展は、民法について言えば、その文化変容の過程において、日本の伝統的な法観念の影響を受けている（DERS. 14）。現代日本の民法学は、単なる欧州と米国の方法論の融合ではなく、むしろ圧倒的に「日本の法的思考および日本の法観念の表れ」である（DERS. 389）[20]。それは、法規範を社会のサブシステムである法と各自の文化が凝縮されたもの、すなわち、社会環境とは切り離すことができない

---

16) この問題については、ZWEIGERT / KÖTZ, Fn. 14) 72 ff. があるが、それに対する批判として、L. J. CONSTANTINESCO, Rechtsvergleichung, Bd. III, Die rechtsvergleichende Wissenschaft (1983) 73 ff. がある。

17) たとえば、ZWEIGERT / KÖTZ, Fn. 14) 12 参照。

18) M. BÄLZ, Wider den Exotismus? Zur Bedeutung der Kultur für das Verständnis des modernen japanischen Rechts, in: ZJapanR/J.Japan.L. 25 (2008) 153 ff.; L. NOTTAGE, The Cultural (Re)Turn in Japanese Law Studies, in: Victoria University of Wellington L. Rev. 39 (2009) S. 755 ff.

19) このような通説的見解については、ZWEIGERT / KÖTZ, Fn. 14) 84 f. 参照。

20) このような民法学の現状については、T. SUIZU, Die Methodik des Zivilrechts in Japan – Entwicklung und Struktur, in: ZJapanR/J. Japan. L. 38 (2014) S. 131 ff. 参照。

と考えるものである。その結果、欧米法との比較については、共通点よりも違いに目を向けることになる[21]。

2．学説の概要

　説得力がないと思われるのは、欧米法を地理的に3つまたはそれ以上の法圏ないし法族に分類し、母法として特別な敬意を払いながら、その他を「残り」とし、人類の大部分の共同生活を規律する法を一括りにしてしまうことである[22]。そこには、「近代法」（すなわち西洋法）と「伝統法」（すなわち非西洋法）を対比させ、以下に日本法を例に挙げて説明するとおり、単純化してしまう危険がある[23]。イスラム法、ヒンズー法、アフリカ法、「極東法」、さらに他にも様々あり得るが、それらを架橋したり、互いに区別したりすることは、知る限り、誰も真剣に行おうとしない。しかし、これらの曖昧な法集団から東アジア法圏を取り出すならば、明確な輪郭を示すことができるであろう。ただし、このようなことが実際に可能であるのか否か、単に地理的に区切って、内容的に無意味な要約を行うにすぎないのか否かは、批判的な検証を要する。

　この東アジア法圏の正確な範囲は不明確である。台湾、南北朝鮮、インドシナ半島などの国々も、おそらく東アジア法圏に含まれるが、あまり特別な注目を集めない。これに対し、中華人民共和国および日本には、注目が集まる[24]。したがって、このような東アジア法圏があるとすれば、両国は、明らかに他の国と区別できる要素を有するに違いない。この要素は、一般に法律以外の規制

---

21) このようなアプローチは、たとえば、H. P. GLENN, Legal Traditions of the World (4. Aufl. 2010) に見られる。

22) たとえば、DAVID / GRASMANN, Fn. 4) 545 ff.; ZWEIGERT / KÖTZ, Fn. 14) 404 ff. 参照。

23) 詳細については、M. CHIBA, Legal Pluralism. Toward a General Theory through Japanese Legal Culture (1989) 13 ff. 参照。上記のような観点の酷い例としては、C. F. GOODMAN, The Rule of Law in Japan. A Comparative Analysis (2003) があり、それに対する批判的な書評として、本稿の著者による RabelsZ 72 (2008) 191 ff. がある。

24) DAVID /GRASMANN, Fn. 4) 545 ff.; ZWEIGERT / KÖTZ, Fn. 14) 404 ff.

メカニズムの支配下にあるとされ、それは、法の役割を不要なものとするか、少なくとも補助的なものとし、特に円満な紛争解決（和解）のために、対立の回避が広まっていることに表れているという[25]。

これらの認識に共通する根本原因としては、中国由来の儒教の観念があり、それによれば、個人の利益の追求よりも、社会の調和に高い価値が与えられる。アジア独特の紛争回避は、日本人の本性に合致する。そのような文化的特徴は、東アジア法圏の理解の前提となる。これが両大国の一方である日本に当てはまらないとしたら、統一的な東アジア法圏の観念を維持するのは難しいであろう[26]。米国やドイツと比較して、日本において、人口に比べた訴えの提起数（いわゆる訴訟率）が圧倒的に低いのは、争いの余地がないが[27]、それは説明を要し、必ずしも文化の違いのみを理由とすることはできない。

日本文化に影響された法律の補助性という見解は、すでに故人である野田良之および川島武宜の著作によって西洋に広まり（同旨、ODA 5）、日本においても長らく支配的であった（RAHN 404）[28]。ただし、東アジア法圏という面では、野田教授は、日本法の理解における文化特有の要素の重要性を強調しながらも、東アジア諸国に共通の法観念の存在には、強い疑問を示していたことが見逃されている[29]。また多かれ少なかれ、これと対立する立場として、西洋の法

---

25) たとえば、ZWEIGERT / KÖTZ, Fn. 14) 404 f.; DAVID / GRASMANN, Fn. 4) 545, 562; ZWEIGERT / PUTTFARKEN, Fn. 1) 406 f.; E. AGOSTINI, Droit comparé (1988) 316 ff. 参照。

26) 本稿では、今日の中国の法制度には立ち入らない。日本の法制度に分析を絞るのであれば、その対象を日本に限定するのは許されるであろう。

27) 詳しくは、後述5参照。

28) たとえば、Y. NODA, The Far Eastern Conception of Law, in: Int. Enc. Comp. L., Vol. II ch. 1, 120 ff., 129 ff.; DERS., Introduction au droit japonais (1966) 12 ff., 175 ff.; T. KAWASHIMA, Dispute Resolution in Contemporary Japan, in: VON MEHREN (Hrsg.), Law in Japan (1963) 41 ff.; 川島武宜『日本人の法意識』（岩波書店、1967年）; DERS., The Status of the Individual in the Notion of Law, Right, and Social Order in Japan, in: MOORE (Hrsg.), The Japanese Mind (1975) 262 ff. 参照。詳細については、後述4参照。

観念と日本の法観念の共通点を強調するために、普遍的アプローチと称すべきものが他の数名の日本人研究者によって主張されている[30]。特に多数の日本の実務家は、小田教授が示唆するとおり、日本法が東アジア法圏に属するという考えを単に西洋からの地理的距離によってのみ理解し、ある意味で当然のことながら、特に西洋の大陸法系において一般的な行動を取る。すなわち、「日本の法律家の大部分は、……基本的に西洋法の中で働いていると信じている」(ODA 6)。このような観点は、同教授の著作のスタイルにも表れている。すなわち、「本書の観点からは、日本法は、大陸法の一部であり、米国法の要素も一部にあると述べるだけで足りるであろう」(ODA 6)[31]。そのため、小田教授は、東アジア法圏という概念にも反対の立場を表明する (ODA 6 f.)。

ヘイリー教授は、第3のある意味で中間的な立場を主張する[32]。すなわち、特に米国の観点からは、日本・韓国・中国における社会的・政治的・法律的構造は、中国文化の影響を受けた国々のそれと多くの点で類似しているという。これに対し、東アジアの観点からは、まさに西洋の影響を受けた法を有する日本とその近隣諸国との違いが際立っている (HAYLEY 3)。言い換えれば、西洋と同様に、東洋とも距離を保っている点が重要であるとされる。この二重反転構造は、いわゆる「多面的パラドックス (multifaced paradox)」と結びついており、

---

29) この点については、後述Ⅲ.2の注98)以下参照。

30) たとえば、小田教授がそうであり、さらに M. OKI, Schlichtung als Institution des Rechts. Ein Vergleich von europäischem und japanischem Rechtsdenken, in: Rechtstheorie 16 (1985) 151 ff.; 大木雅夫『日本人の法観念』(東京大学出版会、1983年); M. KATO, The Role of Law and Lawyers in Japan and the United States, in: Brigham Young U. L. Rev. 1987, 627, 662 ff. も同じ立場である。詳細については、後述6参照。

31) このようなアプローチは、後に出版された別の研究者によるドイツ語の本にも表れており、その実定法に基づく記述は、ほとんどすべての文化人類学的・法社会学的・リアリズム法学的側面を捨象している。K. IGARASHI, Einführung in das japanische Recht (1990) 参照。

32) ただし、ラーン博士は、ヘイリー教授の見解を普遍的アプローチに含める (RAHN 405 Fn. 20)。

国としての日本、その経済、その社会、その法制度への知的なアプローチを困難とし、大部分の基本問題について、見解の相違に陥らせる。すなわち、「日本と他国の法律研究者は、（日本における）法および訴訟の役割ならびに有用性に関する最も基本的な立場について、意見が対立する」(DERS. 4)。

　ヘイリー教授の見解は、現在の日本の支配的な見解と重なるように思われる。すなわち、「日本文化に対応した現在のジンテーゼにおいて、伝統的な要素と継受された西洋的な要素を結びつける」日本独自の法観念が発達したとする見解である（RAHN 405 ff.）[33]。しかし、個々の現象の説明については、本質的な違いがある。たとえば、ヘイリー教授は、特に米国と比べて低い日本の訴訟率を専ら文化的な考えや行動様式に帰するのではなく、むしろ制度的な理由が大きいとする。すなわち、日本人が訴訟を控えるのは、できるだけ少ない費用で最大のメリットを得ようとする合理的な計算によるものであり、日本人当事者は、日本の非効率な司法制度のために時間と費用がかかる訴訟を避けるという。このような制度の特性は、争いの余地がないが、他の理由づけが考えられる（その詳細については、後述 5 参照）。

　以下では、個々の理論をその著作によりながら詳しく解明する（後述 4 〜 6）。続いて、それらに対する評価を試みたい（後述Ⅲ）。その理解を助けるために、まず日本法の歴史を手短かに紹介し、それを形成した様々な要素を明らかにしたい。

3．日本法の変遷の歴史

　日本法の変遷の歴史を見れば、3つの大きな法継受と結びつく4つの段階を区別することができる[34]。第1段階では、宗教的な法があり、その起源は、南

---

33) そこでは、さらに多くの論拠が示されている。詳しくは、後述 4・5 参照。
34) 要領よく全体をまとめたものとしては、KINOSHITA, Fn. 15) 201 ff.; W. RÖHL, Die historische Entwicklung des japanischen Rechts, in: H. BAUM / T. STIEGE (Hrsg.), Japan – Kultur und Recht. Eine Einführung (1994) 39 ff. 参照。1868 年の明治維新までの日本法の概要については、C. STEENSTRUP, A History of Law in Japan Until

太平洋の初期の文化に求めることができる。この紀元後数百年にすぎない頃に、今日まで特徴的な日本の法観念の要素が揃っている。一般的なキーワードを挙げれば、強固な集団行動、合意形成および調和への希求、起こり得る紛争の回避などである。これらは、農耕民族の文化によるものと解され、今日まで「執拗低音（basso ostinato）」として日本人の価値観や思考に影響を及ぼしている（その詳細については、後述 4 参照）[35]。

　第 2 段階は、最初の大きな法継受、すなわち、6 世紀末頃の中国法の継受によって引き起こされ、それは、7 世紀および 8 世紀にまで及んだ。まず、このような法継受によって、中央集権国家としての国家観および国の組織が形成された[36]。初めての法典として、「律令」が制定されたが、その中心は、刑法や行政法規であり、私法ではなく公法であった。その目的は、国の組織および政治的支配の執行である。神道の観念と並んで、仏教および儒教の影響が重要性を獲得した。強調されたのは、社会の調和の維持および序列構造の尊重である。日本と中国の大きな文化的違いにより、儒教の（法）観念は、大幅に日本の現実に合わせられた。たとえば、慣習に基づき武士階級の法が形成された。中央政府は、律令によって付与された権威を有していたが、次第に実際の権力を失っていった（HAYLEY 33 ff.）。日本は、一度も中国の政治的・法律的支配に服することはなかったが、儒教観念は、徳川幕府（1603 年～ 1868 年）の終わり頃までの約 1000 年の間、影響力を保っていた。米国の特使が最初に訪れた 1853 年以降、日本の（強制された）開国によって、200 年以上続いた鎖国が終了した。そして、19 世紀の後半に、2 度目の大きな法継受の波が来て、日本法の変遷の第 3 段階を迎えることになる。

　1868 年の明治維新の直後に、欧州法、特にフランス法およびドイツ法の包括的継受が始まった。ドイツ法（パンデクテン法学）の日本の民法への影響がフ

　　　　　1868（1991）参照。1868 年から現在までの日本法の概要については、W. RÖHL (Hrsg.), A History of Law in Japan Since 1868 (2005) 参照。
　35）　さらに、KINOSHITA, Fn. 15) 201 ff. も参照。
　36）　RÖHL, Fn. 34) 42 ff. 参照。

ランス法の影響よりも大きかったのか否かについては、争いがある。小田教授は、個々の西洋の法からの大きな影響を否定し、純粋に比較法的な視点から、日本の民法典は、むしろ独自性の産物であるとする（ODA 8 f.）。ラーン博士は、もう少し控えめであるが、日本法が多かれ少なかれドイツ民法典のコピーである、とするドイツで広まっている見解には賛同できないと強く主張する（RAHN 108 ff.）。しかし、19世紀末の20年間における多数の新しい立法や司法制度の整備は、法継受の幕開けにすぎない。20世紀に入ると、特に民法の分野では、1920年台初頭まで続く包括的な学説の継受が始まり、多層的な立法の継受とは異なり、ほとんど専らドイツの法理論が受け入れられた[37]。

第二次世界大戦後は、米軍の占領下において、日本経済の「民主化」、特に財閥の解体が米国によって実施され、今度は同じ西洋法でも米国法の包括的な継受が新たに始まった。それには、競争法や資本市場法のような経済法の分野が広く含まれる。1940年代末の短期間に制定された法律は、時には文言どおり、忠実に米国法にならっていた[38]。1946年の現行の日本国憲法も、米国人の手によって草案が作成された。これらの結果、特に商事法および経済法の分野では、欧州大陸法の制度と米国法の制度が混在した状態となり、それが日本の法観念や伝統に埋め込まれ、かつ変容を受けた[39]。ただし、前述のとおり、い

---

37) 詳細については、RAHN 114-129 参照。さらに、Z. KITAGAWA, Rezeption und Fortbildung des europäischen Zivilrechts in Japan (1970) 67 ff. も参照。いずれの欧州大陸法が最も大きな影響力を有していたのかはともかく、欧州において2000年以上に及ぶローマ法支配は、19世紀末の日本および20世紀初頭の韓国・台湾でも続いていたと言える。H. BAUM, Comparison of Law, Transfer of Legal Concepts, and Creation of a Legal Design: The Case of Japan, in: HALEY / TAKENAKA (Hrsg.), Legal Innovations in Asia. Judicial Lawmaking and the Influence of Comparative Law (2014) 60 ff.

38) この点については、比較法的視点による様々な論稿を収録した B. DIESTELKAMP et al. (Hrsg.), Zwischen Kontinuität und Fremdbestimmung. Zum Einfluß der Besatzungsmächte auf die deutsche und japanische Rechtsordnung 1945-1950 (1996) 参照。

39) たとえば、このような構造がどのように市場参入に影響を及ぼしたのかについ

かなる範囲で伝統的な法観念が影響を及ぼしたのかについては、争いがある。

それに続く問題は、ますます世界的に広がっている経済的な連携によって、日本においても、経済法の国際化、すなわち、国際的に承認された原則の受容という一種の第4の受容が起きているのか否かである。国際金融市場の電子化によるグローバリゼーションには、もちろん日本も含まれ[40]、しばしばこのような調和プロセスの例として挙げられる。現に日本の資本市場法においても、インサイダー取引の禁止といった法制度の導入があり、それは、特に米国をはじめ他の市場における規制の影響を大きく受けている[41]。しかし、1990年代には、まだ個別の調整にすぎず、他の市場とは異なる日本の資本市場規制の独特の構造は、決定的には変容されていなかった。むしろ反対に、既存の制度の同時進行的な同化能力（Assimilierungsfähigkeit）には、顕著な安定化が見られる[42]。EUと比較できるような調整圧力は、もちろん存在せず、国家間条約の締結についても、日本は、これまで消極的であった[43]。

以下で紹介する著作を見れば、日本法の歴史的変遷の取り上げ方は、全体として、様々な方向性および重点を伴っている。小田教授は、第二次世界大戦終

ては、H. BAUM, Marktzugang und Unternehmenserwerb in Japan. Recht und Realität am Beispiel des Erwerbs von Publikumsgesellschaften (1995) 参照。

40) その他の多数の論証を含むものとして、H. BAUM, Die japanischen Finanzmärkte in den achtziger Jahren. Ein Jahrzehnt der Liberalisierung, Internationalisierung und Gesetzesreformen, in: Wertpapier-Mitteilungen 1989, Sonderbeilage Nr. 4/1989, 1 ff. 参照。

41) この点については、たとえば、H. BAUM, Japanese Capital Markets – New Legislation, in: Law in Japan 22 (1989) 1 ff. 参照。

42) 日本の資本市場規制の特徴および変遷の詳細については、H. BAUM, Der japanische „Big Bang" 2001 und das tradierte Regulierungsmodell: ein regulatorischer Paradigmenwechsel?, in: RabelsZ 64 (2000), 633 ff.; H. BAUM / T. YAMANAKA, Investment Services Regulation in Germany and Japan, in: ECFR 2021, 464 ff. 参照。

43) たとえば、H. BAUM, Vertrautes und weniger Vertrautes. Einige rechtsvergleichende Überlegungen zum japanischen Internationalen Privat- und Verfahrensrecht, in: MENKHAUS (Hrsg.), Fn. 10) 167 ff. 参照。

結後の米国による改革までの歴史を比較的短く取り上げる (ODA 14-34)。ヘイリー教授は、特に西洋法の継受に至った明治維新の時代を詳しく取り上げ (HAYLEY 17-65)、その前後の継受行動には、僅かに言及するだけである (DERS. 67-80)。これに対し、ラーン博士の著作では、広い意味の歴史的な経緯が中心となっている (RAHN 23-306)。ラーン博士は、現代日本法の成立を特徴づける思想史的な枠組みを設定したうえで (DERS. 23-79. 詳しくは後述4参照)、1870年から1920年までの民法の継受を記述する (DERS. 80-129)。そこでは、まず日本の民法典の成立があり (DERS. 80-113)、つぎにドイツ法にならった学説の継受および日本の概念法学の成立がある (DERS. 114-129)。続く章では、1921年から1952年までの時代における民法の文化変容の段階およびそれに関連した日本の方法論争の始まりが取り上げられる (DERS. 130-201)。法の歴史の章は、1952年から1972年までの法学方法論争およびその結果に対する評価をもって、締め括られている (DERS. 202-306)。ヘイリー教授とは異なり、ラーン博士は、民法を考察の中心に据えている。

4．ラーン博士の分析における日本の伝統的な法概念

ラーン博士は、テーマのいわゆる導入部として、「日本人の思考方法の伝統的な特徴」の分析を精神的な枠組みとし、それは、日本において継受された西洋の法を直視して、調整されるべきものとする (RAHN 23-58. その評価については、DERS. 378-380)。続く章では、現行法についても、この枠組みに関する問題を取り上げ (DERS. 307-316)、これが民法の方法論を経て、今日の法学研究にどのような影響を及ぼしているのか (DERS. 317-336)、また日本の判例にどのような影響を及ぼしているのかを論じる (DERS. 337-368)。これらの記述は、日本法の本当の姿を理解するために、欧米言語で出版された本のうち、最も成功し、最上のものと言ってよい[44]。日本法との比較に真剣に取り組もうとする者にと

---

44) ラーン博士自身が異なる観点から公表したものとして、G. RAHN, Westliche Gesetze, Japanischer Geist. Das Recht in Japan, Heft 3 der Schriftenreihe der Deutsch-Japanischen Gesellschaft in Bayern (1977); DERS., Recht und

って、この約100頁の記述は、見逃すことができないであろう。以下では、本稿の著者の観点から、ラーン博士の分析の中心的な論点を若干詳しく取り上げたい。ただし、日本における方法論争の展開は、ラーン博士の著作において、大きな部分を占めているとはいえ、日本の文化的な特性を介して、継受された法に持ち込まれ、正当化されたものであるから、本稿では、その内容を詳しく紹介しないことにする。

ラーン博士は、野田教授と同じく、現代日本の法観念を理解するにあたり、伝統的な日本人の思考方法に重きを置く。「伝統的」という言葉は、ここでは、西洋文化の体系的継受をもたらした1868年の明治維新の歴史的転換点以前の歴史を意味する。日本の文化人類学の文献によりながら、3つの特徴が伝統的な日本人の思考方法にとって重要とされる。すなわち、西洋の思考方法と比べて、(a)「抽象的・論証的であるよりも具体的・直観的であること」、(b)「個人の自治よりも社会の結束を重視すること」、(c)「感情に左右されやすいこと」である（RAHN 31）。このような基本構造は、現在まで続いている。そのため、大部分の日本人にとっては、依然として「伝統的な社会倫理の美徳」が個人の権利よりも高い価値を有する（DERS. 311, 314 f.）。ただし、ラーン博士は、これらの西洋の思考方法との違いを強調しすぎることに対して、警鐘を鳴らす（DERS. 31）。このような誇張は、冒頭で引用したように、時として滑稽に思われる日本人の法観念の決めつけの元となるであろう[45]。

(a) ラーン博士は、具体的・直観的思考の結果について、一方で「論証的な理論や分析的区別」を拒否しながら、「実際に存在する物に頼ること」による

Rechtsauffassung in Japan, in: GRUR Int. 1979, 491 ff.; DERS., Recht und Rechtsverständnis in Japan, in: W. FIKENTSCHER / H. FRANKE / O. KÖHLER (Hrsg.), Entstehung und Wandel rechtlicher Traditionen (1980) 473 ff.; DERS., Recht und Rechtsmentalität in Japan, Reihe Japanwirtschaft, hrsg. vom Deutsch-Japanischen Wirtschaftsförderungsbüro Düsseldorf (1981); DERS., Recht und Rechtsmentalität in Japan, in: BAUM / DROBNIG (Hrsg.), Fn. 10) 1 ff. がある。

45) 前述1参照。

「功利主義的・折衷的行動」への一般的な傾向にそれを見出し（Rahn 34）、他方で「実用的な経験主義」にそれを見出す（Ders. 35）。ラーン博士は、今日の日本における民法の方法論に関連し、法的構成を犠牲にした事実の優先および法律論の大衆化を特徴の１つとする（Ders. 329-334）。

　ラーン博士の見解によれば、法律学は、本来、判例と不完全にしか対応しない。判決は、主たる重要性が事案にあって、判決理由にあるわけではなく、単に経験的な素材として取り扱われるだけである（Rahn 329 ff.）。このような事実の優先は、法律構成の軽視による価値判断の重視と相まって、しばしば法文ないし理論をあまり顧みないため、個々の法律問題について、様々な学説が乱立することになる。日本に特有の実利に基づく「折衷主義」ないし「融合主義」においては、長らくの間、西洋の法概念は、「キーワード」として利用され、少なからずその文化的背景を捨象して、異なった意味に理解されてきた（Ders. 383）。ラーン博士は、これらの傾向が第二次世界大戦後の方法論争の末に「法理論として構成され、正当化された」とはいえ、文化変容の当初から見られるとする（Ders. 336）。

　法律学と法律実務の間には、大きな溝がある。日本の法律研究者は実務経験を有するわけではなく、日本の裁判所は学問との関わりに乏しい。裁判所の側では、学説が軽視され、研究者の側では、学説と異なる立場をとる判例が軽視されている（Rahn 347 ff.）。日本の判決は、部分的には、フランスのスタイルと似ている。ラーン博士によれば、民法の方法論における法律構成の乏しさが判例に影響を及ぼし、そのため、「論証的であるよりも断定的である」短い判決文によって理由が述べられている（Ders. 365）。この日本の判決理由のスタイルは、前述の「伝統的な議論の回避」によるものであり、民法の方法論は、それを助長しているが、「歴史的な官僚思考」の名残でもある（Ders. 367）。

　(b)　個人の自治よりも社会の絆のほうを大事にするという第２の特徴は、（農耕集団として）社会経済学的に、（上下関係における調和の要請として）思想史的に、（日本人の集団社会における家族的構造として）社会学的に根拠づけられる

(RAHN 37-45)。その効果は、特に2つの現象に見られる。すなわち、社会関係を特徴づけるものとして、一方で集団への強い帰属意識および垂直的なカテゴリーにおける思考があり（DERS. 46 f.）、他方で道徳的な忠誠義務（義理）がある（DERS. 48 ff.）。この「感謝の義務」は、個別には、第三者に対する特別な御礼の品によって表され、それを受け取った者は、具体的ではあるが、内容的には特別な意味のない「お辞儀」を十分にするよう仕向けられる。このような義務の履行を求める根拠がないとしても、義務者やその他すべての関係者は、何をすべきであるのかを知っている。もし感謝の義務を果たさなかったら、それは恥であり、面目を失うことになる（DERS. 51）。ラーン博士は、北川善太郎教授の著作を引用し、この「義理のルール」は、西洋の法観念とは相容れないものであり、このようなルールが適用される余地は全くないとする[46]。したがって、日本人の伝統的な思考方法によれば、それは法規範から導かれるものではない（DERS. 51 f.）。

　ラーン博士は、社会的な結束意識およびそれに関連した調和の要請の重要な効果として、日本人の社会生活には、「二重の現実」があるという（RAHN 52-55）。この「現実の二重構造」（建前と本音）は、日本社会の典型的な特徴の1つである。見かけ上存在する調和を紛争回避と混同するとしたら、それは、西洋の側において、調和の要請の実際上の効果を誤解しているのであろう。調和が自己認識による相互依存に特徴づけられた社会の存在の前提になっているとしたら、敵対的な感情は、結果的に抑えられなければならない。すなわち、少なくとも外見上は、調和の状態が絶対的に求められている。しかし、この外見上丁寧な作法（Dekorums）の裏には、「秘めたる本当の感情の現実」が存在する（DERS. 53）。したがって、日本では、西洋よりも極めて広い範囲で、社会の相互作用が両方の現実における同時的な対応能力を必要とし、それは、建前と本音を使い分ける思考に至る。外見の現実（建前）では、礼儀と謙虚さのルールが支配する。それに対応するのは、客観的な形式である。これに対し、内

---

46) KITAGAWA, Fn. 37) 162 参照。

面の現実（本音）には、紛争の種が宿っているが、それは、主観的・非公式的であり、真実の感情、心の奥底、真意に沿ったものである（DERS. 380）。

　ラーン博士は、日本人の法観念の特徴として、法分野においても、これらの二重構造が影響しているとする。たとえば、外見的な秩序の一部として、法規範の必要性が一般に承認されている一方で、他方において、実際的な考慮から、これらの法規範の柔軟な取扱いが期待されている。したがって、法律は、原則として拘束力を有するかのようであるが、個別の事案を判断する裁判官の価値判断の前では、決定力を有するわけではない（RAHN 385）。ラーン博士は、方法論争によって、この中心的命題を詳しく論証する。

　実務と学説は、方法論的な観点からは、柔軟な利益衡量によっており、ラーン博士は、それを現代日本の民法学のドグマであるとする（RAHN 326）。それによれば、当事者だけでなく、すべての関係者の利益を包括的に衡量すべきである。法規範は、日本の理解によれば、利益衡量を行う際の重要な規準ではあるが、最終的に拘束力を有する規準とまでは言えない。それ以外にも規準があり、そのうちの1つとして、日本の民法学では、健全な人の理解（常識）が決定的であるとする（DERS. 383）。

　ラーン博士は、結論的に、日本における法発見には、2段階の手続があるとする。第1段階は、価値判断であり、それは、日本国民の健全な常識に沿って、様々な利益を衡量することである。この価値判断の次に、第2段階として、法令に依拠した判決理由が続く。通説的な方法論的理解によれば、本当の判決理由を示すことが必要であるのか否かは、明らかでないが、いずれにせよ、重要であるのは、公式の判決理由が説得力を有することである（RAHN 327 f., 336）。裁判官にとっては、法令は、拘束力を有するわけではなく、単に出来る限り判決理由をもっともらしくするために利用されるにすぎない。このような考えから、実際上、法律構成を変え得る場合には、法令によって、いかなる判決も理論的に根拠づけることができ、事案に沿った本当の価値判断を見えなくする（DERS. 388）。もちろんドイツの判決でも、価値判断は重要な役割を果たすが、立法行為の拘束力は、本質的により強く、判決のプロセスにおける法適

用は、より重要性を有するであろう。

　ラーン博士によれば、日本人側の主張として、法律の拘束力およびその制御機能は、裁判官の判決にとって、単なる建前にすぎず、本音では、それは「神話」とされることがある（Rahn 353）。その証拠として、日本の判決では、「条理」が法源として、あるいは少なくとも主導的な解釈基準として用いられている（Ders. 89 f., 414 f.）[47]。これは、個別事案の妥当な解決が法的安定性よりも明らかに優先されることを示している。

　ラーン博士は、日本の民法学の論調が欧米人にとって理解可能となるためには、日本の判決における判断方法と判決理由の明確な区別を認識する必要があると強く主張する（Rahn 416）。さらに文化人類学的には、日本の民法学は、日本における西洋法の文化変容としてのみ、理論上正当化できる（Ders. 389）。

　（c）　ラーン博士は、日本の伝統的な思考方法の第3の特徴として、西洋と比べて圧倒的な感情論を挙げ、それは、あまりに冷たい合理主義および単なる知性に対するある種の疑問となって表れる（Rahn 56-58）。また強い感情的色彩は、学問的議論にも見られ、それは、しばしば冷静な客観主義に代わる感情論として表れる。このように拙速な感情論は、時として客観的な学問の発展に好ましくない影響を及ぼす（Ders. 386）。

　法律分野における伝統的な日本の思考方法およびその結果によって特徴づけられる現象は、後述6において、広く日本法と西洋の大陸法を同一視する普遍的アプローチを取り扱う際にも、留意すべきである。ただし、ラーン博士は、自らが主張する西洋の思考方法との違いを過大評価することに対し、根拠を示して警告していることも忘れてはならない（Rahn 31）。伝統的な観念とは別に、新しい考えや意見も同時に表明されているというのである（Ders. 379）。

　47）　詳細については、G. Rahn, *Dōri – Jōri – Jōshiki. Außerrechtliche Rechtsquellen in der Edo-Zeit und danach*, in: ZJapanR/J.Japan.L. 48 (2019), 127 ff. 参照。さらに、ウィルヘルム・レール（土庫澄子訳）「条理もしくは道理について」ホセヨンパルト＝三島淑臣編『法の理論12』（成文堂、1992年）13頁以下も参照。

以上のとおり、本稿の著者から見て中心的と思われるラーン博士の著作の命題を紹介したが、それらをどのように評価すべきであるのか。

ラーン博士は、個々の日本の研究者の思考過程を方法論争の枠内で示し、継受された法の緩やかな変遷・適用・文化変容を明らかにすることによって、研究対象に対し極めて注意深く、いわば内側から接近している。注目されるのは、自らの結論に対する注意深さおよび特に評価の控えめさである。著書の全体において、日本法がドイツ法やフランス法と比べて「より良い」とか、「より悪い」と述べた箇所は、ほとんど見当たらない。それは、現代日本の民法学を法理論的あるいは法ドグマ的に論じたくない、というラーン博士の特性に合致する（RAHN 417）。ただ1つ最後の結論において、ラーン博士は、注意深い評価を述べている（DERS. 417-425）。ラーン博士は、民法の理論が「本来の日本法」への道を切り拓き、事実に基づく法社会学的な手法によって、継受された法と社会の現実の間にあるクレバスを架橋することに貢献した、という好意的な観察を示し（DERS. 418）、それ以前に記述された方法論の誠実さの欠如に対比させる（DERS. 419 ff.）。ただし、本当の理由を隠しながら、単に当事者の主張に答える判決の表面上の理由づけ、および学説によるこれらの理由づけの承認は、法治国家として疑問である。利益衡量および法令によらない価値判断に基づいて判決を下し、本当の判決理由を黙っていることに対し、日本の法律学が異議を申し立てないとしたら、それは、結局のところ、方法論の誠実さおよび法の拘束力を求める民主的な国家の理念に反することになる（DERS. 421）。同時に、「日本の民法学において法律構成を単なる『詭弁』に貶めること」も疑問である（DERS. 424）。日本の判決を体系的に研究したことがある者は、誰しもラーン博士の主張に異論がないであろう。

1つだけ断りを述べておきたい。ラーン博士は、自らが選んだアプローチを厳格に守り、いわゆる法曹法（Juristenrecht）の中で議論しているため、方法論の批判を超えた法実証的・法社会学的・法政策的論点をあまり取り上げていない。ラーン博士の記述は、実務家による法の取扱いを明らかにする点では優れているが、たとえば、法と官僚の緊張関係、特に経済官僚については、読者

は、知見を得ることができない。これに対し、本稿の著者の見解によれば、日本の経済法は、官僚の役割を見ることなしに理解することはできず、それは、意図的に曖昧に書かれた法律のもとで、広い裁量権を非公式に（ほとんど司法審査を受けることなく）行使することによって、日常の実務に関する法を形成している[48]。この点については、全体を理解するために、ヘイリー教授が「官僚とビジネス」という見出しで書いた優れた一文を参照して頂きたい（HALEY 139-168）。もう1つ、あまり取り上げられることのない法の現実が介入する例としては、最高裁事務総局による政治的な人事および下級裁判所の裁判官に対する圧力により、国家利益に関わる裁判において、あまりに国民に迎合した判決が下されたり、憲法があまりに条文どおりに条文解釈されたりする点が挙げられる[49]。

ラーン博士の取り上げる素材の複雑さ、著作の幅広さ、濃厚かつ詳細な記述方法は、一見したところ、難解な本と思われるかもしれない。しかし、そのような印象は、見かけだけである。ラーン博士は、過度に抽象的な表現を避け、一貫して明確な言葉を選び、それは、素材の複雑さにもかかわらず、この本を読みやすくしている。日本法の入門にしか関心のない読者も、その幅広く詳細な記述に臆することはない。各章は、それぞれ2～3頁の「まとめと評価」によって締め括られ、それは、急ぎの読者にも、テーマに対する良き概観を与えてくれる。詳細および評価の根拠に関心のある者は、読み返せばよい。その後の研究にとっては、注意深く厳選された文献リストが多くの刺激を与えてくれるであろう。

5．ヘイリー教授による制度的要素の重視

ラーン博士の分析と異なり、ヘイリー教授は、内側から見た日本人の法観念、それをもたらす方法論および日本の裁判官による法発見におけるその影響という問題、すなわち、法曹法（Juristenrecht）を研究の中心に据えるわけでは

---

48) 後述Ⅲ．1．注88）以下の本文参照。
49) この点については、RAMSEYER / MCCALL ROSENBLUTH, Fn. 9) 参照。

ない。むしろヘイリー教授は、日本における法の現実および社会の実態を見ることによって、外側からテーマに接近し、「日本の統治のプロセス」における法の役割および意味を問う。その際に、法は、他の社会的規律メカニズムと並ぶ社会制御の手段として研究される。ヘイリー教授は、その結果を次のとおりまとめる。

「要するに、ほとんどすべての戦後日本の観察者は、非法律的な形式による社会および市場の制御の強度に驚かされる……。非公式なコンセンサスによる規律および強制の方法は、社会的・経済的秩序維持の主要なメカニズムとなっているように思われる。日本社会では、官僚の行動に対する憲法や法律の拘束力であれ、私人の行為に対する民法のルールであれ、有効な法規制が驚くほど欠けていると一般に考えられている……。日本の社会秩序は、法によって命じられたものというよりも、個人間の非公式な義務や制裁の複雑なネットワークによって維持されてきた。その結果、日本社会の主要な制御規範は、直接的な特定の集団内のコンセンサスおよび権威構造ならびに物理的・経済的な私的権力の露骨な行使に依拠してきた……。〔戦後の日本における法は〕強制的な制御の手段としては、比較的実効性に乏しいが、正当化の根拠として役立っている。そのため、実定法規範は、コンセンサスを形成し、かつそれを反映した建前として機能する。建前としての法規範は、服従を命じないが、遵守を求め、一定程度の外部的適合をもたらす。コンセンサスの重視は、それに違反した者に対し、社会的非難の罰則を科す正当化根拠となっている……。国家は機能を維持し、仲介者の役割を果たしているが、秩序を維持する能力は、最終的にコンセンサスを得るための詭弁にかかっている。その関連では、法および法執行の公式のメカニズムは、国家制御の強制手段というよりも、むしろ合意形成および梃入れの手段として機能する。これによって、秩序が維持され、強制なき命令による法の支配が保たれている」（HALEY 198, 199, 200）。

以上により、ヘイリー教授の主要テーマは明らかであろう。すなわち、西洋にも中国にも見られないような日本政治における「権威（Autorität）」と「権力（Macht）」の区別である。ヘイリー教授は、英語の"authority"や"power"より

も区別が明らかであるとして、意図的にドイツ語を使っている (HALEY 13)。権威とは、「命令し、服従を求める正統性、あるいは社会的に認められた権限」であり、権力とは、「他人がそれ以外のことをしないようにする能力」であると解されている (DERS. 13)。国家の権威を行使するための権力を欠くことの直接的な帰結は、コンセンサスの強制である (DERS. 169)。

この種の「コンセンサスによる統治」への依存は、意図的な政治判断というよりも、歴史的な経緯、およびヘイリー教授が明らかに欧米社会や中国社会とは異なるとする日本文化特有の環境によるものである。彼は、特に以下の要素を重視する (HALEY 17-65, 193-196)。まず19世紀の半ばまで、日本法は、中国の伝統の影響下にあり、国家によって命じられ、公権的に執行される法、すなわち、行政法および刑法を意味するものと解されていた。その結果、住民の日常生活に関するルールの大部分は、成文法の範囲外であった。つぎに、日本において一般に承認された道徳的ないし倫理的な基準は、中国法に代わるもの、あるいは広い意味の西洋の法観念の基礎となり得るものであるが、極めて限られた範囲でのみ執行されていた。そのため、コンセンサスに基づく慣習および社会的な決まり事が重視された。最後に、伝統的な日本の村社会では、国家が正式に法を執行する余地はなかった。いずれにせよ、年貢を納める以外には、国家の直接的な介入を受けなかった。ただし、村社会の内部における秩序維持がその前提となっていた。その結果、極端に効率的な社会制御のシステムが構築された。「日本の村は、契約社会とも言えるような平等、あるいは法的地位においてほぼ平等な者の間のコンセンサスの巧妙なシステムを作り上げた」(DERS. 195)。興味深いことに、多数の村社会とは別に、もっと小規模の侍の居住する城下町も多数存在した。これらの城下町では、まさに反対のことが行われていた。ヘイリー教授は、城下町を世界的に見て最も厳格に規律された社会とする。「ここでは、厳格に制御された地位と権力を兼ね備えた中国帝国の行政機関のように、公法としての法が支配していた」(DERS. 196)。

法の役割は、ヘイリー教授の分析では、一見したところ、重要性を持たないように思われる。しかし、このような印象は、ヘイリー教授の真意に反する。

たとえ成文化された法が専ら建前とされようとも、法規範は、許された行動の限界を定め、基準を設定し、濫用を明らかにすることにより、重要性を有している。「法と制度は生き続けている……。法規範は関わっている」(HALEY 186, 187)。訴えを提起したり、犯罪を告発したり、行政に対する申立てをしたりするという脅しによって、多くの場合に、既存の法規範に従い、裁判手続を不要とする迅速な対応および和解がもたらされる (DERS. 187)。ヘイリー教授は、その背景には、公開の裁判となった場合に、法律違反者の烙印を押されることに対するおそれがあるとする。

今日の日本の法現象に関するヘイリー教授の記述は、異なる観察方法が採られているにもかかわらず、本質的にラーン博士の記述と重なって見える。しかし、理由づけについては、少なからず重点の置き方が異なるように思われる。ラーン博士は、今日の日本人の法観念の理解について、「観念論的な」アプローチにより、一貫して伝統的な思考方法に重点を置くが、ヘイリー教授は、「唯物論的な」アプローチから、特に制度的な要素を前面に置く。

「日本人の『集団指向』という一般的な考え方は、あたかも生まれつきの心理的特性であったり、不変の社会学的要件であったりするかのようであるが、全く無意味なアプローチである。日本人は、大きな集団において、相互依存や損得を自覚することなく行動することはない。しかし、そうは言っても、出生から大人になるまで、家庭・学校・職場において、日本人は、個人の行動で可能となる以上の自治を得るために、共同体に参加することによって社会化されている……。したがって、日本の法システムが有効な救済を与えたり、有意義な制裁を科したりできないことは、日本社会のより小さな集団の団結力を強化し、垂直的な主従関係の維持に役立つ傾向がある。個人的な仲介者、銀行やその他の大企業、やくざなどの犯罪集団に頼るのは、すべてこの行動パターンに合致する。戦後の日本社会は、しばしば家族的・新儒学的・封建的な過去の遺物と称されるが、より詳しく調べてみれば、それは社会制御への対応であり、おそらく伝統的なシンボルやイデオロギー的な要請によって正当化され、国家が提供するつもりがないか、その能力のないリスクに対する安全弁の必要性を

満たすように仕組まれている」(HALEY 179 f., 180 f.)。

　ヘイリー教授の制度的アプローチは、その著作のハイライトである「訴訟と法律家：神話の誕生」という章（HALEY 83-119）において、明確となっている。ヘイリー教授は、特に米国と比べて低い訴訟率を取り上げる。それは、一般的には、法化（Verrechtlichung）の目安とされ[50]、周知のとおり、日本の法システムの（あるいは決定的な）特徴とされている。ヘイリー教授は、文化的特性を前面に出した説明、または専らそれによる説明を「明らかに変化を嫌う」神話として退ける。代わりの説明として、日本の裁判があまりに長期に及び、費用がかかりすぎる点を挙げる。言い換えれば、文化的または精神的な要素ではなく、制度的な要素が決定的であると見る[51]。ヘイリー教授は、このようなアプローチを展開した草分けと言ってよいであろう[52]。同書では、それをさらに発展させ、自らの命題の帰結を掘り下げる。すなわち、日本の裁判手続の長い時

---

50) この点について、ドイツないし欧州大陸法の観点からは、これらの国の比較法研究者を待ち構える危険に対し、特に注意を払う必要がある。すなわち、前述のとおり、日本法に関する欧米の著作物によく見られる日本法と米国法の比較には、（米国側が書いたものか、日本側が書いたものかを問わず）米国法の色眼鏡で見た違いを際立たせる危険が潜んでいる（同旨、HALEY 14, 115, 140）。米国と日本の訴訟率の大きな違いを例にとれば、全く異なる理由による可能性がある。第1に、日本の訴訟率は、たしかに第三国と比較しても、異常に低いが、米国の訴訟率が異常に高いだけであるのかもしれない。第2に、米国側の見解は、原則的には間違いでないとしても、相対化できる2つの要素が競合している可能性がある。具体的な数字については、注55）以下参照。

51) この点について、包括的ではあるが、異なる立場によるものとして、C. WOLLSCHLÄGER, Historical Trends of Civil Litigation in Japan, Arizona, Sweden, and Germany: Japanese Legal Culture in the Light of Judicial Statistics, in: BAUM (Hrsg.), Fn. 2) 89 ff. 参照。日本の訴訟率の国際比較については、M. BÄLZ, Streitbeilegung im japanischen Recht (2019) 2 ff. も参照。

52) 最も早いのは、J. O. HALEY, The Myth of the Reluctant Litigant, in: J. Jap. Stud. 4 (1978) 359 ff. であり、さらに DERS., Sheathing the Sword of Justice in Japan. An Essay on Law without Sanctions, in: J. Jap. Stud. 8 (1982) 265 ff.; DERS., Introduction – Legal vs. Social Controls, in: Law in Japan 17 (1984) 1 ff. がある。

間と高い費用の理由を端的に言えば、一方において、低く抑えられた弁護士と裁判官の数に求められ、他方において、弁護士費用の額に対する規制の欠如に求められる。これは、米国と同様に、通常は勝訴した場合にも負担すべき自分の側の弁護士費用の高騰に結びついている。また、専ら勝訴した場合にのみ支払う報酬制度は、米国と異なり、限られた場合にしか認められない[53]。加えて、債務名義の執行の問題もある。

　民事訴訟の件数は、1980年代末に、絶対数でも人口比でも、日本は米国よりかなり少なく（割合で約1対8）、ドイツと比べても少ない（割合で約1対5）[54]。ヘイリー教授によれば、日本では、1986年の時点で、約1億2400万人の人口に対して、全国で約2000人の裁判官しかおらず[55]（これは統計を開始した1891年より500人多いだけである）、検察官は約1200人[56]、弁護士は約1万3000人にすぎない[57]（Haley 102 f.）[58]。さらにヘイリー教授は、一連の広く信じられ

---

53) 日弁連の報酬基準では、かつて実費と成功報酬が区別されていた。（訳注）ただし、2004年に弁護士法が改正され、弁護士報酬が自由化されたことに伴い、報酬基準は廃止され、今は弁護士報酬ガイドが公表されている。〈https://www.nichibenren.or.jp/library/ja/attorneys_fee/data/guide.pdf〉参照（2024年3月1日閲覧）。

54) ただし、実際に比較を言うのであれば、「民事訴訟」の概念をどのように定義するのかという問題がある。その全体については、Wollschläger, Fn. 51) 89 ff. 参照。

55) ドイツは、1987年に1万7380人である。日本の裁判官数は、2022年に2784人になったが、ドイツの裁判官数は、約2万2000人に増えている。日本の裁判官数については、Japan Federation of Bar Associations, White Paper on Attorneys, 2022 Edition (2022) 25〈https://www.nichibenren.or.jp/library/en/about/data/WhitePaper2022.pdf〉参照（2024年4月11日閲覧）。

56) ドイツの検察官数は、1987年に3725人である。

57) ドイツの弁護士数は、1987年に4万1724人である。2022年には、日本の弁護士数は、4万4000人に増えたが、ドイツの弁護士数は、約16万5000人になっている。

58) これらの「裸の」数字の比較が相異なる司法システムや個々の法律職の取扱分野を考えたら問題であることについては、D. F. Henderson, in: Baum (Hrsg.), Fn. 2) 27 ff. 参照。日本の司法と比較しながらの分析としては、H. Baum, Zur Praxis

ている考えに反対する。彼は、分かりやすい数字を並べ（Ders. 97)、特に２つの中心的な命題を提示する。第１に、第二次世界大戦前の訴訟率は、絶対数を見ても、明らかに今日より高かったことを明らかにする。この事実は、日本の西洋化を主張する者が述べるシステムの変化、およびそれによって期待される民事訴訟の増加という考えに反する。第２に、ヘイリー教授は、1920年代における様々な調停手続の導入が訴訟率に反映されていないことを明らかにする。「調停は、訴訟に代わるものではなく、……紛争を減少させるわけではない」（Ders. 96)。たとえば、1990年の時点において、裁判所による（主に家事事件における）調停手続は、訴訟の半分にすぎず、家事事件以外では、裁判所の調停手続は、僅かな役割しか果たしていないが[59]、第三者の仲介による裁判外の調停・あっせんは異なるかもしれない。

　ヘイリー教授は、低い訴訟率の決定的な要因として、少ない裁判官および弁護士の数を挙げるが、それには、様々な理由がある。まず、極めて厳格な司法試験により、司法修習（集合修習および地方修習）へのアクセスが制限されていることによる。2004年の司法改革までは、毎年２万5000人から３万人の受験者（複数回の受験は認められる）に対し、約500人しか合格せず、ようやく1993年に約700人に増えた[60]。ヘイリー教授は、「紛争の少ない」日本社会には、これ以上の需要がないという公式見解に反論し（Haley 110)、主たる理由の１つは、弁護士数の増加に対する既存の弁護士会の強固な反対にあるとする。もう

---

und Rolle der Gerichte in Japan und Deutschland: Ein kleiner Rechts- und Institutionenvergleich, in: D. Coester-Waltjen / V. Lipp / D. W. M. Waters (Hrsg.), Liber Amicorum Makoto Arai (2015) 41 ff. 参照。

59)　日本における調停・あっせんの詳細については、H. Baum / E. Schwittek, Tradierte Moderne? Zur Entwicklung, Begrifflichkeit und Bedeutung von Schlichtung und Mediation in Japan, in: ZJapanR/J. Japan. L. 26 (2008) 5 ff. および本書の第３章参照。

60)　司法試験およびその背景については、A. Petersen, Das Erste japanische juristische Staatsexamen und dessen aktuelle Reformdiskussion, in: ZJapanR/J. Japan.L. 1 (1996) 32 ff. 参照。

1つの重要な理由として、たとえ司法修習生の増加が弁護士数の増加につながったとしても、裁判官の数が増えるわけではないという心配が挙げられる。相対的に低い給与と厳しい労働環境を考えれば、裁判官が十分に増えるかどうかは疑わしい（Ders. 111）。

　ヘイリー教授は、日本の官僚が一般に自己の権力基盤および裁量の余地を残したいがために、自分たちに向けられるかもしれない国民の法律的および司法的な活動の増加を望まないという推測には、疑念を抱いている（もちろん証明は困難であるが、本稿の著者にとっては、荒唐無稽とは思えない）。この点について、棚瀬教授は、「なぜ日本人がめったに訴訟をしないのかという問いに対する最良の説明は、訴訟当事者の姿勢や制度的障害よりも、むしろ管理にある」とする[61]。その意味するところは、紛争解決の代替的制度の構築であり、それは、このようなシステムのほうが当事者にとって訴訟よりも有利であるという「神話」の誕生および維持に結びついている[62]。「日本の非訴訟社会は、自然発生的に生まれたのではない。よく練られた管理によって産み出されたものである」[63]。棚瀬教授は、このモデルを昔からの文化的説明および制度的欠陥の重視とは異なる第3の選択肢とする[64]。しかし、これが原因を1つに絞る説明であるとすれば、精神的および文化的要素をあまりに軽視するものと言える。

---

61)　T. Tanase, The Management of Disputes. Automobile Accident Compensation in Japan, in: Law & Society Rev. 24 (1990) 651, 679; siehe dazu auch D. H. Foote, Resolution of Traffic Accident Disputes and Judicial Activism, in: Law in Japan 25 (1995) 19 ff.

62)　Upham, Fn. 9), 205 ff. も、日本の官僚が政治的なプロセスおよび変更において自己の裁量の余地を狭めるような裁判を回避したがることを強調する。

63)　Tanase, Fn. 61) 679.

64)　棚瀬教授が第3の説明と称するのと同様のモデルを主張するものとしては、Kato, Fn. 30) 679 ff. があり、それは、文化的説明と制度的説明を「弁証法的ジンテーゼ」によって結びつけようとする。どちらのアプローチも、互いに相反するのではなく、補完し合うものというのである（Ders, 698）。議論の全体については、E. A. Feldman, Dispute Resolution in Postwar Japan, in: Foote, Fn. 9) 50 ff. 参照。

ヘイリー教授の制度的説明は、特にラムザイヤー教授によって攻撃されているが、後者も、裁判によらない紛争解決が著しく多い理由として、裁判外の調停・あっせん制度の利用可能性とともに、日本の司法制度の特徴、特に損害賠償の分野における判決の予見可能性を挙げる[65]。予見可能性は、多くの場合に裁判を不要とする。加害者と被害者の間で合意した損害賠償額は、少ない時間と費用によって、同様の事件で裁判によって認められるのと大差のないものが得られることになる。それは、文化的に特有なものではなく、裁判所に重要な役割を認めつつも、当事者が裁判をしないことにより、経済的に合理的な行動をすることを意味する。

　ヘイリー教授は、他の大多数の論者と同じく、日本の司法統計のみを観察して、民事裁判に関する絶対数のいわゆる「裸の」比較によって、結論を導き出している。しかし、ドイツの研究が試みるように、これらの数字を経済的発展度合と関連づけるのであれば、その姿は一変するであろう[66]。個々の国における訴訟率の説得力ある比較は、比較可能な経済的条件のもとで行うべきであり、経済的発展と訴訟行動の複雑な関係を考慮すべきである。すなわち、日本の場合には、「訴訟回避の歴史的起源である川島理論」が示すとおり、他の国々との比較では、一定程度、時代をずらす必要がある[67]。それは、ある意味で相対化する必要もある。すなわち、日本の訴訟回避は、他に例を見ないわけではなく、また日本の文化や東アジア文化圏に特有のものでもない。欧州にお

---

65)　M. J. RAMSEYER, Reluctant Litigant Revisited. Rationality and Disputes in Japan, in: J. Jap. Stud. 14 (1988) 111, 114 ff.; M. J. RAMSEYER / M. NAKAZATO, The Rational Litigant. Settlement Amounts and Verdict Rates in Japan, in: J. Legal Stud. 18 (1989) 262, 268 ff. 参照。FOOTE, Fn. 61) 19 ff. も参照。

66)　C. WOLLSCHLÄGER, Die historische Entwicklung der Zivilprozeßhäufigkeit in Japan und Europa seit dem 19. Jahrhundert. Kawashimas Thesen im internationalen Vergleich, in: 比較法雑誌（中央大学）27 巻 2 号 1 頁以下（1994 年）参照。若干異なる視点によるものとして、DERS., Fn. 51) も参照。

67)　WOLLSCHLÄGER, Fn. 66) 29.

いても、スペインのように、同様の訴訟行動が見られることがある[68]。そろそろ中間的な結論を下す時であろう。議論は、まだまだ終わらず、いつまでも続くからである。

　ヘイリー教授の著作に関する幾つかの一般的なコメントをもって、この節を終えたい。本書は、大きく2つの部分からなる。まず、今日観察できる法現象の歴史的・制度的な背景が記されている（HALEY 17-65）。ヘイリー教授は、続く章では、すでに述べた日本人の法律行動および訴訟行動に関する中心的な命題を提示する（DERS. 81-119）。続いて、日本における犯罪対策や刑事訴追が短く述べられる（DERS. 121-138）。特に注目すべきであるのは、官僚による経済統制および経済法の変遷が詳しく述べられていることである（DERS. 139-168）。これは、この分野における日本法の現実に関する数少ない専門性の高い研究と思われる。中心には、非公式の行政行動が記述され、ヘイリー教授は、これを主に重視する。「日本では、非公式な法執行は、最初から統治の手段であったわけではなく、新たに統治の手段となったのである。法令に規定されているか否かを問わず、政府およびすべての行政機関のレベルにおいて、大部分の官僚的な政策がこの方法で執行されている」（DERS. 163）。特に経済産業省・公正取引委員会・競争政策の間の緊張関係が注目されている。

　ヘイリー教授によれば、法執行機能の面では弱い影響力しかないコンセンサス重視の社会という肯定的な姿には、僅かながらとはいえ、「社会制御の暗黒の側面」が見られる（特にHALEY 183-186）。ヘイリー教授は、良く知られた例として、個人間の支払請求や退去請求などにおいて、組織犯罪の介入が珍しくないことを挙げる[69]。他の例としては、大組織の強力な社会的圧力に対し、個人が言論の自由はもとより、人格権の保護さえ貫くことの難しさが挙げられる。これらの記述を掘り下げて欲しかった。ヘイリー教授は、国家権力に対する個人の地位について肯定的すぎるし、コンセンサスの強制が関係者に及ぼす困難

---

68)　WOLLSCHLÄGER, Fn. 66) 30 ff.
69)　その全体像については、J. WEITZDÖRFER, Verbraucherkreditregulierung in Japan (2020) 参照。

を過小評価している。これは、特に刑事法上の（警察による）取調べの記述に表れている（DERS. 121-138）。そこでは、被疑者に対する自白の強要があまりに厳しく、強い圧力を伴うことも稀ではない。近年の再審事件を見れば分かるとおり、このような行為は、幾つもの事件において、冤罪を招いている[70]。

全体として、個人がお上の決定に従わざるを得ないよう実際上仕向けられているという姿は、あまりに強く強調されている疑いがある。少なくとも部分的に権力（Macht）を行使する者にのみ、これが認められていることは、多くの例が示している。たとえば、日本における弱い消費者保護や投資者保護を考えれば、それを変えることのできる可能性が少ないことが分かる[71]。権力のある経済・財政官僚に対する中小企業の地位も、同様に極めて垂直的であると思われる。本稿の著者の研究によれば、この分野における恫喝の可能性は、現実的な権力を官僚に与えており、単に権威（Autorität）を反映したものではないと推察される[72]。しかし、これらの疑問点は、著作の肯定的な評価を失わせるものではなく、その反対である。ヘイリー教授は、その魅力的な研究によって、日本法の現実に基づく分析を行うことに成功している。その著作は、いくら多くの読者を得ても足りない位の価値がある。

6．小田教授の普遍的アプローチ

単なる文化に結び付けた説明に対する日本側の反論は、今日広まっており、

---

70) その詳細については、B. GÖTZE, Probleme der Polizeihaftanstalten (*daiyo kangoku*) in Japan, in: ZStW 102 (1990) 952 ff. 参照。

71) 日本における消費者保護に関する基本書としては、M. DERNAUER, Verbraucherschutz und Vertragsfreiheit im japanischen Recht (2006) がある。

72) この点については、H. BAUM / U. SCHAEDE, Institutional Investors and Corporate Governance in Japanese Perspective, in: BAUMS / BUXBAUM / HOPT (Hrsg.), Institutional Investors and Corporate Governance (1994) 609, 614 ff.; U. SCHAEDE, The 'Old Boy' Network and Government-Business Relationships in Japan, in: BAUM (Hrsg.), FN. 2) 345 ff. 参照。反対意見としては、H. KANDA, Finance Bureaucracy and the Regulation of Financial Markets in Japan, in: BAUM (Hrsg.), Fn. 2) 305 ff. がある。

時として顕著となっている。たとえば、大木教授は、簡潔に次のとおり述べる。「端的に言えば、日本人のメンタリティは、必ずしも儒教の影響を受けているわけではない……。日本人も、強い法意識を有している。たしかに、日本人は、今日でも、民間の調停・あっせんを正式な裁判手続より好む。しかし、これらは、そもそも相反するものではない」[73]。

　大木教授は、調停・あっせん手続の普及を文化特有の理由ではなく、歴史的・制度的な理由によるものとする。日本の歴史において、（裁判外の）調停・あっせんは「効率的に制度化された」が、裁判制度はあまり発展しなかった。すでに江戸時代には、一時的に裁判が急増したが、裁判所の数が十分でないため、より迅速な調停・あっせんが幕府の御布令により命じられ、それが時代とともに定着したという[74]。これに対し、儒教の重視には、比較的新しい要素が見られる。すなわち、19世紀後半の国の急激な近代化に対抗するため、極右主義が生まれるとともに、「長らく無視されてきた儒教の道徳律」が新たに息を吹き返したのである[75]。全体として、大木教授は、欧州の法概念と日本の法概念の根本的な違いに疑問を呈する。

　この点をより明確にするのは、小田教授であり、彼は、本稿の冒頭に書いたとおり、日本法を直ちにローマ・ゲルマン法族に分類し、部分的に米国法の要素が混ざっているとする（ODA 6）。そのため、小田教授は、東アジア法圏という概念にも反対し、特に民事法に限定すれば、中華人民共和国などの様々なアジア諸国の法との大きな違いを理由として、このような概念を使うのは無意味であるとする。日本は、今日なお、7～8世紀に輸入した中国の（儒教的な）法観念の影響を少しだけ受けているにすぎない（DERS. 7）。むしろ広範な比較法的作業に基づく19世紀の欧州法および20世紀の米国法の継受によって、外国法を加工し、日本の現状に適合させて、欧米の研究者が考えるよりも継受法と現実の間のギャップを小さくした。そのギャップは、さらに後の発展によって埋まっていった（DERS. 9 f.）。このような評価は、ラーン博士による現代日本

---

73)　OKI, Fn. 30) 156, 161. 同様の見解として、KATO, Fn. 30) 679 ff. 参照。
74)　OKI, Fn. 30) 160 f.
75)　OKI, Fn. 30) 156.

法の分析（前述 4 ）とは大きく異なる。

　本稿で取り上げた他の著作は、法社会学よりも実定法に基づく小田教授のようなアプローチを若干軽視しているが、それは客観的に見て不適切である。小田教授の記述は、全体を見渡し注意深く選別された情報を提供するものであり、それは、他の 2 つの著作では、目的が異なるため、欠けている部分である。したがって、小田教授の著作は、その有能な分かりやすい分析によって、他の 2 つの著作を補うものである。2021年に第 4 版が出版されたことは[76]、それが世界的に高い評価を得ていることを示している。

　小田教授の著書では、最初に日本法の歴史、法源および法制度の概要が取り上げられている。特に情報量が多いのは、法源のまとめと評価であり（ODA 35-64）、憲法から非公式の行政行動にまで及び、批判的な検討がなされている（DERS. 61 ff.）。さらに、家族法を含む民法、会社法、資本市場法、競争法、手続法、刑事法が重要な法分野として取り上げられている。ただし、公法は、大部分が割愛され、単なる法源の紹介であるか、対外経済法に関する部分的な記述にすぎない。個々の法分野は、簡潔に本質的な側面に絞って紹介されている。注目すべきであるのは、小田教授が多くの日本の出版物と異なり、常に判例を考察に取り入れていることである。ただし、時として、幾つかの箇所では、法の現実があまり記述されていないのではないか、という疑いを招きかねない[77]。日本に詳しくない読者は、しばしば極端に短く、従属文に隠されていることも稀ではない法の現実に対する批判を見落とし、その結果、強く実定法に彩られたイメージを持つかもしれない。

　たとえば、日本の自衛隊が憲法 9 条に明文で規定された戦力の禁止に違反しないのか、それが憲法解釈にどのような影響を与えているのかという興味深い問題は、 1 つの段落で述べられているにすぎない（ODA 39）。人権保護を詳しく取り上げているのは（DERS. 111-132）、肯定的に評価されるが、幾つかの重要

---

76)　前掲注＊）参照。
77)　この点で批判的な書評として、PORT, Fn.＊) 453 ff. がある。

なテーマが取り上げられていない。たとえば、被告人や被疑者の憲法上保障された権利は、比較的詳しく書かれているが（DERS. 128-130）、すでに述べた警察署での勾留という疑問の多い実務は、その期間中に自白を強要されることも稀ではないにもかかわらず[78]、特に問題とはされておらず、単に一文でそれをほのめかす程度である（DERS. 132）。同じことは、国際機関の目からみて問題なしとは思えない日本の少数民族の取扱いにも当てはまる[79]。

　欧米言語（大部分は英語）の文献を出来る限り広く引用している点は、小田教授の功績であり、日本語に強くない読者の助けとなるであろう。欧米の標準的な文献は、多かれ少なかれ関連の箇所で引用されている。ただし、末尾に文献一覧が掲載されていれば、なお良かったであろう。その代わりに、同様の文献では珍しく、冒頭に法令索引および判例索引が掲載され（ODA xv-xxxiv）、巻末に幾つかの有益な統計情報が掲載されている（DERS. 423-430）。

Ⅲ．私　見

　以上の概観によって、まさに多様な、そして部分的には対立した考えがあることが分かる。そこで、2つの問題に答える必要がある。すなわち、以上の説明モデルのうち、いずれが今日の日本法の姿を最も適切に描いているのか、そして、このモデルは、統一的な東アジア法圏という考えといかなる関係にあるのか、という問題である。

---

78)　GÖTZE, Fn. 70) 971 f. 参照。

79)　たとえば、Y. ONUMA, Interplay Between Human Rights and Legal Standards of Human Rights. A Case Study on the Korean Minority in Japan, in: Cornell Int'l L. J. 25 (1992) 515 ff.; K. L. PORT, The Japanese International Law "Revolution". International Human Rights Law and Its Impact in Japan, in: Stan. J. Int'l L. 28 (1991) 139 ff. 参照。

1．伝統と革新

　ラーン博士の著作は、いかなる範囲で日本の法観念が今なお伝統的な思考方法の影響を受けているのかを示している（人はそれを当然と言うであろうが）。たとえば、以下の指摘は適切である。「現代の日本の民法は、単なる欧州の法令、ドイツの解釈論および英米の法的思考の産物ではなく……、また欧州と米国の方法論の単なる融合物でもなく、日本人の法的思考の帰結であり、日本の法観念の表れに他ならない」(Rahn 378, 389)。ただし、ラーン博士によれば、さらに「日本人の思考方法は、現在では、伝統的な観念のみによるのではなく、新しい経験に基づくか、または伝統とこれらの新しい経験を結び付けたり、融合させたりすることから生まれた観念によると言ってよい」(Ders. 379)。その意味で、日本社会の内部において、伝統的な社会規範が有効性を失い、目的にかなう場合には、法を利用しようとする考えも、大きくなっている。これは、継受法が社会の考えを変えていることを示している (Ders. 408, 409)。

　川島教授も、常に論証として、伝統的な構造、特に日本人のいわゆる紛争回避を強調しながらも、後の解釈によれば、日本独自の法意識の側面を絶対視しなくなったように思われる[80]。したがって、文化の影響は、日本法の現実における多くの特徴の1つにすぎない。ヘイリー教授などが主張するように、文化的要素以外に、歴史的な起源を有するか、または政治的・行政的な現状を反映した制度的要素も重要な役割を果たしている。特にラムザイヤー教授が経済分析によって主張するとおり、日本人の原告となり得る者の経済的に合理的な行動によれば、裁判外の和解では、一般に裁判手続よりも少なくはない満足を得ていることが分かる。建前としての法も、許容範囲を示すことにより、本来の機能を果たしている。

　ラーン博士が正当に指摘するとおり、継受された西洋の法が日本文化に融合

---

80) その証拠を多数示すものとして、S. Miyazawa, Taking Kawashima Seriously. A Review of Japanese Research on Japanese Legal Consciousness and Disputing Behavior, in: Law & Society Rev. 21 (1987) 219 ff. 参照。

されていることは、日本の民法学の方法論争に表れている。ただし、いかなる範囲で、歴史的・制度的な要素が再び文化特有の観念によって影響を受けているのか、あるいは逆にいかなる範囲で、文化特有の概念が制度的な枠組みによって維持されたり、強化されたりしているのかについては、争いがある[81]。いずれにせよ、制度的な要素を無視して、日本の法観念に対する文化の影響のみを強調するのは、法の現実を見誤るものである。冒頭に引用した文献は、その分かりやすい例である[82]。

　法という道具がますます国際化し西洋化していくのに伴って、裁判に持ち込まれる紛争の数が増えるという川島理論には、ラーン博士も賛成するが、それが真実であるのか否かは、目下のところ不明である[83]。ヘイリー教授による統計の分析結果によれば、むしろ反対の方向を示しており、ボルシュレーガー (Wollschläger) の最近の研究も、同じ傾向を示しているように思われる[84]。いずれにせよ、遅かれ早かれ日本もすべてが欧州と同じようになるという欧州中心のテーゼは、法分野に限らず主張されているが、明らかな誤りである。これに対しては、なぜそうあるべきなのか、という素朴な問いを投げかけるだけで足りるであろう。

　以上の考察によれば、小田教授のような普遍主義者が主張する日本法と西洋法の構造的な同種性は、疑わしくなってくる[85]。たしかに、日本人の法生活の誤った神話化に対して、これらの見解が意識的に対照的な反対の立場を主張するのは、致し方ない。すなわち「法と実務の間の不均衡を強調しすぎるのは、しばしば誤解を招き、日本法の『神話化』をもたらす」(ODA 10)。しかし、普遍主義者の観点は、一面だけを切り取ったものであり、いずれにせよ西洋の読

---

81)　この点については、KATO, Fn. 30) 696 ff. 参照。
82)　注 1)・4) の本文参照。
83)　ただし、ラーン博士は、川島教授と異なり、日本社会の西洋化ではなく、むしろ継受法の同化に根拠を求める。
84)　WOLLSCHLÄGER, Fn. 51) 134 参照。
85)　前述 II . 2・6 参照。

者に誤解を招きかねない[86]。2つの例を挙げよう。

　第1に、ラーン博士が詳細に分析した前述の裁判手続を挙げることができる[87]。一般的な日本の学説および実務によれば、日本の国民感情に合致するが、必ずしも表には出ない価値判断が専ら行われ、その際に、法規範は、他の要素と並んで、多かれ少なかれ拘束力のない利益衡量の基準にすぎない。これを見れば、日本の法令およびその裁判官に対する拘束力は、少ない価値しか認められていないように思われる。もちろん西洋の裁判官が価値判断をしていないわけではないが、透明性および法令の拘束力は、格段に高いと思われる。

　第2の例としては、日本の経済法の実務を挙げたい。それは、前述のとおり、第二次世界大戦後に、公式には、特に米国の法観念にならって導入されたものである[88]。しかし、経験豊かな西洋の日本法専門家の一人は、次のとおり指摘する。「司法審査を受けることは、米国文化の根幹であるが、日本の特に事業規制の分野では、新しく、浅く、低い価値しか認められていない……。たしかに日本人は、連合軍の占領下（1945年～1952年）で立法をする際に、米国法の文言に忠実に従ったが、日本法は、全く異なって運用されている。これらの法律は、むしろ米国の感覚からすれば、ほとんど機能していない。しかし、日本で使われている代替的な方法は、米国の期待を大きく裏切り、極めて良く機能している……」[89]。

　たとえば、1930年代の米国の連邦証券取引法の文言を1948年の日本の証券取引法と比較すれば、多くの条文で米国法を真似たことが分かるであろう。これに対し、両国の法律実務を見れば、大きな違いがある。日本では、裁判所や1992年に設けられた証券取引等監視委員会が、許容されること、または禁止

---

86)　同旨、PORT, Fn.*) 454 f.
87)　前述 II．4 参照。
88)　前述 II．3．注 38）以下の本文参照。
89)　D. F. HENDERSON, Security Markets in the United States and Japan. Distinctive Aspects Molded Cultural, Social, Economic, and Political Differences, in: Hastings Int'l & Comp. L. Rev. 1991, 263, 280, 296 参照。

されることを決めるのではなく、金融庁が最近まで全権を握っていた[90]。曖昧な立法は、多数の省庁の規則で補われ、これらの規則は、さらに省庁に広範な裁量の余地を与える。その裁量権の行使は、一部は書面の通達によるが、特に非公式の行政行動（口頭の注意や勧告、さらに圧力の行使を含む）によっている[91]。非公式の行政行動は、透明性を欠き、任意に従ったものであるため、司法審査に馴染まない。要するに、日本の資本市場は、最近に至るまで、本質的に透明性を欠き、司法審査を受けない行政上の規制によっていた。これに対し、米国では、十分な透明性の確保が規制の出発点とされ、それは、日本では、まさに法律を読み上げるだけのようなものである。

　この行政による法の転換に特徴的であるのは、事前の利害調整（ex ante monitoring）であった。それは、立法府や行政府の決定の前に、審議会において、関係企業の利害を省庁の考えとすり合わせておくものであり、厳しい市場参入規制を伴うことから、制度的な観点からは、「官製カルテル（regulatory cartel）」とさえ評されていた[92]。このようなコンセンサス指向の事前規制は、2001年に提出された司法制度改革審議会（Justice System Reform Council）の最終報告書において、主要な問題点の1つとされ、従来の慣行を決定的に改め、市場のルールに則った規制、すなわち、市場行動の事後的な司法審査（ex post monitoring）への転換が求められている。それは、報告書の英語版が述べているとおり、まさに法治（rule of law）を日本で根付かせる必要性を重視するものである[93]。

---

90) この点を明らかにするものとして、E. B. KEEHN, Virtual Reality in Japan's Regulatory Agencies, in: BAUM (Hrsg.), Fn. 2) 321 ff. がある。

91) 日本の金融市場規制の特殊性に関する詳細については、H. BAUM / H. KANDA, in: BAUM / BÄLZ (Hrsg.), Fn. 10) 282 ff. 参照。

92) C. J. MILHAUPT / G. P. MILLER, A Regulatory Cartel Model of Decisionmaking in Japanese Finance, in: ZJapanR/J.Japan.L. 4 (1997) 18, 20.

93) THE JUSTICE SYSTEM REFORM COUNCIL, Recommendations of the Justice System Reform Council: For a Justice System to Support Japan in the 21st Century (2001) Chapter I〈https://japan.kantei.go.jp/policy/sihou/singikai/990612_e.html〉参照

ここで本来の法と継受法の間の構造的同一性を述べるのは、誤解を招くものであり、むしろ日本法の現実を理解するためには有害と思われる。それよりも、文化的な特性の神格化を一方とし、あまりに簡略化した普遍主義を他方とする両極の中間点を探り、制度的要素と文化的要素を平等に取り入れることが望ましいように思われる。レール（Röhl）が正しく指摘するとおり、「日本では、法は、中国法・フランス法・ドイツ法・米国法のように見えても、あくまでも日本法のままであった」ことに特段の注意を払うべきであろう[94]。これに関連して、経済の観点からも、次のとおり述べられている[95]。「なぜ我々が東アジア社会を完全に理解するのが困難であるのかという理由の1つは、我々の原則を東アジアの歴史・社会・経済に投影するからである。しかし、カントとヘーゲルは、一度も日本を訪れていない。日本の社会や経済を支配する架橋的な拘束力ある原則など存在しない。経済制度は、あたかも西洋の制度に似ているかのように見えるが、その機能および目的は、全く異なる考え方に基づいている」。ただし、現代については、1つ明らかなことがある。「以前には無かったほど、法が日本社会で明確な役割を果たしている」ことである[96]。

2．第 3 の 道

これは、我々の第2の問題、すなわち、日本法を東アジア法圏に分類してよいのかという問題にとって、いかなる意味を有するのであろうか。以上によれ

（2024年4月11日閲覧）。改革およびその背景の詳細については、K. Rokumoto, Overhauling the Judicial System: Japan's Response to the Globalizing World, in: ZJapanR/J.Japan.L. 20 (2005) 7, 13 ff.; S. Miyazawa, The Politics of Judicial Reform in Japan: The Rule of Law at Last?, in: Asian-Pacific Law & Policy Journal 2/2 (2001) 101 ff. 参照。

94)　Röhl, Fn. 34) 56.

95)　U. Schaede, Change and Continuity in Japanese Regulation, in: ZJapanR/J.Japan.L. 1 (1996) 21, 25.

96)　T. Tanase, Community and the Law. A Critical Reassessment of American Liberalism and Japanese Modernity (2010, übers. u. hrsg. von Nottage / Wolff) 156.

ば、すべてとは言わないまでも、法圏の問題については、広く信じられている「東アジア的な」要素という考え方はやめるべきであると思われる[97]。ヘイリー教授は、これを一般化して、次のとおり述べる。「まさに日本は、超越し普遍的に適用されるべき道徳的価値や基準を信じる、という考えがあまり広く共有されていない点において、東アジアおよび西洋の両方の社会と異なる」(HALEY 15)。「(日本における) コンセンサスによる統治は、法の性質や機能について、大きく異なるパラダイムを含んでおり、それは、東アジアの隣国や欧米諸国とは相当異なっている。我々は、これらの違いを評価することなしに、日本における法の役割および社会制御を理解できるようになるとは思えない」(DERS. 193 f.)。

さらに、東アジア法圏という考え方がいつも見落としているのは、野田教授が日本の法観念や伝統の文化的特性を強調しながらも、一般的な「極東法概念 (far eastern conception of law)」の存在には、明らかに大きな疑問を抱いていることである。「『極東』に属する者は、本当に『東』というものが文化圏として存在するのかを疑っている……。したがって、これらの文明のすべてに共通していると言えるような単一の法概念を示すことは、極めて困難である」[98]。別の著作でも、野田教授は、日本法をある特定の法圏に分類することについては、態度を保留する[99]。

これによれば、たしかに日本法とその運用について、明確な文化的要素を肯定しても構わないであろう。しかし、その具体的な形は、日本特有の現象であ

---

97) これが他の分野にも当てはまるのか否かは、本稿では断定できないが、疑わしいように思われる。少なくとも ZWEIGERT / KÖTZ のような考え方はやめるべきであろう。前述注14) 参照。

98) Y. NODA, The Far Eastern Conception of Law, Fn. 28) Nr. 1-193, S. 120. DERS., Introduction au droit japonais, Fn. 28) 13 も次のとおり述べる。「たしかに、アジア的思想について述べることはできるが、その内部において、欧州の思想にあるような論理的一貫性が認められるわけではない」。

99) Y. NODA, Comparative Jurisprudence in Japan. Its Past and Present, Part II, in: Law in Japan 9 (1976) 1, 9 f.

り、アジア的な現象ではないと思われる。一方で、前述のとおり、日本への文化輸入は、常に大きく調整がなされてきた。他方で、歴史的な発展も、その過程で成立した日本特有の制度によって、今日の日本法および法観念の形成に役立ってきた。たしかに、最終的な評価は、冒頭で挙げた法域、特に中華人民共和国法との念入りな比較（それは、知る限り、まだ行われていないが）を必要とする[100]。しかし、すべてとは言わないまでも、統一的な東アジア法圏という考えには、あまり賛成できない。少なくとも、いわゆる「汎アジア」という領域にヒントがあることは確かであるが、それは、なお証明責任を尽くす必要がある。

　日本法を西洋法圏に含めるという打開策も、前述のとおり、あまり説得力がないように思われる。木下教授も、次のとおり指摘する。「日本法は、『西洋化』されたが、過去も現在も、『西洋法』にはなっていない。日本法は、前述の４つの異なる法文化を有する法体系の融合したもの、あるいは共存しているものと言うほうが安全であろう」[101]。したがって、日本法を架空の東アジア法に分類できないからといって、欧州法圏に含めるのも、間違いということになる。

　分類の問題の答えとしては、なぜ考察の対象が島国であることを法の分野でも考慮しないのかということである。遠く離れた異国のものを独自のものとしておくことは、法においても、それだけで足りる。

3．結　語

　特に日本法、一般的に言えば東アジア法との比較が可能であり、かつ有益なものであるのか否かという冒頭に掲げた問題は、反対に以下の問いによって答えるのが最も適切である。すなわち、今後はもうこれを行わないか、あまり行わないでよいのであろうか。比較法および外国法研究は、欧州では、米国だけ

---

100)　前述Ⅱ．2．注24)の本文参照。
101)　KINOSHITA, Fn. 15) 219. ４つの法体系とは、日本法・中国法・欧州大陸法・米国法を意味する。

でなく、非西洋諸国、特にアジアの法についても明らかにする、という困難な課題に今後ますます直面することになるであろう[102]。その際には、これらの国々における文化的な特徴および社会的・制度的なダイナミズムに特段の注意を払うべきである。また、2つの危険を回避する必要がある。1つは、雑に描かれた比較法の童話の時間を過ごした結果、曖昧な見込みによって誤った誘惑に陥る危険であり、もう1つは、法の現実が異なるにもかかわらず、条文に沿って議論し、似たものがあると主張する平凡な比較法に安住する危険である。

特にラーン博士およびヘイリー教授の著作は、模範的な方法で目指すべき道を示している。これらは、たしかにアプローチ、目的および構成が互いに異なっているが、比較の視点が一方はドイツ法であり、他方は米国法であるからこそ、互いに補い合う点において特に注目される。

3つの重要な著作を熟読する労を惜しまない者は[103]、日本法の全体像を把握することができるであろう。ほぼ同じ頃に、同じアジア法について、3冊の重要な本が出版されたことは、歓迎すべき関心の変化を示している。冒頭で紹介したような大雑把な見方は、もはや新たに主張したり、維持したりすることはできないであろう。「極東」は、日本に関する限り、かなり近づき解明されたと言える。

---

102) 本稿の冒頭に掲げた問題とは全く異なる(まだ十分に取り組まれていない)問題は、そこで得られた解決を全部または一部自国法に取り入れるべきであるのか否か、またそれが可能であるのか否かというものである。この点については、H. BAUM, Emulating Japan?, in: DERS. (Hrsg.), Fn. 2) 1 ff.

103) 小田教授の著作については、本稿で紹介した初版ではなく、最新の2021年の第4版を参照して頂きたい。

第2章　現代日本法の理解に必要な文化の意味
――異国趣味からの脱却？――

モーリッツ・ベルツ*⁾

はじめに

　今日の講演のテーマは、日本における文化と法の相互関係です。私は、このテーマについて、まず総論的な問題を概観し、つぎに様々な法分野における具体例を示したいと思います。ポイントは、2つあります。第1に、日本法の現実を知るためには、その文化的背景が根本的に重要であること、第2に、その理由は、一見したところ、矛盾すると思うかもしれませんが、現代日本の法令があまり日本文化の影響を受けずに定着していることです。

Ⅰ．日本法への文化の影響は特に強いのか？

　一般的な見解によれば、日本法は、日本の文化的背景を見ずに理解することができません。すなわち、法律だけに焦点を当てるのは、十分ではありません。むしろ特殊な背景に目を向ける必要があります。しかし、このような観点は、推奨されるとはいえ、2つの問題を提起します。第1に、これは、法と文

---

*）　本稿は、Moritz BÄLZ, Wider den Exotismus? Zur Bedeutung der Kultur für das Verständnis des modernen japanischen Rechts, in: ZJapanR/J.Japan.L. 25 (2008) 153-164 をもとに、奥田が日本語訳（意訳）を作成し、著者本人がチェックをするとともに、内容的にも加筆修正したものである。原著は、2007年2月13日にフランクフルト大学で行われた講演原稿を加筆修正したものであるため、日本語版の作成においても、講演のスタイルを維持した。

化の間に、昔から多様な関係が存在することを意味しますが、それをどのようにして正確に把握することができるのか、という問題です。第2に、なぜ日本法については、文化的背景の意味が強調されるのかを考える必要がありますが、これは、自国の法も少なからず文化に影響されていることを看過する異国趣味（Exotismus）を見直すことになるのではないか、という問題です。

Ⅱ．日本における法と文化

A．文　化

日本における法と文化の関係を詳しく考察する前に、ここでいう「文化」とは何を意味するのかを説明します。

1．日本の文化

ここでいう文化とは、自然（Natur）の単なる反対用語ではなく、最初から法を含む文化概念のことでもありません。以下では、むしろ文化とは、法の社会的背景全体であり、それゆえ物質文化（materielle Kultur）の要素を超えて存在する価値観、行動規範、社会関係および政治的な権力関係を意味するものとします[1]。教育・企業・家族といった様々な制度も、これに含めることができるでしょう。

日本文化とは何なのか、簡単に言い表すことはできません。ただし、「本来的に」日本のものだけを言うのとは異なります。たとえば、儒教は、中国に起源を有するので、日本文化ではないと言えるでしょうか。ここでは、端的に日本文化とは、ある特定の時点において日本社会に特徴的である価値、制度および構造を含むものとします。

---

1) （訳注）オルデンブルク大学には、物質文化研究所があり、そのサイトで物質文化が詳しく説明されている。〈https://uol.de/materiellekultur〉参照（2023年11月2日閲覧）。

2．文化の変遷

　さらに本質的な側面に話を進めます。文化は歴史に根付いていますが、1つの時点に留まるわけではありません。多くの伝統は、意識されているか否かを問わず、実は比較的新しいものです。たとえば、神道の神髄と言われる天皇の伊勢神宮参拝（親謁）、あるいは日本の大企業における終身雇用の慣行も、これに当てはまります。さらに現代的なものとしては、今まさに進行中の大規模な転換が日本法の背景にあります。たとえば、高齢化社会の進行、非正規雇用の増加、上場企業の株主構成の変化、日本のエリートによる米国留学によって増えた学術分野における米国の影響などを挙げることができます。

　文化の変遷は、法律に常に新しい影響を及ぼしています。他方において、重要な文化的要素がすでに変遷していても、法律には、変遷前の文化の影響がまだ残っているとも考えられます。

3．文化と法の相互関係

　法に対する文化の影響は、決して一方通行ではありません。むしろ重層的な相互作用があり、法もまた文化に影響を及ぼしています。たとえば、米国では、「日本においてさえも、法律は重要だ（law matters even in Japan）」という意見がありますが、これは、法律家にとっては、少し安心感を抱かせます。

　このような文化と法の相互関係について、その原因や効果を明らかにするのは、必ずしも簡単ではありません。たとえば、すでに古典的と言える議論を取り上げれば、日本の人口に比べて民事訴訟の提起数（いわゆる訴訟率）が低いのは、弁護士や裁判官が極めて少ないことが原因なのでしょうか、それとも結果なのでしょうか。当事者が円満な紛争解決を望むのであれば、法律家は不要となるのでしょうか。たとえば、日本における裁判外紛争解決は、西洋諸国において、模範として宣伝されることが少なくありません。しかし、2003年頃までは、司法試験の合格者数が僅か1000人にすぎず、そのため大都市圏以外では、弁護士過疎があったことを考えれば、当事者は、裁判外紛争解決手続によ

らざるを得なかったのではないでしょうか[2]。

B．法にとっての文化の意味

最初の問題に戻りましょう。法と文化的背景の関係は、どのように理解すればよいのでしょうか。

1．法と価値判断

　文化は、立法者や裁判所が社会の価値観を受け入れることによって、法に影響を及ぼし得ます。一例として、日本の臓器移植法における死亡時点の決定を挙げることができます。多くの西洋諸国では、心臓がまだ動いていても、いわゆる脳死、すなわち、脳の機能の不可逆的停止をもって、死亡とみなす考えが貫かれています。このような死亡時点の決定は、臓器移植に有利に働きます。これに対し、日本では、国民の大多数が脳死に反対しています。これは、日本人が人間を作り上げているものを精神だけでなく、それと同じくらい身体に見出していることによるのでしょう。さらに、日本における祖先崇拝の重要性を考えれば、多くの日本人にとって、まだ心臓が動いている脳死状態の身体を「身代わり」として利用することに対し、強い抵抗感があることも理解できます。

　そのため、長い議論の末、やっと1997年に日本で臓器移植法が制定された

---

[2] （訳注）2004年に法科大学院が全国各地に設立され、2006年からその修了生たちが受験するようになって、司法試験合格者が2000人を上回る時期もあったが、法科大学院が学生の募集停止などにより減少し、最近は、司法試験合格者が1500人を下回っている。原著の講演は、2007年に開催されたので、司法試験合格者の増加を期待したものとなっているが、実際には、厳しい状況にある。ちなみに、2023年度から在学中受験（一定の履修条件を満たした法科大学院3年生の受験）が始まったが、受験者が大幅に増えたわけではなく、合格者も1781人に留まる。弁護士白書2023年版41頁〈https://www.nichibenren.or.jp/library/pdf/document/statistics/2023/1-3-2.pdf〉参照（2024年4月5日閲覧）。詳細については、本書第8章Ⅳの1参照。

際には、死亡の時点を定義するのではなく、本人が存命中に書面により移植に同意できるようにしました。興味深いのは、社会的な次元（soziale Dimension）における死が明らかにより強く意識されていることです。なぜなら、日本の臓器移植法によれば、本人が同意を表明した後も、家族が脳死判定および移植に反対できるからです。たしかに、この家族の拒否権は、移植の機会を制限することになりますが、日本国民の間で幅広い支持を集めています。したがって、臓器移植法は、日本文化の一面を表していると言えます。ただし、西洋の価値観を客観的基準としない者にとっては、脳死を死亡の時点と定めるドイツ法を引き合いに出して、日本法のほうがより強く文化の影響を受けている例として、脳死を挙げることはできないと思います。

２．経路依存性と相互補完性

　文化と法の関係は、倫理観が法に影響を及ぼすことに尽きるものではありません。さらに幅広いモデルとして、経路依存性（Pfadabhängigkeit）の概念が役に立ちます[3]。これは、進化経済学（Evolutionsökonomie）から借用された概念であり、要するに、どこに進むのかは、どこから来たのかによって異なり得るということです。あるいは再度、英米の議論によるならば、「歴史は重要だ（history matters）」ということです。経路依存性の理論は、開発が過去に（おそらくは偶然に）たどった経路に留まっており、厚生経済の観点から最適な方向に進む他の開発経路には収束しない自己強化の効果がある、という観察に基づいています。１つの例を挙げます。多くの国では、車は右側通行ですが、左側通行の国もあります[4]。この場合には、いずれの選択肢も、自明の長所があるわけではなく、統一するほうが間違いなく効率的だということです。ただし、

　　3）　（訳注）経路依存性については、〈https://www.staatslexikon-online.de/Lexikon/Pfadabh%C3%A4ngigkeit〉も参照（2023年11月2日閲覧）。

　　4）　（訳注）世界の主流は右側通行であり、人口比では、右側通行の国が左側通行の国のほぼ倍程度あるとされる。〈https://www.nli-research.co.jp/report/detail/id=54349?site=nli〉参照（2024年4月19日閲覧）。

統一するためには、費用が高くつきます。同様の例は、技術的なスタンダードについて多く見られます。一度確立されてしまえば、たとえベストでなくても、それを維持する傾向があります。

このような傾向は、確実に法律にも見られます。その際には、法と文化は、しばしば互いに補完的な役割を果たしているように思います。法とその文化的な背景は、互いに適合し、補い合う形で発展していきます。その結果、片方だけが急激に変わることは、困難となります。それは、現状維持の方向に働きます。このような理解については、幾つかの例を挙げることができます。

(1) 解雇の制限

第1に、日本における解雇制限の法理は、経路依存性の表れと見ることができます。日本では、1960年代の高度経済成長期に大企業の人材確保のため、終身雇用制が始まり、人材を長期にわたり企業に拘束できるようになりました。これによって、定年まで雇用関係が続くという双方の期待のもとで、大学の卒業生が入社します。給与と昇給は、何よりも勤続年数の長さに比例します。そのため、多くの日本人社員は、入社の初期の頃は、業績に比べて低い給与しか受け取りませんが、後に高給が得られると期待できます。他方で、会社を移る社員は、新しい職場では、「転職者」とされるので、勤続年数に応じた昇給など、ほとんど期待できません。失職した場合には、極めて少ない保障しかありません。

注目すべきであるのは、法律の条文上は、このような終身雇用が長らく保障されていなかったことです。日本の民法627条は、他の多くの規定と同様に、ドイツ民法第1草案に基づいていますが、それによれば、期間の定めのない雇用契約は、いつでも解約できます。労働法は、民法の2週間の解約期間を30日に延長しましたが、2003年の労働基準法の改正までは、特別な事情がある場合を除き、解雇を制限していませんでした。それにもかかわらず、日本の判例は、以前から労働者に有利な解雇制限の法理を展開し、権利濫用の禁止という一般条項（民法1条3項）に基づいて、幾度も解雇を無効と判示していまし

た。日本の判例は、このように終身雇用の期待を黙示の契約と同様に扱い、それに法的効力を与えることによって、西洋から輸入したリベラルな法律を日本の実情に合わせたのです。

しかし、これによって、終身雇用への期待がますます大きく膨らむとともに、開かれた労働市場の出現が遅れることになりました。労働関係と法の相互作用によって生まれた現状は固定され、日本は、高度経済成長期が終わった後も長らくの間、過去の経験に固執しました。ようやく最近になって、非正規雇用が増えたり、成果主義による賃金制度の採用が増えたりするなど、日本の労働環境が大きく変わってきました。同時に、労働環境の変化に応じて、解雇の制限も近い将来に緩和されるのではないか、という期待が膨らんでいます。

b) 妊娠中絶の容認

第2の例として、母体保護法による妊娠中絶の容認があります。周知のとおり、戦後の日本における妊娠中絶の容認は、極めてリベラルです。実際上大部分の妊婦は、経済的な理由しかなくても、いつでも中絶が認められています。このような状況は、すでに明治以前から、家庭で養育できない新生児の殺害が広く行われていたことによって説明できます。元々は、田畑において、苗の間隔を開けるために、他の苗を抜くことを意味していた「間引き」という言葉が使われています。特に仏教では、キリスト教と異なり、中絶が罪というよりも、むしろ人間の苦悩や必要悪と考えられています。仏教寺院の一部は、リベラルな中絶容認の最大の支持基盤でさえあります。なぜなら、これらの寺院は、家族が中絶された子の魂を慰めるために行う儀式である「水子供養」によって、少なからぬ収入を得ているからです。大部分のドイツ人にとって、人道的な妊娠調整の手段であるピルは、日本では、薬害の危険があるとされ、ようやく1999年から避妊薬として認められるようになりました。これらは、どのようにして両立できたのでしょうか。

日本は、まだピルがなかった時代に、出産調整を大きく中絶に依存するという体験をしていました。中絶は、合法であり、安価であり、必要悪として社会

に認められています。このようにして、ピルを導入する圧力は、他の国よりも弱かったのです。加えて、従来の制度は、その受益者を生み出していました。中絶を行う医師や前述の仏教寺院は、幾度も法改正に反対したのです。

<h2 style="text-align:center">3．文化による説明に対する批判</h2>

ここで述べておきたいのは、文化による説明の説得力は、一部分あるいは大部分が争われていることです。

a)　文化と経済の対立？
日本法に関する米国の学説では、特に J. マーク・ラムザイヤーのような古典派経済学の研究者たちが文化的・歴史的アプローチを批判しています。彼らは文化的特性に代えて、経済原則の普遍性を強調します。すなわち、日本法も、人間が多くの場合に合理的・利己的に行動する、という考えによって説明するのが最適だというのです。経済的アプローチの支持者たちから見れば、明確に把握できないような文化的印象に頼ることには、異国趣味を感じます。

今日は、このようなアプローチに対する反論を詳しく話す時間がありませんが、私の立場を手短かに申し上げたいと思います。すなわち、私の目から見れば、経済的アプローチが主張する普遍的合理性の中にも、その結果の背景が関わっていると反論できます。よく見れば、経済的アプローチの研究者たちも、これを否定しているわけではありません。なぜなら、彼らが文化的要素を否定する際にも、「制度（Institutionen）」の存在は認めているからです。したがって、彼らの批判の矛先は、私が文化の概念によって説明していることの一部にすぎません。その限りで、対立はそれほど厳しくありません。経路依存性は、前述のとおり、経済学に由来しており、決して経済原則の有効性を否定するわけではありませんが、たとえ変更に経済的合理性があっても、それが必ずしも起きない理由を説明しようとしています。他方で、特に国民性・法意識・調和志向といった検証しにくいもので論じられている場合に、このような単純すぎる文化的説明を防ぐことは、経済的アプローチのメリットと言えます。

b)　中間的アプローチ

　マーク・D・ウェストは、私の見るところ、オリジナリティのある新しい研究によって、中間的アプローチを示すことに成功しています。この研究は、日本と米国において落とし物がどうなったのかを調べたものであり、統計およびインタビューを駆使しながら、同時にニューヨークと東京の両方で、わざと落とし物をした結果に関するフィールドワークにも基づいています。日本の拾得者に関する多くの評判どおり、落とし物が戻る可能性は、はるかに東京のほうがニューヨークより大きいことが分かりました。しかし、この研究は、日本の拾得者がより誠実であるとか、無欲であるという陳腐な決まり文句で終わらせるのではなく、一方において法によるインセンティブを調べ、他方において制度的な枠組みを調べています。そして、日本において良い結果が生まれた主な要因は、法律が誠実な拾得者には報酬請求権を認め、拾得者が誠実でない場合には、遺失物横領罪として刑罰を科していることにある、という結論を下しています。

　その結論自体は、大部分が（歴的的に偶然ではなく）ドイツ法と一致するため、ドイツ人は、この研究をそれほど注目すべきであるとは思わないでしょう。しかし、ウェストは、日本の「交番」の制度が重要な役割を果たしていることに着目します。交番は、拾得者にとって、簡単に落し物を届けることのできる場所であり、交番の警官は、持ち主を探し出す法律上の義務があり、国民が子どもの時から落とし物をどうするのかを習慣づけているというのです。これによって、ウェストは、成文法の裏側を探りながらも、検証の難しいメンタリティの要素に飛びつくことなく、調べあげた現象を見事に説明しています。

　c)　決定論からの脱却

　法の文化的背景の存続が発展を排除するほど決定的でないことについては、異論を見ないでしょう。学習は常に可能であり、発展の可能性は開かれています。とはいえ、経路依存性の理論は、政治力によって法律を改正しようとする際に、現状維持の圧力があることを思い出させます。

最近の例を1つ挙げれば、多くの議論を呼んだ敵対的企業買収があります。他の企業を取締役会の意に反して公開買付けで買収しようとするのは、実際上、日本では長らくの間行われませんでしたが、法律的には可能とされていました。現に明治時代には、この種の敵対的企業買収が普通に行われていました。しかし、戦後は、企業間で暗黙に「誰もやらないこと」と考えられ、加えて日本特有の企業グループ内の株式持ち合い制度が買収者にとって高い障壁となっていました。

ところが、2000年以降は、特に株式持ち合いが減少したこと、外国の個人投資家や機関投資家が関与を強めたこと、会社法が次々に改正されたことを受けて、敵対的企業買収が何度か行われ、マスコミを騒がせています。1960年代の英国および2000年のマンネスマン買収後のドイツと同様に[5]、日本においても、これらの事例は、敵対的企業買収の規制の進行を促しました。今では、いわゆるポイズン・ピルによる防衛策をはじめ[6]、米国デラウエア州の企業買収法が取り入れられています。それでも、米国と比較し得るような敵対的企業買収の市場が確立されたと言えるのかは、今のところ明らかでありません。取締役会の抵抗が強いからです。一部には、防衛策として、かつての株式持ち合いの慣行に戻る動きさえあります。さらなる発展は、今のところ分かりませんが、現状維持の圧力を考えれば、近い将来の大規模な変化および「歴史の終わり」は、まだ見えてきません。

日本における訴訟率の低さという現象については、すでに述べましたが、もう一度、そこに戻りましょう。おそらく弁護士や裁判官の数が少ないこともあって、かつては裁判外紛争解決が大きな意味を持っていました。この制度は、よく整備され、広く知れ渡っています。裁判所に訴えるのは、最後の手段にす

---

5)　（訳注）ドイツ企業のマンネスマン買収は、大きな注目を集め、最近もドイツのメディアで取り上げられている。〈https://www.tagesschau.de/wirtschaft/boerse/mannesmann-vodafone-uebernahme-101.html〉参照（2023年11月5日閲覧）。

6)　（訳注）ポイズン・ピルについては、〈https://mba.globis.ac.jp/about_mba/glossary/detail-11983.html〉も参照（2023年11月5日閲覧）。

ぎないと考えるのが社会の常識とされてきました。日本の司法制度改革審議会は、2001 年の報告書において、司法試験合格者の数を 2010 年までに 3 倍にすることを主張しています[7]。これによって、パラダイムの転換が起きて、裁判の増加を期待する声もあります。もちろん経路依存性の理論によれば、たとえ司法試験合格者が増えても、訴訟は徐々にしか増えないとも考えられます。

Ⅲ．日本における法の移植の痕跡

1．法にとっての文化的背景と法の移植

　以上に概観した経済的アプローチは、国を問わず、文化が本当に法の理解にとって重要であるのかを疑わせます。特に日本の場合には、近代以降の立法の大部分が西洋にならったものであることも、法の文化的背景を疑わせる要因になっています。周知のとおり、民法・民事訴訟法・商法・刑法などの主要な法令は、明治以降の近代化の時代に、ドイツを始めとする欧州大陸法をモデルとして制定されました。戦後は、多くの分野で米国法の影響が大きくなり、その例としては、現行憲法、証券取引法、会社法などがあります。しかし、いずれにせよ、これらの立法は、実質上、日本特有のものではなく、いわゆる法の移植（legal transplants）によるものです[8]。たとえば、雇用契約における自由な解雇権のような日本民法の規定が 19 世紀後半のリベラリズムの精神を感じさせるのは、当時のドイツの文化的背景に合致しているからです。19 世紀末の日

---

[7]　（訳注）平成 13 年（2001 年）6 月 12 日の司法制度改革審議会の意見書については、〈https://www.nichibenren.or.jp/library/pdf/document/symposium/jinken_taikai/65th_keynote_report2_dl02.pdf〉参照（2024 年 3 月 19 日閲覧）。ただし、本稿末尾の参考文献一覧では、意見書の英語版が引用されている。〈https://japan.kantei.go.jp/policy/sihou/singikai/990612_e.html〉参照（同上）。

[8]　（訳注）本稿では、従来の法の継受（Rezeption）という用語だけでなく、アラン・ワトソン（Alan Watson）による法の移植（legal transplants）という用語も使っている。法の移植については、〈https://link.springer.com/referenceworkentry/10.1007/978-1-4614-7753-2_731〉も参照（2023 年 11 月 6 日閲覧）。

本は、ちょうど封建制度を脱却したところです。法制史の研究者たちがしばしば指摘するとおり、権利・契約の自由・所有権の絶対というような基本概念は、当時の日本法には無縁のものでした。

　ここで私の2番目の疑問に戻りましょう。大規模な法の移植という現象は、法の文化的背景が日本にとって重要であるという主張と整合させるためには、どのようにすればよいのでしょうか。私の答えは、矛盾しているように聞こえるかもしれませんが、文化は、現代の日本の法令において、むしろ他の国よりも影響が少ないということです。しかし、それゆえ文化的背景を考慮することによってのみ、日本法の発展が解明されます。なぜなら、現代日本法は、西洋法の大量移植によりつつも、成文法と生ける法の独特の緊張関係によって特徴づけられているからです。

2．外国法の新しい意味

　日本における西洋法継受は、歴史上何度か波があり、しばしば強い外圧によるものでした。たしかに、西洋法は、植民地支配勢力から押し付けられたものではありません。しかし、19世紀末の日本にとって、急激な近代化およびその一部としての西洋法の継受は、不平等条約を速やかに改正し、国の独立を守るための手段として必要でした。戦後は、米国占領軍の指示によって、根本的な改革が推し進められました。1990年代には、全世界的な競争の激化が法改正の圧力を急速に高めました。これらの理由から、継受された法律を日本の状況に完全に合わせることができなかったように思われます。

　民法などの日本の法典が単なる外国法のお粗末な翻訳にすぎない、という印象を持つべきではありません。条文によっては、複数の外国法が組み合わされ、民法の場合には、ドイツ民法の第1草案だけでなく、フランス民法なども取り入れられています。家族法では、日本の伝統を守るため、意図的に西洋法とは異なる規定が設けられています。米国の占領軍の作とされる戦後の憲法も、天皇制を象徴としての機能に格下げしながらも残すことによって、日本国民に受け入れやすくしました。しかし、全体としては、西洋の精神に基づく立

法によって、日本の特殊事情を限定的にしか考慮しない規定が設けられました。そのため、外国法が文言どおりに取り入れられても、日本において全く違うふうに適用されたり、死文化してしまったりする例が少なくないのは、驚くに値しません。

たとえば、米国証券取引法上の SEC ルール 10b-5 とそれを取り入れた日本法を例として挙げましょう。前者は、米国の証券取引監視体制の中心的存在であり、証券取引における詐欺の禁止を定めています。この規定に基づく何千もの判決によって、インサイダー取引で被害を受けた投資家たちが損害賠償請求の訴えを提起することができる、という判例が形成されました。戦後に、この SEC ルール 10b-5 は、ほとんど文言どおりに日本の証券取引法に取り入れられましたが、これまでのところ、ほんの一握りの判例しかありません。

同様の例は、長らくの間、株主訴訟に関する規定にも見られました。1950 年以降、日本の商法は、米国の株主代表訴訟（derivative suits）にならって、取締役会の義務違反があった場合に、会社の名で損害賠償請求の訴えを提起できる権利を株主に認めてきました。しかし、1993 年までは、この規定は死文化していました。請求額に応じて算定される訴訟費用があまりに高かったからです。ようやく訴訟費用が定額になったことによって、死んだ法律が生き返り、株主代表訴訟は、飛躍的に増加しました。突然に変化が起きたのは、この場合には、文化的要因ではなく、訴訟費用の規則の改正という法律的な理由によるものと言えます。

3．西洋法の文化変容

外国法の大量輸入を日本社会に根付かせるためには、日本の法律家による数十年以上に及ぶ努力を必要としました。この文化変容の過程（Akkulturationsprozess）においては、とりわけ柔軟な法適用が見られます。解雇制限の例を思い出してください。輸入された条文では、解約の自由が定められているのに、全く反対のことが行われていました。グントラム・ラーン（Guntram Rahn）は、日本の民事法学の大著の研究書において、まさに柔軟な法適用の必要性があったこと

を認めています。日本の通説的な見解によれば、裁判官は、まず利益衡量により価値判断を下し、つぎに法律の条文によって理由づけをしなければなりません。これに対し、法律の条文への固執は否定されます。そのため、日本法を適用する際には、西洋法から借用した法律の条文を個別の事案における解釈によって日本の実情に合わせることが許され、かつ求められています。

おわりに

私の最初の問題に戻りましょう。以上の考察は、特に日本法については、社会文化的背景に基づく理解が必要である、という広く承認された見方を裏づけています。しかし、日本法における文化の重要性は、日本の法令が他の国よりも強く文化の影響を受けているからではありません。逆に、日本の主要法令の大部分が西洋に起源を有するからこそ、日本法の本当の姿は、文化的背景によってのみ、解明されます。これは、日本法と西洋法の比較には、一層学際的な共同研究が必要であることを意味します。それによってのみ、日本法の現状の全容を解明することが期待できます。

参考文献一覧

Harald BAUM, Rechtsdenken, Rechtssystem und Rechtswirklichkeit in Japan – Rechtsvergleichung mit Japan, in: RabelsZ 59 (1995) 258-292; in aktualisierter Form auch abgedruckt in: ZJapanR/J. Japan. L. 2 (1996) 86-109.

Florian COULMAS, Die Kultur Japans. Tradition und Moderne (2005).

John O. HALEY, The Spirit of Japanese Law (1998).

JUSTICE SYSTEM REFORM COUNCIL, Recommendations. For a Justice System to Support Japan in the 21st Century (2001).

Curtis J. MILHAUPT / J. Mark RAMSEYER / Mark D. WEST, The Japanese Legal System. Cases, Codes, and Commentary (2006).

G. RAHN, Rechtsdenken und Rechtsauffassung in Japan (1990).

J. Mark RAMSEYER / Minoru NAKAZATO, Japanese Law. An Economic Approach (1999).

Mark D. WEST, Law in Everyday Japan – Sex, Sumo, Suicide, and Statutes (2005).

第 3 章　日本における「あっせん」の法制度化

ハラルド・バウム／エヴァ・シュヴィテック*⁾

はじめに

　著者両名は、2008 年の日本法雑誌において、「伝統的な現代？」というテーマで、これまでに日本における紛争解決の形および機能がどのように変化し、その後も変化し続けているのかを論じた[1]。その際には、現代日本法を見て、2 種類の裁判外紛争解決の基本類型を区別した。1 つは、裁判に近い調停手続であり、もう 1 つは、裁判と大きく異なるあっせんである[2]。これに基づき、2009 年の日本法雑誌では、裁判所による民事調停手続を中心とする調停のルールおよび実務を紹介した[3]。さらに 2007 年以降は、長い伝統を有するが、そ

---

*)　本稿は、H. BAUM / E. SCHWITTEK, § 29 Schlichtung, Mediation, Schiedsverfahren, in: BAUM / BÄLZ / DERNAUER / KOZIOL (Hrsg.), Handbuch Japanisches Handels- und Wirtschaftsrecht (2. Aufl., Carl Heymanns Verlag, Köln 2024, in Vorbereitung) をもとに、著者両名が作成したドイツ語原稿について、奥田が日本語訳（意訳）を作成し、著者両名が再度チェックしたものである。一部に奥田の意見を加えた箇所がある。なお、原著は、もともと H. BAUM / E. SCHWITTEK, Mediation in Japan, in: HOPT / STEFFEK (Hrsg.), Mediation – Rechtstatsachen, Rechtsvergleich, Regelungen (Tübingen 2008) 486 ff.; abgedruckt in: ZJapanR/J. Japan.L. 28 (2009) 123-146 として公表された原稿をアップデートしたものである。

1)　H. BAUM / E. SCHWITTEK, Tradierte Moderne? Zur Entwicklung, Begrifflichkeit und Bedeutung von Schlichtung und Mediation in Japan, in: ZJapanR/J. Japan. L. 26 (2008) 5-31 参照。さらに、M. BÄLZ, Streitbeilegung im japanischen Recht (2019) も参照。

2)　調停とあっせんの区別については、BAUM / SCHWITTEK, Fn. 1) 23 ff. 参照。

3)　H. BAUM / E. SCHWITTEK, Recht und Praxis der Schlichtung (chōtei) in Japan, in:

れまで一般的な法的根拠を有していなかったあっせんの法制度化がある。あっせんの法制度化により、その質および透明性を高めようとする試みは[4]、2000年代の法政策論争において特筆すべき役割を果たした日本の司法制度改革の重要な礎である[5]。調停およびあっせん以外に、裁判外紛争解決の第3の類型として、和解によらない仲裁手続があり、司法制度改革によって、仲裁法も改正された[6]。

本稿は4つの部分からなり、まず導入的な概要(I)の後、あっせん事業者とその資格・業務・義務を取り上げ(II)、あっせん手続の流れを紹介する(III)。最後に、全体の評価とまとめをもって、本稿を締め括ることにする(IV)。

I. 概　要

1. ADR法制定の経緯

以前の論文に書いたとおり、日本では、第二次世界大戦後も長らくの間、行政的（国家的）な裁判外紛争解決制度および民間の裁判外紛争解決制度のいず

ZJapanR/J. Japan.L. 27 (2009) 127-154 参照。

4) この問題については、A. Ishikawa, Problempunkte im Bereich der Außergerichtlichen Streitbeilegung, in: ZZPInt 5 (2000) 393 ff.; A. Yamada, Everyday Disputes at Summary Courts: Are Community Mediators and Warm Ways of Resolution Ready for Litigious Parties?, in: Scheiber / Mayali (Hrsg.), Emerging Concepts of Rights in Japan (Berkeley 2007) 73 ff. 参照。

5) その概要については、K. Rokumoto, Overhauling the Judicial System: Japan's Response to the Globalizing World, in: ZJapanR/J.Japan.L. 20 (2005) 7 ff.; S. Miyazawa, The Politics of Judicial Reform in Japan: The Rule of Law at Last?, in: Asian-Pacific Law & Policy Journal 2/2 (2001) 101 ff. 参照。紛争解決の多様化は、1999年に始まった司法制度改革の3つの柱の1つとされる。M. Bälz, Diversität und Justizsystem in Japan, in: Chiavacci / Wieczorek (Hrsg.), Japan 2018. Politik, Wirtschaft und Gesellschaft (München 2018) 178, 192 ff.; Bälz, Fn. 1) 15 f.

6) 日本の仲裁法改正の概要については、F. Burkei, Internationale Handelsschiedsgerichtsbarkeit in Japan (Tübingen 2008) 参照。

れについても、独自の手続規定を設けた法整備はなされてこなかった[7]。日本の法律学は、この超法規的（praeter legem）かつ前近代的な制度を 1990 年代半ば頃までは無視していた[8]。その頃にようやく、立法者があっせん分野の法整備の不備に気づき、制度的な基礎を築くために、ADR 基本法の構想が浮上した。1999 年に内閣に設けられた司法制度改革審議会は、この構想を取り上げ、2001 年の意見書において、特に裁判外紛争解決の活性化およびそのために必要な立法措置を求めた[9]。そして、ADR 基本法を制定するという案が採用された[10]。そのために設置されたいわゆる ADR 検討会は、2003 年夏に中間報告書を提出した。報告書は、大きな議論を引き起こしたが、その中心問題は、あっせん事業者の認証制度を導入するか否かであり、それは結果的に導入されることになった[11]。

---

7) Baum / Schwittek, Fn. 1) 14 ff. 参照。さらなる概要については、H. Menkhaus, Alternative Streitbeilegung in Japan – Entwicklung bis zum ADR-Gesetz 2004, in: Hengstl / Sick (Hrsg.), Recht gestern und heute: Festschrift zum 85. Geburtstag von Richard Haase (Wiesbaden 2006) 281 ff.; T. Kojima, Civil Procedure and ADR in Japan (Tokyo 2004) 29 ff.; N. Zingsheim, ADR (Alternative Dispute Resolution) nach japanischem Recht unter besonderer Berücksichtigung der Beilegung ziviler Streitigkeiten über Umweltverschmutzung (Dissertation Bonn 2003) 127 ff. 参照。ADR 法施行後の発展については、後述Ⅳ参照。

8) 詳細については、Zingsheim, Fn. 7) 132 ff., 140 参照。同旨、Ishikawa, Fn. 4) 398, 405.

9) 司法制度改革審議会『司法制度改革審議会意見書——21 世紀の日本を支える司法制度』Ⅱの第 1 の 8（平成 13 年 6 月 12 日）〈https://www.nichibenren.or.jp/library/pdf/document/symposium/jinken_taikai/65th_keynote_report2_dl02.pdf〉参照（2024 年 4 月 2 日閲覧）。その中心的な部分は、Baum / Schwittek, Fn. 1) 18 f. において紹介されている。

10) 基本法の形式をどのようにするのかという問題については、山本和彦「ADR 基本法に関する一試論」ジュリスト 1207 号 26 頁以下（2001 年）参照。

11) 立法化の議論とその法政策的背景については、M. Yoshida, Recent Legislative Development of ADR in Japan, in: ZJapanR/J. Japan. L. 20 (2005) 193, 197 参照。詳細については、小島武司編『ADR の実際と理論Ⅰ』（中央大学出版部、2003 年）、町村泰貴「ADR 新時代」ジュリスト 1317 号 161 頁以下（2006 年）、青山善充「日

ADR 検討会の提案に基づき、司法改革審議会の事務局は、ADR 基本法案を作成して、2004 年秋の国会に提出し、間もなく法律として成立した。この法律の題名は、裁判外紛争解決手続の利用の促進に関する法律（以下「ADR 法」という）と称する[12]。同法は、2004 年 12 月 1 日に公布されたが、技術的な細目を定める政令や省令を制定するのに時間を要するため、法律の施行は 2007 年 4 月 1 日とされた。

　ADR 法は、施行から 5 年後に、施行状況およびその結果を検証すると定めていた。しかし、2013 年に法務省内に設置された検討会は、改正の必要は当面ないという結論に達した[13]。そこで取り上げられなかったのは、裁判外紛争解決を（財政的にも）支援すること、和解合意の簡易な執行手続、認証紛争解決事業者の証言拒否権、裁判所による裁判外紛争解決手続の実施の提案権などを規定することであった[14]。施行後は、認証紛争解決事業者と紛争当事者の間の契約の方式について、若干の改正がなされた程度であった。

2．法的根拠

　ADR 法は、2007 年 4 月 1 日に施行された。その細目については、2006 年 4 月 28 日の裁判外紛争解決手続の利用の促進に関する法律施行規則（以下「ADR 施行規則」という）が 2007 年 4 月 1 日に施行され[15]、同時に裁判外紛争解決手続

　　　　本における ADR の将来に向けて」ジュリスト 1284 号 160 頁以下（2005 年）参照。
12)　裁判外紛争解決手続の利用の促進に関する法律（平成 16 年法律第 151 号、最終改正・令和 5 年法律第 17 号）。
13)　2014 年 3 月 17 日の検討会報告書については、法務省のサイト〈https://www.moj.go.jp/content/000121361.pdf〉参照（2024 年 3 月 13 日閲覧）。さらに、S. KAKIUCHI, Die Förderung der außergerichtlichen Konfliktlösung in Japan, in: ZJapanR/J. Japan. L 37 (2014) 3, 21 も参照。
14)　これらを取り上げなかったことに対する批判としては、KAKIUCHI, Fn. 13) 12 ff. 参照。
15)　裁判外紛争解決手続の利用の促進に関する法律施行規則（平成 18 年法務省令第 52 号、最終改正・令和 5 年法務省令第 45 号）。

の利用の促進に関する法律施行令（以下「ADR 施行令」という）も施行された[16]。

　あっせんの規制のために日本で単行法が制定されたのは、国際的な流れに沿ったものである。EU 委員会は、2002 年に裁判外紛争解決に関する報告書を提出し[17]、それは、2008 年に制定されたあっせん法に関する EU 指針の基礎となった[18]。ドイツの立法者は、この指針をあっせん法に取り入れ、それは、2012 年 7 月 26 日に施行された[19]。認証あっせん事業者の養成および研修に関する規則も、2017 年 9 月 1 日に施行された[20]。しかし、日本の法令とドイツの法令は、基本理念が異なっており、日本では、紛争解決事業者が政府の認証を受けるのに対し、ドイツでは、あっせん事業者として活動する者が自ら認証を行う[21]。

　ADR 法 34 か条の目的は、法的な枠組みを作ることであり、それは、一方で、少なくとも部分的に通常の訴訟と制度的に結び付けることによって、ADR 手続を効率的なものとし、他方で、紛争解決事業者の認証制度によって、ADR 手続の信頼性および透明性を高めるものである[22]。このようにして、紛争当事者は、その目的に応じて最良の紛争解決手続を選択できるようになるというの

---

16) 裁判外紛争解決手続の利用の促進に関する法律施行令（平成 18 年政令第 186 号、最終改正・平成 23 年政令第 403 号）。

17) Grünbuch über alternative Verfahren zur Streitbeilegung im Zivil- und Handelsrecht vom 19. April 2002, KOM (2002) 196 endgültig.

18) Richtlinie 2008/52/EG über bestimmte Aspekte der Mediation in Zivil- und Handelssachen (Mediations-RL) vom 21. Mai 2008, ABl. EG L 136/3 vom 24.5.2008.

19) Artikel 1 des Gesetzes zur Förderung der Mediation und anderer Verfahren der außergerichtlichen Konfliktbeilegung vom 21.7.2012, BGBl. I 2012, Nr. 35, S. 1577.

20) Verordnung über die Aus- und Fortbildung von zertifizierten Mediatoren vom 21. August 2016 (BGBl. I S. 1994), erlassen auf Grundlage des § 6 MediationsG, zuletzt geändert durch Artikel 1 Zweite ÄndVO vom 11. Juli 2023 (BGBl. 2023 I Nr. 185).

21) 両国の比較の詳細については、J. HINZ, Das Recht der Mediation im japanisch-deutschen Vergleich, in: ZJapanR/J. Japan. L 47 (2019) 143-178 参照。

22) ADR 法の基本書としては、小林徹『裁判外紛争解決促進法』（商事法務、2005 年）があり、個別の問題については、内堀宏達『ADR 認証制度 Q&A（別冊 NBL no. 114）』（商事法務、2006 年）がある。

である[23]。冒頭の総則規定では、手続の自主性および円満な解決が強調されている[24]。

認証事業者による手続の実施は、当事者に大きなメリットをもたらす。たとえば、和解が成立しなかった場合にも、手続の継続中は、時効の中断があったとみなされる。認証紛争解決手続が実施されている間は、すでに係属中の訴訟は中止される[25]。新たに法律が制定されたことにより、裁判外紛争解決の専門化および商業化が促進される。認証手続を経ることにより、この種の紛争解決は業務とみなされ、それは、これまで弁護士に独占されていた相談業務と競合することになる[26]。

II．あっせん事業者

1．認　証

a）法的定義

ADR法第1章「総則」は、あらゆる種類の裁判外紛争解決を規定するものであり、民間手続だけでなく、行政的な手続および裁判所の調停にも適用される。それは、ADR法の目的および用語の定義を定め（1条、2条）、あらゆる種類の裁判外紛争解決の基本理念などを定める（3条）。さらに4条では、国民への情報提供などにより、ADR手続の利用促進に関する国および地方公共団体の責務が定められている。このような総則規定は、いずれかと言えば象徴的なものであり、様々な種類の裁判外紛争解決が初めて日本で法律上存在を認められたという点に意義がある[27]。

---

[23] ADR法1条参照。小林・前掲注22) 44頁以下、154頁以下も参照。
[24] 小林・前掲注22) 44頁以下参照。その概要については、YOSHIDA, Fn. 11) 198 ff. も参照。
[25] これらのメリットについては、T. KATO, Japan, in: LEUNG (Hrsg.), Asia Mediation Handbook (Hong Kong 2015) 10.045 参照。
[26] MENKHAUS, Fn. 7) 290.
[27] KAKIUCHI, Fn. 13) 9.

しかし、ADR法の実際上の重点は、5条以下の紛争解決業務の認証にあり、これらの規定は、民間の紛争解決事業者にのみ適用される。その基礎には、制度的な認証概念がある。これに対し、あっせん事業者の養成は規定されていない[28]。同法は、あっせん事業者が一般的に紛争解決に必要な知識および能力を有することを求めるだけであり、その他には、紛争解決手続の業務に関連する事項を自ら詳しく定めていることに限定している。原則として、紛争解決手続（あっせん）を業として行う者は、一定の基準を満たし（ADR法6条）、かつ欠格事由に該当しない場合には（ADR法7条）、申請により認証を受けることができる（ADR法5条）。同条の申請権は、自然人だけでなく、法人にも認められる[29]。

　ADR法にいう「民間紛争解決手続」の法的定義は、同法2条1号に定められている。それによれば、解決を求める民事紛争の当事者双方からの依頼を受けて、専門の民間事業者が契約に基づき解決案を提示する裁判外の紛争解決手続とされる[30]。

b） 管轄官庁

　認証の付与および取消しは、第一次的に法務大臣の管轄とされるが[31]、必要に応じて、他の官庁との協議が行われる。たとえば、申請者が法律により直接に設立された法人、または特別の法律により特別の設立行為によって設立された法人である場合には、これらの法人を所管する大臣に意見を求め、また申請

---

28) ドイツ法は、逆のアプローチを採用している。すなわち、紛争解決事業者が認証されるのではなく、民間による認証手続を行うという意味で、あっせん事業者が自らを認証する点に特徴がある。§5 MediationsG; HINZ, Fn. 21) 145 ff.
29) 厳密に言えば、ADR法5条は、法人だけでなく、代表者または管理人の定めがある限り、法人でない団体にも適用される。内堀・前掲注22) 12頁参照。
30) この定義が抽象的であることについては、BAUM / SCHWITTEK, Fn. 1) 23 ff. 参照。さらに、内堀・前掲注22) 1頁以下、小林・前掲注22) 47頁以下も参照。
31) ADR法5条参照。これに対し、ドイツ法は、私法的な解決を採用し、国家機関による認証に反対の立場を採る。

者が設立について許可または認可を受けている法人である場合には、その許可または認可をした大臣または国家公安委員会に意見を求めなければならない[32]。さらに、申請者がADR法7条8号から12号までの欠格事由に該当するか否かについては、警察庁長官の意見を聴かなければならない[33]。警察庁長官は、欠格事由があったり、暴力団員を業務に従事させないという禁止規定への違反があったりすることにより[34]、法務大臣が適当な措置をとる必要があると認める場合には、法務大臣に対し、その旨の意見を述べることができる[35]。

　法務大臣が認証の付与または取消しの決定をする際には、あっせんに関する専門的な知識を有する認証審査参与員が関与する[36]。認証審査参与員は、法務大臣によって任命され、任期は2年であるが、再任を妨げず、非常勤である[37]。行政不服審査法31条1項または13条4項による認証判断に対する異議申立てにおいては[38]、認証審査参与員が申請者の意見聴取に立ち会うことができる[39]。また認証審査参与員は、法務大臣が認証に関する判断をする前に、書面による意見の提出が求められる[40]。

　法務大臣は、ADR法に規定された任務を遂行するために必要である場合には、国の省庁およびその他の公共団体にも協力を求めることができる[41]。

c) 認証手続

　認証手続は、ADR法8条により法務大臣に認証の申請をすることによって

---

32) ADR法9条1項参照。
33) ADR法9条2項参照。
34) ADR法15条参照。
35) ADR法30条参照。
36) ADR法10条1項参照。
37) ADR法10条3項〜5項参照。
38) 行政不服審査法（平成26年法律第68号、最終改正・令和5年法律第63号）。
39) ADR法10条2項参照。
40) ADR法9条3項、ADR施行規則8条参照。
41) ADR法29条参照。

始まる。申請には、ADR 施行規則別紙第 1 号様式を使用する[42]。申請書には、以下の事項を記載しなければならない[43]。

- 申請者、その代理人および役員の氏名・住所・生年月日・本籍（外国人については国籍）、申請者が法人である場合には、その名称および代表者の同様の事項
- 民間紛争解決手続の業務を行う事務所の所在地、および当該業務を行う日時、ならびに民間紛争解決手続の業務の内容およびその実施方法の概要
- 申請者またはその使用人が使用者ないし被用者として従事する他の事業がある場合には、その種類および内容

申請書には、所定の書類を添付しなければならない[44]。それには、申請者が認証を求める業務を実施するために必要な財政基盤を有することを証明する書類、たとえば、財産目録、貸借対照表、収支計算書、損益計算書などが含まれる。

法務大臣は、認証を付与する場合には、紛争解決事業者の氏名または名称および住所を官報に公示しなければならない[45]。申請者は、申請 1 件につき 14 万 5000 円（約 970 ユーロ）、電子申請の場合には、13 万 2300 円（約 890 ユーロ）の手数料を納付しなければならない[46]。

d) 認証の要件

認証を受けることができるのは、ADR 法 6 条の基準を満たし、かつ同法 7 条の欠格事由のない者である。ADR 法 6 条によれば、法務大臣は、あっせん業務を行うのに必要な知識および能力ならびに十分な財政基盤を有し、かつ以下の基準に適合する者に対し、認証を行う。

---

42) ADR 法 8 条 1 項、ADR 施行規則 4 条参照。
43) ADR 法 8 条 1 項、ADR 施行規則 5 条参照。
44) ADR 法 8 条 2 項、ADR 施行規則 6 条、同規則別紙第 2 号様式参照。
45) ADR 法 11 条 1 項参照。
46) ADR 法 8 条 3 項、ADR 施行令 3 条 1 項、ADR 施行規則 7 条参照。

― あっせんを行う紛争領域について、専門知識を有すること（1号）、およびそれにふさわしい者を手続実施者として選任できること（2号）。
― 手続実施者を選任する方法、および公正な実施を妨げるおそれのある手続実施者を排除する方法を定めていること（3号）、および実質的支配者（ADR 施行規則 1 条）または親会社（同規則 2 条）からの不当な影響を排除する措置を講じていること（4号）。
― 手続実施者が弁護士でない場合において、法令の解釈適用に関する専門知識を必要とするときに、弁護士の助言を受けることができる措置を定めていること（5号）。
― あっせん手続の際の通知について相当な方法を定めていること（6号）、および一方の当事者があっせん手続を依頼した場合において、他方の当事者に対し、速やかにその旨を通知するとともに、他方の当事者もあっせん手続の実施に応じるか否かを確認するための手続を定めていること（9号）。
― あっせん手続の開始から終了までの標準的な作業の進行について定めていること（7条）、当事者があっせん手続の実施の依頼をする場合の要件および方式を定めていること（8号）、当事者があっせん手続を終了させるための要件および方式を定めていること（12号）。
― 当事者があっせん手続において提出した資料の保管や返還など（10号）、当事者があっせん手続において提供した情報の秘密保持（11号）、関係者が手続業務について知り得た秘密の保持（14号）について、組織的な要件を定めていること。

必要な知識および能力の詳細は、法務省の「裁判外紛争解決手続の利用の促進に関する法律の実施に関するガイドライン」に定められている[47]。それによれば、① 法律に関する専門知識、② 当該紛争分野に関する専門知識、③ 紛争

[47) 法務省大臣官房司法法制部『裁判外紛争解決手続の利用の促進に関する法律の実施に関するガイドライン』（平成 18 年 6 月 20 日、最終改正・令和 5 年 11 月 14 日）〈https://www.moj.go.jp/content/000004646.pdf〉参照（2024 年 3 月 14 日閲覧）。

解決の技術（コミュニケーション技術など）に関する能力および専門知識が求められる[48]。いかなる場合に、法令の解釈適用に関する専門知識が必要とされ、ADR法6条5号により弁護士の助言を受けるべきであるのかは、弁護士資格のない手続実施者が自ら判断し、事前に書面により定めておく必要があるが、これは実際上困難と思われる[49]。

e) 欠格事由

ADR法7条は、個人の資質による欠格事由を定めており、それによれば、たとえ申請者が同法6条の基準を満たしていても、紛争解決事業者としての認証を受けることができない。具体的には、以下の者が欠格事由に該当する。

- 精神の機能の障害により必要な認知、判断および意思疎通を適切に行うことができない者（1号、ADR施行規則2条の2）、または民間紛争解決手続の業務に関し成年者と同じ行為能力を有しない未成年者（2号）
- 破産手続開始の決定を受けて復権を得ていない者（3号）
- 禁錮以上の刑に処せられ、その刑の執行を終えるか、または刑の免除を受けた日から5年を経過しない者（4号）、およびADR法もしくは弁護士法に違反したことにより[50]、罰金刑に処せられ、その執行を終えるか、または執行を受けることがなくなった日から5年を経過しない者（5号）
- ADR法23条1項もしくは2項により認証を取り消されてから5年を経過しない者（6号）、または法人がこれらの規定により認証を取り消され、取消し前の60日以内にその役員であり、取消しの日から5年を経過しない場合（7号）

---

48) Kakiuchi, Fn. 13) 11 f.
49) S. Kakiuchi, Regulation of Dispute Resolution in Japan: Alternative Dispute Resolution and its Background, in: Steffek / Unberath (Hrsg.), Regulating Dispute Resolution (Oxford u.a. 2013) 269, 283 f. も、このような強い規制によって、本来は柔軟なあっせん手続が厳格な法律的アプローチによって制限されることになると批判する。
50) 弁護士法（昭和24年法律第205号、最終改正・令和5年法律第53号）。

- 暴力団対策法2条6号に規定する暴力団員であるか[51]、または暴力団員でなくなった日から5年を経過しない場合（8号）
- 法人でその役員もしくは使用人（ADR施行令2条、ADR施行規則3条）の中に、1号から8号までのいずれかに該当する者がいる場合（9号）、または個人でその使用人の中に、これらに該当する者がいる場合（10号）
- 8号にいう暴力団員等をその民間紛争解決手続の業務に従事させるおそれのある者（11号）、およびこのような暴力団員等によって事業活動が支配されている者（12号）

f) 虚偽申請

虚偽の認証申請、暴力団員等の従事、虚偽書類の提出、および認証を受けたと誤解させるような表示は、ADR法32条により罰則を科せられる。これらの違反行為が紛争解決事業者の代表者、管理人または従業者によって行われた場合には、当該行為をした者だけでなく、紛争解決事業者も処罰される（いわゆる両罰規定）[52]。

g) あっせん事業者のリスト

法務大臣は、情報を広く国民に提供するため、インターネットの利用などの方法により、認証紛争解決事業者の氏名（名称）、住所および業務時間を掲載したリスト、事業者の業務内容、業務の実施方法、その統計数値に関する情報、ならびに事業者の法令上の遵守事項に関する情報について[53]、公表することができる[54]。

---

51) 暴力団員による不当な行為の防止等に関する法律（平成3年法律第77号、最終改正・令和5年法律第79号）。
52) ADR法33条参照。
53) ADR法11条2項およびADR施行規則9条項参照。
54) ADR法31条およびADR施行規則20条参照。

2．業務の変更

a) 業務内容等の変更

認証紛争解決事業者は、業務の内容またはその実施方法の変更については、ADR法12条により、法務大臣の認証を受けなければならない。ただし、あっせんを実施する事務所の名称または所在地、業務を行う日時、ならびに認証紛争解決事業者の専門知識または能力に関係せず、かつ紛争当事者に不利益を及ぼさない軽微な変更は除かれる[55]。変更の認証を受けるためには、ADR施行規則別紙様式第3号に掲載された書式を使って、申請書を提出しなければならない[56]。また申請書には、記載内容を証明する書類を添付しなければならない[57]。法務大臣は、ADR法6条の認証要件を変更後も満たしているか否かを審査する[58]。変更の認証が認められたことは、官報に公示しなければならない[59]。申請者が支払う手数料は、変更の認証については、6万600円（約400ユーロ）、それが電子申請である場合には、5万3500円（約360ユーロ）である[60]。

b) 内部組織の変更

認証紛争解決事業者は、内部組織に関する以下の事項について、変更があった場合には、遅滞なく法務大臣に届ける義務を負う[61]。
- 本人、役員、主要議決権所有者または重要な使用人の氏名、住所もしくは本籍の変更
- 申請者またはその使用人が使用者もしくは被用者として従事する他の活動

---

55) ADR法12条1項、ADR施行規則10条参照。
56) ADR法12条、ADR施行規則11条参照。
57) ADR法12条3項、ADR施行規則11条参照。
58) ADR法12条4項参照。
59) ADR法12条4項、11条1項参照。
60) ADR法12条4項、8条3項、ADR施行令3条2項参照。
61) ADR法13条、ADR施行規則12参照。

の変更

- 認証を要しない軽微な変更[62]、および法人の場合には、定款などの基本約款の変更

変更の届出は、ADR 施行規則別紙様式第 4 号に掲載された書式を使って、書面で行わなければならない。変更を証明する書面も添付しなければならない。法務大臣は、変更された事項を官報に公示しなければならない[63]。

　c) 　組織自体の変更

ADR 法 17 条によれば、認証紛争解決事業者は、他の団体との合併により消滅することとなる組織変更をしようとする場合には、事前に法務大臣に届け出る義務を負う。これは、あっせん業務に係る営業または事業の全部もしくは一部を譲渡したり、事業を分割し、または他の法人を参加させ、あっせん業務の実施の全部もしくは一部を他の者に譲渡したりする場合も、同様である。結局のところ、あっせん業務をやめてしまう場合には、その旨の届出をしなければならない。届出には、ADR 施行規則別紙様式第 5 号に掲載された様式を使い、かつ届出事項を証明する書類を添付しなければならない[64]。このような組織変更によって、認証は失効する[65]。その旨は、官報に公示しなければならない[66]。あっせん手続の進行中に組織変更があった場合には、組織変更および認証の失効から 2 週間以内に、その旨を紛争当事者に通知しなければならない[67]。

---

62) ADR 法 12 条 1 項、ADR 施行規則 10 条参照。
63) ADR 法 13 条 2 項参照。
64) ADR 法 17 条、ADR 施行規則 15 条参照。
65) ADR 法 19 条 1 号参照。
66) ADR 法 17 条 2 項参照。
67) ADR 法 17 条 3 項参照。

d）解散

　ADR 法 18 条によれば、認証紛争解決事業者が破産または合併以外の理由によって解散した場合には、解散の責任者（清算人など）は、当該解散の日から1 か月以内に、その旨を法務大臣に届け出なければならない。届出には、ADR 施行規則別紙様式第 6 号に掲載された様式を使い、かつ解散を証明する書類を添付しなければならない[68]。解散があった場合にも、認証は失効する[69]。

e）違反

　ADR 法 13 条 1 項、17 条 1 項および 3 項、18 条 1 項および 2 項の届出義務に違反した場合には、50 万円（約 3400 ユーロ）の過料に処せられる[70]。

3．継続的な監督

　法務省による認証の継続的な監督を可能とするため、紛争解決事業者は、前述の業務変更の届出義務以外にも、様々な届出義務を負っている。また法務省は、立入検査をして、命令を発する権限を有する。法務大臣は、以下の措置を命じる際には、あっせん手続の特性、すなわち、あっせん手続が関係者間の特別な信頼関係に基づくこと、紛争当事者間の自主的な紛争解決の努力が尊重されるべきであることなどに配慮をしなければならない[71]。

a）業務報告

　ADR 法 20 条によれば、認証紛争解決事業者は、毎事業年度の経過後 3 か月以内に、事業報告書、財産目録、貸借対照表、収支計算書または損益計算書を法務大臣に提出する義務を負う。これらについては、ADR 施行規則別紙様式

　68）　ADR 法 18 条、ADR 施行規則 16 条参照。
　69）　ADR 法 19 条 2 号参照。
　70）　ADR 法 34 条 1 項 2 号・4 号参照。
　71）　ADR 法 24 条参照。

第 7 号に掲載された様式を使用しなければならない[72]。このような書類の提出義務に違反した場合には、50 万円（約 3400 ユーロ）以下の過料に処せられる[73]。

b) 立入検査の権限

法務大臣は、認証紛争解決事業者について、認証の取消事由に該当すると疑うに足りる相当な理由がある場合には、あっせんの適正な実施を確保するために必要な限りで、当該事業者に対し、あっせん業務の実施状況に関する情報を書面で報告するよう求めることができる。また法務大臣は、法務省の職員に対し、当該事業者の事務所に立ち入ったり、あっせん業務の実施状況や関連書類などを検査したり、関係者に質問をしたりするよう、指示することができる[74]。立入検査をする職員は、関係者の請求があった場合には、身分証明書を提示しなければならない[75]。立入検査は、犯罪行為の捜査とは解されない[76]。当該事業者が情報提供義務に従わなかった場合には、50 万円（約 3400 ユーロ）以下の過料に処せられる[77]。また、立入検査を拒んだり、妨げたり、忌避したりした場合にも、同様の罰則が科される[78]。

c) 命令

法務大臣は、紛争解決事業者に対し、あっせんの適切な実施を確保するために必要な措置をとるよう、勧告をすることができる[79]。当該事業者が勧告に従わない場合には、法務大臣は、勧告に従うよう命令を発することができる[80]。

---

72) ADR 法 20 条、ADR 施行規則 17 条参照。
73) ADR 法 34 条 1 項 5 号参照。
74) ADR 法 21 条 1 項、ADR 施行規則 18 条参照。
75) ADR 法 21 条 2 項、ADR 施行規則 19 条参照。
76) ADR 法 21 条 3 項参照。
77) ADR 法 34 条 1 項 6 号参照。
78) ADR 法 34 条 2 項参照。
79) ADR 法 22 条 1 項参照。

当該事業者がこの命令に従わない場合には、法務大臣は、認証を取り消すことができ、当該事業者は、50万円（約3400ユーロ）以下の過料に処せられる[81]。

4．認証の取消し

認証は、法務大臣により取り消された場合には、その効力を失うが、前述のとおり、組織変更がなされ、または事業者が解散した場合にも、認証は失効する[82]。紛争解決事業者が死亡した場合も、同様である[83]。

ADR法23条1項によれば、まず以下の場合に、法務大臣は認証を取り消さなければならない。すなわち、紛争解決事業者について、（認証後に）欠格事由のいずれかが生じた場合（同項1号）、または偽りなどの不正な手段によって、認証もしくは変更の認証を受けた場合（同項2号）である。正当な理由がなく、法務大臣の命令に従わなかった場合も、同様である（同項3号）。また同条2項によれば、以下の場合に、法務大臣は認証を取り消すことができる。すなわち、事業者が認証の基準をもはや満たさない場合（同項1号）、またはあっせんを適切に行う専門知識もしくは財政基盤をもはや有しない場合（同項2号）である。ADR法の諸規定に違反した場合も、同様である（同項3号）。認証を取り消したことは、官報に公示しなければならない[84]。あっせん手続の進行中に認証が取り消された場合には、取消しの日から2週間以内に、その旨を紛争当事者に通知しなければならない[85]。紛争当事者への通知義務に違反した場合には、50万円（約3400ユーロ）以下の過料に処せられる[86]。

---

80) ADR法22条2項参照。
81) ADR法23条1項、34条1項7号参照。
82) ADR法19条1号・2号、17条1項、18条1項参照。
83) ADR法19条3号参照。
84) ADR法23条4項参照。
85) ADR法23条5項参照。
86) ADR法34条1項4号参照。

5．義　務

a）説明義務

認証紛争解決事業者は、あっせん契約の締結に先立ち、紛争当事者に対し、様々な説明義務を負う[87]。その内容は、以下の事項であり、紛争当事者から請求があった場合には、書面によらなければならない。

－手続実施者の選任
－紛争当事者が負担すべき費用
－手続全体の標準的な進行
－あっせん手続において知り得た情報の秘密保持の方法
－手続を終了させるための要件および方式
－和解が成立する見込みがない場合における手続実施者による手続の終了
－和解が成立した場合に作成される書面の種類および作成方法

b）書類作成義務

認証紛争解決事業者は、書類作成義務として、手続実施記録を作成しなければならず、それは、以下の事項を含むものとされる[88]。

－あっせん契約を締結した年月日
－紛争当事者および手続実施者の氏名
－あっせん手続の実施の経緯
－あっせん手続の結果

書類作成義務に違反した場合には、50万円（約3400ユーロ）以下の過料に処せられる[89]。事業者は、さらに認証基準を満たすために、紛争当事者があっせん手続において提出した書面を保管し、または返還できるようにしておかなけ

---

87) ADR法14条、ADR施行規則13条参照。説明義務の詳細については、小林・前掲注22）173頁以下参照。
88) ADR法16条、ADR施行規則14条参照。
89) ADR法34条1項3号参照。

ればならない[90]。一般に、紛争当事者があっせん手続において伝えた情報は、適切に保管しなければならない（いわゆる広義の書類作成義務）。

c) 掲示義務

認証紛争解決事業者は、認証を受けたこと、および法令で定められた事項を事務所において見やすいように掲示しなければならない[91]。これは、特にあっせんを行う紛争の範囲、手続実施者の選任手続、あっせんを実施する範囲および方法に関する事項を含む[92]。これらの義務に違反した場合には、50万円（約3400ユーロ）以下の過料に処せられる[93]。逆に認証紛争解決事業者でない者があたかも認証を受けたかのような文字を名称に用いたり、業務を行う際に用いたりすることは禁止されており[94]、これによって認証紛争解決事業者の掲示の権利が保護されている。

d) 誠実義務

紛争解決事業者は、認証を受けるためには、それぞれの紛争について手続実施者が専門知識を有しかつ公正であり、利害関係を有しないことを確保するよう、選任手続を定めなければならない[95]。また、財政的にまたはその他の方法で事業者に関係を有する者または親会社から、手続に対し不当な圧力を受けることがないようにしなければならない[96]。これらの要件は、手続実施者および手続自体の中立性を確保するものである。さらに、あっせんを実施する際に暴力団員等を使うことの禁止も、これに含まれる[97]。

---

90) ADR法6条11号参照。
91) これらの事項は、ADR法6条各号の認証要件に相当するものである。具体的には、ADR施行規則9条1項各号の規定参照。
92) ADR法11条2項、ADR施行規則9条参照。
93) ADR法34条1項1号参照。
94) ADR法11条3項参照。
95) ADR法6条3号参照。
96) ADR法6条4号、ADR施行規則1条、2条参照。

e) 手続実施者の資格

手続実施者の資格については、以下の条件があるだけである。すなわち、紛争解決事業者は、専門知識によって、あっせん業務を提供する範囲をカバーできることを確保しなければならないから[98]、手続実施者も、そのような能力を有することを要する。また、手続実施者が弁護士でない場合において、法令の解釈適用について専門的知識を必要とするときは、弁護士の助言を得なければならないから[99]、弁護士が手続実施者となることは妨げられない。

f) 研修義務

手続実施者の研修義務は、法律上定められているわけではないが、事業者は、手続実施者の研修義務および監督に関する定めを設けることができる。

g) その他の義務

以下の通知義務の違反については、制裁が定められていないが、ADR法6条により、認証の要件とされている。まず紛争解決事業者は、当該事業者と紛争当事者の間の連絡が円滑に行われるよう、適切な通知方法を定めなければならない[100]。特に一方の当事者があっせん手続の実施を依頼した場合には、他方の当事者に対し、速やかにその旨を通知し、それによって他方の当事者も同様にあっせん手続の実施を望むか否かを確認できるように留意しなければならない[101]。さらに、あっせん手続の参加者が審理の際に知った情報の秘密を保持するための措置を定めなければならない（秘密保持義務）[102]。事業者は、組織およびその変更についても、一連の届出義務を負っている[103]。これらに違反した場

---

97) ADR法15条参照。
98) ADR法6条1号参照。
99) ADR法6条5号参照。
100) ADR法6条6号参照。
101) ADR法6条9号参照。
102) ADR法6条14号参照。
103) ADR法13条1項、17条1項・3項、18条1項・2項、23条5項参照。

合には、50万円（約 3400 ユーロ）以下の過料に処せられる[104]。

6．責　任

　手続実施者の責任の問題は、日本では、ほとんど議論されてこなかった。なぜなら、ADR 法による紛争解決は、最終的には、手続実施者ではなく、紛争当事者の判断にかかっているからである。手続実施者は、そこに至るプロセスを補助するだけである。さらに ADR 法の厳しい認証基準も[105]、紛争当事者に損害が生ずることを防いでいる。それにもかかわらず、責任問題が生じた場合には、民法 415 条による契約上の損害賠償責任または民法 709 条による不法行為上の損害賠償責任を追及することができる。責任保険の締結義務は、法律上定められていないが、紛争解決事業者は、所属する手続実施者に対し、保険の締結を義務づける旨を定めることができる。

Ⅲ．あっせん手続

1．手続の流れ

　ADR 法は、あっせん手続自体については、比較的少ない規定しか設けていない。同法の重点は、むしろ前述の紛争解決事業者の認証に関する規定にある。様々な手続要件は、事業者が認証基準を満たすための要件から、間接的に導き出すしかない。

a）　手続要件

　冒頭で述べたとおり、ADR 法 2 条 1 号の定義によれば、「民間紛争解決手続」とは、民間事業者が紛争当事者の双方からの依頼を受け、当該当事者との契約に基づき裁判外紛争解決を行う手続とされる。したがって、紛争当事者の双方が手続の開始について合意することを要する[106]。これに対し、裁判所が民間

---

104)　ADR 法 34 条 2 号・4 号参照。
105)　たとえば、ADR 法 6 条 11 号・14 号参照。

ADR事業者に法的紛争を移送することはできない。ADR法6条9号の認証基準から分かるように、一方の当事者があっせんを依頼した場合には、紛争解決事業者は、他方の当事者にその旨を遅滞なく通知し、あっせんの実施に同意するか否かを確認しなければならない。依頼および他方の当事者への通知の具体的な手続は、事業者が認証を受ける前に定めておく必要がある[107]。

あらかじめ両当事者間において、あっせんによる紛争解決を合意しておくこと（あっせんの事前合意）は[108]、契約の一般的な要件を満たし、かつ公序違反などの無効原因がない限り、有効とされる。仲裁合意は、仲裁法により、書面要件が定められているが[109]、あっせんの合意は、無方式で可能とされる。仲裁合意とあっせんの合意とでは、その法的効力が異なることから、様々な帰結が導かれる。すなわち、あっせんの合意は、仲裁合意と異なり、妨訴抗弁とはならない[110]。あっせん手続は、任意参加であるから、あっせんの合意について、強制執行をすることはできない。あっせん手続の開始に関する合意の不履行があった場合に、唯一考えられる制裁は、損害賠償請求である[111]。

つぎに手続の開始前に、紛争当事者と紛争解決事業者の間で、あっせんの実施および方法に関する契約が締結される（あっせん契約）[112]。すべての認証紛争解決事業者は、あっせん契約の締結に先立ち、紛争当事者に対し、手続実施者の選任ならびに手続の進行および費用について、説明を行う義務を負う[113]。また紛争解決事業者は、あっせん契約の年月日を記載した手続実施記録を作成し

---

106) これに対する批判として、KAKIUCHI, Fn. 13) 279 参照。
107) ADR法6条8号・9号参照。
108) ただし、実務上は、このような合意が明示的に行われるのは稀であり、仲裁合意と一緒に行われる程度である。S. KAKIUCHI, Médiation et droit des contrats: une perspective japonaise, in: ZJapanR/J. Japan.L. 17 (2004) 97, 101 参照。
109) 仲裁法（平成15年法律第138号、最終改正・令和5年法律第15号）。ドイツ語訳としては、BURKEI, Fn. 6) 191 ff. がある。
110) 後述 3. b) 参照。
111) 詳細については、KAKIUCHI, Fn. 108) 101 ff. 参照。
112) 内堀・前掲注22) 6頁以下; YOSHIDA, Fn. 11) 199 参照。
113) ADR法14条、ADR施行規則13条参照。

なければならない[114]。

　すべての紛争解決事業者は、さらにADR法6条2号・3号・5号の認証基準を満たすために、具体的な事件において、1名または数名の有能かつ公正な手続実施者を選任する方法など、内部手続を定めなければならない。ただし、この点については、それ以外の法律上の要件は定められていない。

　b)　手続の開始

　ADR法は、あっせん契約の締結および紛争当事者に対する情報提供義務以外には、紛争解決事業者が遵守すべき手続規定を定めていない。ADR法6条7号も、抽象的に事業者がどのようにADR手続を開始するのかを定めておくことを認証基準とするだけであり、その内容に関する詳細を規定しているわけではない。

　c)　手続の実施

　あっせん手続の実施についても、少数の一般規定があるだけで、その内容に関する詳しい要件は定められていない[115]。ADR法3条1項も、裁判外紛争解決手続の全体について、公正かつ実情に即した実施を図り、それにより紛争当事者の自主的な解決に対する利益を尊重する、という基本原則を定めているだけである。あっせん手続は、専門知識に基づき、かつ事案に即して、出来る限り迅速に紛争を解決することを目標とする。紛争解決事業者は、認証を受ける前に、実施されるべき手続の進行を一般的に定めておかなければならない[116]。また紛争解決事業者は、手続実施記録の作成を確保しなければならない[117]。さらに紛争解決事業者は、認証を受ける前に、あっせん手続に関する資料の保管方法を定めておかなければならない[118]。

---

114)　ADR法16条1号参照。
115)　この点は、当初の計画とは異なっている。YOSHIDA, Fn. 11) 20 参照。
116)　ADR法6条6号・7号・12号参照。
117)　ADR法16条、ADR施行規則14条参照。

2．手続の終了と結果

　紛争解決事業者があっせん手続を終了させるための要件および方式を一般的に定めていることは、前述のとおり、重要な認証基準の１つである[119]。これは、あっせんが成功した場合だけでなく、失敗した場合も同様である。和解が成立する見込みがない場合には、事業者は、速やかに手続を終了しなければならない[120]。しかし、ADR法には、その詳細を定めた規定は設けられていない。

　あっせん手続によって和解が成立した場合にも、その効力は、民事調停による和解よりも、圧倒的に弱かった。調停委員会の仲介によって民事調停手続の当事者間に合意が成立した場合には、その内容が調書に記載される[121]。民事調停法16条によれば、調書の記載は、裁判上の和解と同一の効力を有する[122]。裁判上の和解は、確定判決と同一の効力を有する。したがって、調書は、直ちに債務名義となり、それによって強制執行を行うことができる。ただし、通説によれば、調書には、執行力が認められるだけであり、既判力は認められない[123]。ADR法の立法過程でも、あっせん手続の成果を定めた和解合意について、強制執行の簡略化が議論された。ADR法の最終報告書は、一方において、執行可能な和解合意と通常の和解契約を区別し、他方において、濫用を防止するために、注意深くADR法に規定するよう勧告していた[124]。しかし、この勧告は、（長らくの間）立法化されなかった[125]。

　その結果、あっせん手続において紛争当事者間に成立した和解は、たとえ書面でなされたものであっても、直ちに執行力を有するわけではなく、単なる和

---

118)　ADR法6条11号参照。
119)　ADR法6条12号参照。
120)　ADR法6条13号参照。
121)　BAUM / SCHWITTEK, Fn. 3) 138 参照。
122)　民事調停法（昭和26年法律第222号、最終改正・令和5年法律第53号）。
123)　BAUM / SCHWITTEK, Fn. 3) 138.
124)　KAKIUCHI, Fn. 108) 107.
125)　これに対する批判として、YOSHIDA, Fn. 11) 201, 204 参照。

解契約にすぎなかった。その執行については、3つの方法がある[126]。第1に、当事者双方の合意のうえで、債務者が直ちに強制執行に服する旨を記載した公正証書を作成する方法がある。ただし、その公正証書の内容は、金銭の支払またはその他の代替物もしくは有価証券の給付に限る。第2に、民事訴訟法275条により[127]、当事者の一方が簡易裁判所に和解の申立てをする方法があるが、これも、他方の同意が前提となる。第3に、通常裁判所に履行請求の訴えを提起する方法があるが、原告は、一般に勝訴の場合も、費用の負担があるし、不確定な手続期間を要する。そのため、ADR法によるあっせん手続については、これまで執行力の問題が未解決のまま残されていた。

しかし、2023年の改正（法律第17号）によって、新たに特定和解の執行決定が認められ、問題解決の途が開かれた[128]。この改正法は、翌年4月1日から施行されている。まず、「特定和解」とは、認証紛争解決手続において紛争当事者間に成立した和解であり、民事執行をすることができる旨の合意がされたものと定義される[129]。そして、この特定和解の執行については、通常の裁判所に対し[130]、執行決定の申立てをすることが認められる[131]。その申立ての際には、

---

126) 執行方法の詳細については、KAKIUCHI, Fn. 108) 106 参照。
127) 民事訴訟法（平成8年法律第109号、最終改正・令和5年法律第28号）。改正前の同法のドイツ語訳としては、C. HEATH / A. PETERSEN, Das japanische Zivilprozeßrecht (Tübingen 2002); H. NAKAMURA / B. HUBER, Die japanische ZPO in deutscher Sprache (Köln 2006) がある。
128) （訳注）ADR法の2023年改正については、奥田が加筆した。奥田安弘『国際財産法〔第2版〕』（2024年、明石書店）413頁以下；Yasuhiro OKUDA, Recent Developments of Japanese Laws on ADR – A Perspective of International Civil Procedure Law, in: Yearbook of Private International Law 25 (2024, in Vorbereitung) も参照。新旧条文の対照表などについては、法務省のサイト〈https://www.moj.go.jp/MINJI/minji07_00322.html〉参照（2024年3月12日閲覧）。
129) ADR法2条5号参照。
130) 管轄を有するのは、当事者が合意した地方裁判所、被申立人の普通裁判籍の所在地を管轄する地方裁判所、請求の目的または差押可能な被申立人の財産の所在地を管轄する地方裁判所のいずれかとされる。ADR法27条の2第5項参照。

紛争当事者が特定和解の内容を記載した書面、および紛争解決事業者または手続実施者が作成し、特定和解があっせん手続において成立したことを証明する書面を提出すれば足りる[132]。ただし、特定和解の定義に該当しても、消費者契約紛争・個別労働関係紛争・家事紛争に関するもの、さらに調停による国際的な和解合意に関する国際連合条約の実施に関する法律（以下「調停条約実施法」という）に規定する国際和解合意に該当するものについては[133]、適用除外が定められている[134]。

この調停条約実施法は、2018年のシンガポール調停条約について[135]、2023年に日本が加入するにあたり制定され、同条約が翌年4月1日から日本について効力を生じたので、同じ日に同法も施行された。調停条約実施法は、まず「国際和解合意」を定義し、調停において当事者間に成立した和解であり、① 当事者の全部または一部が日本国外に営業所を有する場合、② 相異なる国に営業所を有する場合、③ 営業所所在地国が債務の履行地国または合意の対象である事項と最も密接な関係を有する国と異なる場合のいずれかに該当するものとする[136]。ただし、わが国が留保宣言をしているため[137]、条約または

131）　ADR 法 27 条の 2 第 1 項参照。
132）　ADR 法 27 条の 2 第 2 項参照。
133）　調停による国際的な和解合意に関する国際連合条約の実施に関する法律（令和 5 年法律第 16 号）。奥田・前掲注 128）405 頁以下も参照。英語による解説としては、OKUDA (Yearbook), Fn. 128);〈https://www.moj.go.jp/EN/MINJI/m_minji07_00006.html〉参照（2024 年 3 月 12 日閲覧）。
134）　ADR 法 27 条の 3 参照。
135）　調停による国際的な和解合意に関する国際連合条約（令和 5 年条約第 12 号）。United Nations Convention on International Settlement Agreements Resulting from Mediation (New York, 2018)〈https://uncitral.un.org/en/texts/mediation/conventions/international_settlement_agreements〉参照（2024 年 3 月 14 日閲覧）。
136）　調停条約実施法 2 条 3 項参照。同項 1 号によれば、当事者の全部が日本国外に営業所を有し、それが同一国である場合が含まれるから、たとえば、外国に営業所を有する日本の会社が当該外国に営業所を有する他の会社と和解合意を成立させた場合にも、同法が適用される。また同項 1 号にいう当事者の全部または一部が日本国外に営業所を有する場合という要件には、当事者の親会社が日本国外に

いずれかの締約国の条約実施法に基づき民事執行できる旨の合意があることを要する[138]。

国際和解合意の執行については、通常の裁判所に対し[139]、執行決定の申立てをすることが認められる[140]。その申立ての際には、紛争当事者が国際和解合意の内容を記載した書面、および調停人が作成し、国際和解合意が調停において成立したことを証明する書面を提出すれば足りる[141]。外国語で作成された書面については、原則として日本語の訳文を提出しなければならないが、裁判所は、相当と認める場合には、全部または一部について訳文を不要とすることができる[142]。以上のとおり、国際和解合意の執行については、調停条約実施法により独自の要件が定められているため、ADR法の適用が除外されている。

いずれにせよ、ADR法にいう特定和解合意および調停条約実施法にいう国

営業所を有する場合も含まれるから、日本に営業所を有する日本の会社間の和解合意であり、当事者の全部または一部の親会社が日本国外に営業所を有する場合にも、同法が適用される。福田敦ほか「調停による国際的な和解合意に関する国際連合条約の実施に関する法律の解説」NBL1245号（2023年）78頁以下によれば、このような広い適用範囲規定は、シンガポール調停条約にはないが、外国弁護士による法律事務の取扱いに関する法律（昭和61年法律第66号、最終改正・令和2年法律第33号）における「国際調停事件」の定義（同法2条15号イ）を参考にして、独自に設けられた。調停による国際的な和解合意に関する国際連合条約の実施に関する法律第2条第3第1号に規定する法務省令で定める者を定める省令（令和5年法務省令第48号）も参照。

137) Status of the Convention 〈https://uncitral.un.org/en/texts/mediation/conventions/international_settlement_agreements/status〉参照（2024年3月14日閲覧）。
138) 調停条約実施法3条参照。
139) 管轄を有するのは、当事者が合意した地方裁判所、被申立人の普通裁判籍の所在地を管轄する地方裁判所、請求の目的または差押可能な被申立人の財産の所在地を管轄する地方裁判所、東京地方裁判所および大阪地方裁判所のいずれかとされる。調停条約実施法5条6項参照。
140) 調停条約実施法5条1項参照。
141) 調停条約実施法5条2項参照。
142) 調停条約実施法5条4項参照。

際和解合意の執行については、通常の和解契約の執行よりも簡易な手続が定められたのであるから、今後は、あっせん手続の利用が大いに促進されることが期待される。

3．手続の効力

a) 時効の中断

2007年4月1日のADR法の施行前は、知る限り、あっせん手続が通常の訴訟に及ぼす影響については、特に取り上げるべきものが存在しなかった。同法の施行後は、民事調停ほどではないが、この状況が少し変わった。たとえば、認証紛争解決事業者が行う手続に限るが、時効の中断が認められる[143]。すなわち、ADR法25条1項によれば、紛争当事者間に和解が成立せず、あっせんを依頼した当事者があっせん手続の終了に関する通知を受け取った日から1か月以内に訴えを提起した場合には、その間は、時効の中断があったものとされる。また同条2項によれば、あっせんを実施していた紛争解決事業者の認証が手続の進行中に同法19条により失効し、かつあっせんを依頼した当事者が正式な通知を受け取った日[144]、または失効事由があったことを事実上知った日のいずれか早い日から1か月以内に、訴えを提起した場合も、時効の中断があったものとされる。さらに同法25条3項によれば、認証が同法23条1項または2項により取り消された場合も、時効の中断があったものとされる。

b) 訴訟法上の効力

ADR法26条1項によれば、通常の訴訟が係属している場合に、当該紛争について、認証紛争解決事業者によるあっせん手続が実施されているか、または当事者間にあっせん手続を実施する旨の合意があったときは、当該紛争当事者

---

143) これに対し、ドイツでは、請求権または請求権を根拠づける事情に関連する債務者と債権者の間の交渉は、すべて時効中断の理由となる（民法203条）。比較法的考察としては、HINZ, Fn. 21) 166 ff. 参照。

144) ADR法17条3項、18条2項参照。

の共同の申立てにより、裁判官は、4か月以内の期間を定めて訴訟手続を中止する旨の決定をすることができる。ただし、裁判所は、いつでもこの決定を取り消すことができる[145]。訴訟手続を中止する旨の申立てを却下する決定、および訴訟手続を中止する旨の決定を取り消す決定に対しては、不服申立てをすることができない[146]。あっせん手続が終了するまで、裁判官が自己の裁量により裁判手続を中止するという広範な権限は、知る限り、民事調停を除き見当たらない。

ADR法27条は、地代借賃増減請求事件および家事事件における調停前置の義務について[147]、ADR法によるあっせんの実施が成功しなかった場合における免除を規定する。ただし、裁判所は、適当であると認める場合には、職権で事件を調停に付すことができる。

c) 秘密遵守[148]

ADR法上の手続では、原則として、第三者に対する秘密厳守が求められる[149]。ただし、紛争当事者は、後の訴訟において、あっせん手続で得られた情報を証拠として提出することができる。たしかに、ADR法の制定前は、これが許されるべきであるか否か、意見陳述などの情報の利用は、むしろ制限すべきではないかという議論があった。また手続実施者およびその補助者には、訴訟における証言拒否権を認めたり、証言拒否義務を課したりすることも検討された[150]。しかし、訴訟における情報の利用に対する秘密遵守の提案は、結局の

---

145) ADR法26条2項参照。
146) ADR法26条3項参照。
147) 民事調停法24条の2、家事事件手続法257条参照。前者については、前掲注122)、後者については、家事事件手続法（平成23年法律第52号、最終改正・令和5年法律第53号）参照。
148) 小林・前掲注22) 137頁以下参照。
149) 認証基準に関するADR法6条14号参照。この点については、内堀・前掲注22) 82頁、小林・前掲注22) 76頁以下参照。
150) ZINGSHEIM, Fn. 7) 143; 山本・前掲注10) 32頁以下参照。

ところ、立法化されなかった[151]。

4．費　用

ADR法28条によれば、認証紛争解決事業者は、その業務について、紛争当事者または第三者との契約に定められた報酬を受け取ることができる。この規定は、弁護士法72条にいう非弁活動の禁止に対し、例外を定めるものであり、実際上大きな意義を有する[152]。事業者が適切な報酬およびその算定方法を定めていることは、重要な認証基準の1つである[153]。

Ⅳ．評価とまとめ

冒頭で述べたとおり、訴訟と大きく異なるあっせんは、行政機関だけでなく、民間の事業者によっても行われ、後者だけがADR法により認証を受けることができる。2004年のADR法制定および2007年の同法施行によって、日本における権利保護の改善のため、少なくともその基礎については、重要な法改正がなされたと言える。認証紛争解決事業者の数は増加し、2021年度には、178の事業者が認証を受け、そのうち10の事業者が認証を失ったにすぎない[154]。しかし、2010年以降も、認証事業者の処理する既決件数は、毎年1000件を若干上回る程度である[155]。当初の予想どおり、認証事業者が増えたからと

---

[151] ドイツにおいても、手続実施者と異なり、紛争当事者は、法律上互いに守秘義務を負わない。当事者間における秘密遵守は、むしろ自己判断に任されている。R. GREGER, in: GREGER / UNBERATH / STEFFEK (Hrsg.), Recht der alternativen Konfliktlösung (München 2. Aufl. 2016), MediationsG § 1, Rn. 52. これに対し、後の訴訟における手続実施者の証言拒否権は認められる。この点に関する比較法的考察としては、HINZ, Fn. 21) 169 ff. 参照。

[152] この点については、KAKIUCHI, Fn. 13) 10 ff. 参照。

[153] ADR法6条15号参照。

[154] 法務省のウェブサイト〈https://www.adr.go.jp/wp/wp-content/uploads/2023/10/kensu.pdf〉参照（2024年3月12日閲覧）。

[155] 前掲注154）のウェブサイトおよびJ. CLAXON / L. NOTTAGE / N. TERAMURA,

いって、処理件数が大幅に増えるわけではない[156]。処理件数が特に多い認証事業者は、数えるほどである。2021年度には、既決件数の60.8パーセントが168の認証事業者のうち5つによって処理され、そのうちの2つは公益事業者であった[157]。これに対し、認証事業者の49.7パーセントは、あっせん手続を全く行っておらず、残りの33.7パーセントは、5件以下であった[158]。その結果、多くの事業者は、少ない事件数および低い報酬に直面し、財政上の問題を抱えている[159]。

　認証事業者に対する需要が少ない理由の1つは、消費者への情報提供の不足である[160]。また問題点としては、ADR法の認証基準によって柔軟性を失っていることも挙げられる。たとえば、あらかじめ決まった領域でのみ、あっせん行為ができること、手続が画一化され、法的助言が前提とされていることなどである[161]。さらに裁判所は、裁判外紛争解決手続を提案することができないた

　　Developing Japan as a Regional Hub for International Dispute Resolution. Dream Come True or Daydream?, in: ZJapanR/J. Japan.L 47 (2019) 109, 124 参照。さらに、Kakiuchi, Fn. 13) 15 も参照。

156) K. Fukui, The Diversification and Formalisation of ADR in Japan: The Effect of Enacting the Act on Promotion of Use of Alternative Dispute Resolution, in: Zekoll / Bälz / Amelung (Hrsg.), Formalisation and Flexibilisation in Dispute Resolution (Leiden 2014) 208; M. Bälz / C. von Baumbach / E. Schwittek, Diversifizierung der Streitbeilegungsverfahren in Japan, in: Zeitschrift für Konfliktmanagement 1/2020, 11.

157) 前掲注154) のウェブサイト参照。すなわち、既決件数は、全部で1054件であるが、うち161件は愛知県弁護士会、127件は民間総合調停センター、132件は証券・金融商品あっせん相談センター、120件は日本不動産仲裁機構、101件はある離婚相談員（「家族のためのADRセンター離婚テラス」の代表）によるものであった。（訳注）離婚紛争は、仲裁法13条1項により、仲裁の対象から除外されているが、ADR法によるあっせんの対象には含まれる。仲裁法における適用除外の理由については、奥田・前掲注128) 386頁注16) 参照。

158) 前掲注154) のウェブサイト参照。2012年度の状況については、Kato, Fn. 25) 10.052 参照。2011年度の状況については、Fukui, Fn. 156) 189 Fn. 4 参照。

159) Kakiuchi, Fn. 13) 19.

160) Kakiuchi, Fn. 13) 17.

め、認証事業者によるあっせん制度は、完全に裁判所の紛争処理とは切り離され、(最近では調停件数が下がったとはいえ) 裁判所による民事調停のほうが優位に立っている[162]。

　金融機関との紛争については、2009年から特別な認証システムがあり、それは、金融庁の監督のもとで、金融機関に対しADR手続への参加義務を課すなどの特別な法的効力を有している[163]。また、幾つかの重要なADR事業者は、認証を受けることなく業務を実施しており、たとえば、地方の単位弁護士会の多くは、ADR法28条の適用がなくても、その相談業務について、報酬を請求することができる[164]。さらに、様々な消費者センターや製造物責任相談センターなども、認証を受けないで、あっせん事業を実施している[165]。認証を受けたか否かを問わず、ADR法の施行に伴って、あっせん事業者の総数は、2006年から2009年にかけて急激に増えた[166]。

　長い間成功を収めている民間あっせん事業者の例としては、1978年から事業を実施している「交通事故紛争処理センター」がある[167]。この交通事故紛争

---

161) Fukui, Fn. 156) 208 f.
162) これに対する批判として、Kakiuchi, Fn. 49) 278 ff. 参照。
163) 金融庁のサイト〈https://www.fsa.go.jp/policy/adr/〉参照（2024年3月13日閲覧）。K. Ichiba, Kin'yū ADR: A New ADR System in the Japanese Financial Industry, in: JCAA Newsletter 27 (2012) 4-6; Kakiuchi, Fn. 13) 18; J. Weitzdörfer, Verbraucherkreditregulierung in Japan (Tübingen 2020) 157 も参照。
164) Fukui, Fn. 156) 201 参照。Kakiuchi, Fn. 13) 18 は、2014年度について、ADR業務を実施する34の弁護士会のうち、5つしか認証を受けていないとする。今も、7つの弁護士会がADR事業者として認証を受けているにすぎない。
165) 様々な業種の製造物責任相談センターによるADR手続の概要については、M. Wakabayashi, Japan, in: Kullmann / Pfister / Stöhr / Spindler (Hrsg.), Produzentenhaftung (Berlin, Loseblattsammlung, Lieferung 2/17 August 2017) 33 ff. 参照。
166) 詳細については、Fukui, Fn. 157) 207 Fn. 87 参照。
167) 交通事故紛争処理センターの詳細については、Kakiuchi, Fn. 49) 274 f.; Baum / Schwittek, Fn. 1) 15 参照。（訳注）同センターのサイト〈https://www.jcstad.or.jp/〉も参照（2024年3月13日閲覧）。

に関するあっせん手続は、実務上特に定評がある[168]。裁判所による民事調停手続で処理される交通事故紛争の損害算定も、明らかに裁判外紛争処理における算定に依拠している。交通事故紛争の既決件数は、2002年度には、ADR手続によったものが4万218件であったが、訴訟手続によったのは、僅か6712件にすぎない。したがって、交通事故紛争の場合には、ADR手続が訴訟手続の6倍に達する[169]。現在、交通事故紛争処理センターは、日本全国で11の事務所・支部・相談室が開設され、2022年度には、約4500件の和解の成立があったが、751名のアンケート結果によれば、約90パーセントが示談金の額について「妥当」または「許容範囲」であり、かつ他の人にも同センターの利用を勧めたいと回答している[170]。ただし、交通事故紛争処理センターも、いまだADR法による認証を受けていない[171]。

交通事故紛争処理センターの成功の理由としては、費用の節約および円滑な手続以外に、交通事故による損害賠償請求訴訟に関する日本の裁判所の実務が一貫し、かつ予見可能であり、あっせん機関にとっても、和解の提案をする際に、これらの判決を指標にすることが容易である点が挙げられる（bargaining in the shadow of the law）[172]。他方において、センターの設置は、官庁の協力があったり、その監督を受けたりしており、日本特有の「紛争管理」の古典的な例とされる。すなわち、エリート官僚および政治家にとっては、紛争好みの社会によって自己の権力基盤が脅かされないようにするため、市民を訴訟から遠ざけ

---

[168] Y. TANIGUCHI, Extra-Judicial Disputes Settlement in Japan, in: KÖTZ / OHENHOF (Hrsg.), Les conciliateurs, la conciliation (Paris 1983) 109, 122.

[169] これらの数字については、T. GINSBURG / G. HOETKER, The Unreluctant Litigant? An Empirical Analysis of Japan's Turn to Litigation, in: SCHEIBER / MAYALI (Hrsg.), Emerging Concepts of Rights in Japan (Berkeley 2007) 93, 116 参照。

[170] 2023年度版の「事業の概要」〈https://www.jcstad.or.jp/wp/wp-content/uploads/2023/08/jigyounogaiyou2023.pdf〉参照（2024年3月13日閲覧）。

[171] 2011年時点について、KAKIUCHI, Fn. 13) 19 参照。前掲注 154) のウェブサイトによっても、認証事業者のリストには挙がっていない。

[172] J.M. RAMSEYER / M. NAKAZATO, The Rational Litigant – Settlement Amounts and Verdict Rates in Japan, in: J. Legal Stud. 1989, 262 ff.; FUKUI, Fn. 156) 191.

ておくことが狙いとされる[173)]。

　よく利用される行政のADR機関としては、福島の原発事故後の2011年9月に設立された「原子力損害賠償紛争解決センター」がある[174)]。2022年末までの同センターへの累計申立件数は2万8713件であり、累計既済件数は2万7814件、累計和解件数は2万2133件（79.58パーセント）である[175)]。原子力事業者である東京電力ホールディングス（TEPCO）に対する損害賠償請求を処理するという観点からは、ADRセンターの創設は、裁判所の過剰負担を軽減する役割を果たしている[176)]。これに対し、被害者保護の観点からの法政策的な位置づけは難しいが[177)]、注目すべきであるのは、被害者が複数の手続の中から1つまたは複数を選べることである。すなわち、ADR手続・訴訟・TEPCOとの直接交渉という3つの選択肢がある。その結果、様々な途が複雑に入り組んでいる状況にある[178)]。

　渉外紛争の分野では、日本商事仲裁協会（The Japan Commercial Arbitration Association）が2003年に調停規則を導入している[179)]。ただし、2021年までに81件の申立てがあったが、外国企業と日本企業との紛争は8件にすぎない。これに対し、2019年から2023年までの仲裁の申立件数は70件であり、その

---

173)　T. TANASE, The Management of Disputes: Automobile Accident Compensation in Japan, in: Law & Soc'y Rev. 24 (1990) 651 ff.

174)　D.H. FOOTE, Japan's ADR System for Resolving Nuclear Power-Related Damage Disputes, in: 東京大学法科大学院ローレビュー12巻102頁〜126頁（2017年）参照。より簡略なものとして、BÄLZ, Fn. 1) 25 ff.; KAKIUCHI, Fn. 13) 6 f. も参照。

175)　2022年度の「活動事業報告書概要」〈https://www.mext.go.jp/a_menu/genshi_baisho/jiko_baisho/detail/pdf/20230329-mxt_san-gen02-houkokugaiyou-r04-1.pdf〉2頁、「活動事業報告書」〈https://www.mext.go.jp/content/20230329-mxt_san-gen02-houkoku-r04-1.pdf〉14頁参照（2024年3月13日閲覧）。

176)　日本の歴史上の大災害の詳細については、BÄLZ, Fn. 1) 25 参照。

177)　BÄLZ, Fn. 1) 28 参照。

178)　BÄLZ, Fn. 1) 27 f. 参照。さらに、BÄLZ / VON BAUMBACH / SCHWITTEK, Fn. 156) 12 も参照。

179)　（訳注）以下の渉外紛争分野におけるADRについては、奥田が加筆した。奥田・前掲注128）381頁以下および OKUDA (Yearbook), Fn. 128) も参照。

うち88％は、いずれかの当事者が外国企業または外国企業の日本子会社である[180]。したがって、国内事件では、調停が好まれているが、渉外事件では、むしろ仲裁が選択されていると言える。2018年には、京都国際調停センター（Japan International Mediation Center）が設立されたが、同センターのサイトには、実際に調停が実施された件数は公表されていない[181]。また同じく2018年には、大阪に日本国際紛争解決センター（Japan International Dispute Resolution Center）が設立されたが、同センターのサイトにも、実際に申立てを受けた件数などの統計情報は公表されていない[182]。これは、その後全世界に広がったコロナ禍の影響もあると思われるが、前述Ⅲの2のとおり、日本がシンガポール調停条約に加入し、同条約の実施法が2024年4月1日に施行されたことを踏まえれば、渉外紛争の分野においても、これらのADR機関に対する申立件数の増加が期待できるであろう。

〔追記〕
脱稿後に、福田敦編著『一問一答新しい仲裁・調停法制』（商事法務、2024年）に接した。

---

180) 以上の数字については、国際商事仲裁協会のサイト〈https://www.jcaa.or.jp/mediation/performance.html〉、〈https://www.jcaa.or.jp/arbitration/statistics.html〉参照。現在は、シンガポール調停条約を踏まえた2024年の商事調停規則が使われている。〈https://www.jcaa.or.jp/mediation/rules.html〉参照（以上、2024年4月21日閲覧）。
181) 〈https://www.jimc-kyoto-jpn.jp/〉参照（2024年4月21日閲覧）。
182) 〈https://idrc.jp/〉参照（2024年4月21日閲覧）。なお、2020年には、東京にも同センターの施設が開設された。

＃ 第 4 章　ドイツから見た日本の債権法改正

マーク・デルナウア[*]

は じ め に

　2014 年 2 月 21 日・22 日に中央大学の日本比較法研究所および独日法律家協会（Deutsch-Japanische Juristenvereinigung, DJJV）の共催で開催されたシンポジウムは、その当時に検討されていた日本の債権法改正について[1]、各報告者が改正の目的および改正案を議論するものである[2]。その際に参照されたのは、2013 年 2 月 26 日付けの中間試案であった[3]。

---

[*]　本稿は、Marc DERNAUER, Der Schuldrechtsreform-Entwurf: Eine Bewertung, in: ZJapanR/J.Japan.L. 39 (2015) 35-72 をもとに、奥田が日本語訳（意訳）を作成し、著者本人がチェックをしたものである。原著は、債権法改正の要綱案に基づいているが、現行規定への修正についても、奥田が原案を作成し、著者本人がチェックをした。なお、原著は、東京のオーアーゲー・ドイツ東洋文化研究協会（Deutsche Gesellschaft für Natur- und Völkerkunde Ostasiens, OAG）の主催で開催されたシンポジウム（Schuldrechtsmodernisierung in Japan – eine vergleichende Analyse）の講演原稿、および只木誠＝ハラルド・バウム編『債権法改正に関する比較法的検討』（中央大学出版部、2014 年）412 頁〜 429 頁に掲載されたドイツ語の論稿をさらに発展させたものである。
[1]　日本では、債権法改正ないし債権法というが、ドイツでは、むしろ債務法改正（Schuldrechtsreform）ないし債務法（Schuldrecht）という用語を使うため、本稿でも、このような区別を行う。
[2]　シンポジウムの全体については、G. KOZIOL, Symposium „Schuldrechtsmodernisierung in Japan – eine vergleichende Analyse", in: ZJapanR/J.Japan.L. 37 (2014) 311-315 参照。
[3]　正式名称は、「民法（債権関係）の改正に関する中間試案」であり、2009 年に

最初に、奥田昌道（前最高裁判事・京都大学名誉教授）が「債権法改正に関する概観」というテーマで報告し[4]、続いて日本側から 5 人の報告者が個々の論点について、中間試案がどのような改正を規定しているのかを述べた。すなわち、山本豊（京都大学大学院法学研究科教授）の「債務不履行改正論議の行方とその中間評価」、池田真朗（慶應大学法学部・同大学院法務研究科教授）の「日本とドイツの債権譲渡法制の比較——民法（債権関係）改正要綱案たたき台を素材に」、松本恒雄（独立行政法人国民生活センター理事長）の「消費者法と債権法改正——日本の状況」、山野目章夫（早稲田大学法務研究科教授）の「日本の債権法改正論議における保証の問題の検討状況」、高田淳（中央大学法学部教授）の「継続的契約の終了」である[5]。各報告については、ドイツ側から、ドイツ法の状況および 2002 年の債務法改正を踏まえ、日本の改正案に対する意見が述べられた[6]。最後に、民法（債権関係）部会において長年この作業に関わってきた

　　　法制審議会に設けられた民法（債権関係）部会が各界の意見を取りまとめて決定したものである。中間試案の原文については、〈https://www.moj.go.jp/content/000108853.pdf〉参照（2024 年 3 月 24 日閲覧）。この中間試案を英語で紹介し、コメントを加えたものとしては、N. KANO, Reform of the Japanese Civil Code – The Interim Draft Proposal of 2013, in: ZJapanR/J.Japan.L 36 (2013) 249-261 参照。民法（債権関係）部会の議事録については、〈https://www.moj.go.jp/shingi1/shingikai_saiken.html〉参照（2024 年 3 月 23 日閲覧）。
4)　この報告を加筆修正した論稿としては、M. OKUDA, Gegenwärtiger Stand der Schuldrechtsreform in Japan und Überblick über die Reformvorschläge bis heute, in: ZJapanR/J.Japan.L 39 (2015) 1 ff. がある。
5)　只木＝バウム編・前掲注*）参照。
6)　すなわち、Dr. Birgit GRUNDMANN (Staatssekretärin a.D., Bundesministerium der Justiz und für Verbraucherschutz), Gründe, Ziele, Konzeption und Probleme der Schuldrechtsreform; Prof. Dr. Stefan LORENZ (Ludwig-Maximilians-Universität München), Systematik und Neuordnung von Leistungsstörungs- und Gewährleistungsrecht im deutschen Recht; Prof. Dr. Moritz BÄLZ, LL. M. (Goethe-Universität Frankfurt), Zur Entwicklung des Rechts der Forderungsabtretung aus deutscher Sicht; Prof. Dr. Karl RIESENHUBER (Ruhr-Universität Bochum), Verbraucherschutz und Schuldrechtsmodernisierung; Prof. Dr. Mathias HABERSACK (Ludwig-Maximilians-Universität München), Der Schutz des Bürgen; Prof. Dr. Marc-Philippe

筒井健夫（法務省大臣官房参事官・民事担当）、および本稿の著者が全体の総括を行った[7]。

シンポジウムの後、中間試案は、関係団体、学界、その他の関係者からの意見を踏まえて、修正が施された。ある程度は、我々のシンポジウムも、それに貢献することができたと思われる。2014年8月26日には、要綱仮案が決定され、間もなく公表された[8]。また2015年2月10日には、要綱案が決定され、同月23日に公表された[9]。翌24日には、この要綱案が法制審議会の総会で決定され、法務大臣の承認を得た。新聞報道によれば、この要綱案は、同年3月31日に閣議決定され、法案（政府案）として衆議院に上程された[10]。しかし、最終的に成立したのは、2017年の第193回国会であり（平成29年法律第45号）、一部の規定を除いて施行されたのは、2020年4月1日であった。

以下では、まず改正の目的を紹介し、それが具体的な改正規定にどのように反映されたのかを評価する(I)。つぎに個々の改正点を紹介した後(II)、改正規定が取り上げなかったが、取り上げたほうが良かったと思われる点を指摘する(III)。最後に、まとめを述べて、本稿を締め括る。

I. 改正の目的

日本の法務省および民法（債権関係）部会は、改正の目的として、特に2つの点を挙げている[11]。すなわち、①民法を分かりやすい規定にすることによっ

　　WELLER (Albert-Ludwigs-Universität Freiburg), Das Kontinuitätsinteresse bei der Kündigung von Dauerschuldverträgen: Generalklausel in Japan versus Kündigungsschranken in Deutschland である。只木＝バウム編・前掲注[*]参照。
7) 只木＝バウム編・前掲注[*]参照。
8) 民法（債権関係）の改正に関する要綱仮案〈https://www.moj.go.jp/content/001127038.pdf〉参照（2024年3月23日閲覧）。
9) 民法（債権関係）の改正に関する要綱案〈https://www.moj.go.jp/content/001136445.pdf〉参照（2024年3月23日閲覧）。
10) 2015年4月1日付け東京新聞参照。

て、国民に親切な法律にすること、②民法の現代化によって、最近100年間の社会・経済の変化を反映させることである。

1．国民一般にとっての分かりやすさ

a)　意味のある目的か？

第1の改正の目的は、民法を「国民に親切な法律」にすること、すなわち、素人にも分かりやすくすることであるが、2002年のドイツの債務法改正では、あまり重視されていない。ドイツでは、法律の適用は、むしろ法律家の仕事とされているから、法律は、素人にとって容易に理解できることよりも、正確かつ体系的であることが求められる。

ドイツ民法は、少なくとも制定当初は、全体として正確かつ体系的であることの典型であった。ドイツ民法、およびその基礎であるパンデクテン法学は、正確かつ体系的であるからこそ、19世紀末から20世紀初頭にかけて、多くの国の法理論に大きな影響を及ぼし[12]、それは日本も同様であった[13]。またドイ

---

11) これらの目的については、法制審議会に対する法務大臣の諮問第88号〈https://www.moj.go.jp/content/000005084.pdf〉、内田貴『民法改正のいま——中間試案ガイド』（商事法務、2013年）2頁以下、法制審議会民法（債権関係）部会第2回会議の部会資料3〈https://www.moj.go.jp/content/000023307.pdf〉1頁～3頁、同第3回会議の部会資料6〈https://www.moj.go.jp/content/000023323.pdf〉1頁～5頁参照（2024年3月23日閲覧）。Kano, Fn. 3) 254; T. Suizu, Die Schuldrechtsreform in Japan – betrachtet aus dem Blickwinkel der Kodifikationsidee, in: ZJapanR/J.Japan.L. 32 (2011) 251, 255-256 も参照。

12) さしあたり、K. Zweigert / H. Kötz, Einführung in die Rechtsvergleichung (3. Aufl., Mohr Siebeck, Tübingen 1996) 143, 146 f., 153-155 参照。

13) H. Baum, Ausstrahlung des europäischen Privatrechts ins japanische Recht, in: Basedow / Hopt / Zimmermann (Hrsg.), Handwörterbuch des Europäischen Privatrechts (Mohr Siebeck, Tübingen 2009) 157-158. Ausführlich, Z. Kitagawa, Rezeption und Fortbildung des europäischen Zivilrechts in Japan (Alfred Metzner Verlag, Frankfurt a.M. 1970) 67-86, 125-136; G. Rahn, Rechtsdenken und Rechtsauffassung in Japan (C.H. Beck, München 1990) 106-129; H.P. Marutschke, Einführung in das japanische Recht (2. Aufl., C.H. Beck, München 2010) 90-97.

ツ民法は、数か国において民法典のモデルとなり、特に日本民法は[14]、ドイツの民法草案に基づいており、少なくとも法律の構造および一連の重要な法制度はそうであった[15]。

ドイツ民法の定評があり有意義な体系は、2002 年の債務法改正によって放棄されたわけではなく、これを素人の読みやすさのために犠牲にすることなど、全くの誤りとされたであろう。法律の体系性および正確性の価値は、法律の素人には、すぐに分からないかもしれないが、立法者は、この基本原則を維持しなければならない。正確性および体系性が少なくなれば、民法の適用は、むしろ困難となり、解釈上の問題や限界確定の問題が増えるであろう[16]。加えて、法律の条文が長くなり、かえって素人の読みやすさという目的に反する結果となるであろう。

以上によれば、「国民一般にとっての分かりやすさ」という日本の債権法改正の第 1 の目的が有意義なものであるのかは、疑問である。ただし、分かりや

---

14) 民法（明治 29 年法律第 89 号、最終改正・令和 5 年法律第 53 号）。

15) ZWEIGERT / KÖTZ, Fn. 12) 153-155 参照。特にドイツ民法第 1 草案の第 1 読会および第 2 読会の影響については、KITAGAWA, Fn. 13) 34 参照。ただし、日本民法は、完全にドイツ民法のコピーというわけではなく、むしろ広範な比較法の成果であり、特に家族法や相続法では日本の伝統も考慮していた。BAUM, Fn. 13) 157, MARUTSCHKE, Fn. 13) 91-92 参照。このような比較法の成果について、KITAGAWA, Fn. 13) 36-43 は、債務不履行、債権の効力、損害賠償の内容および範囲、契約解除、瑕疵担保責任、不法行為責任の例を挙げながら解説する。とはいえ、民法の体系は、全体を 5 編に分割するなど、明らかにドイツ民法のパンデクテン体系にならっており、編の順序などを少し変えたにすぎない。RAHN, Fn. 13) 109 参照。また、今でもドイツ由来の規定や法制度が多数あり、特に総則規定としては、意思表示、法律行為、無効・取消し、停止条件・解除条件、形成権としての契約解除があり、また債権法の章立てが総則・契約・事務管理・不当利得・不法行為となっている点を挙げることができる。

16) SUIZU, Fn. 11) 259 も、国民一般に分かりやすい民法典という目的を根本から否定する。機能的な民法が国民一般に分かりやすい法律ではあり得ない、というドイツの法律家に共通の認識については、Prof. Dr. Karl RIESENHUBER (Ruhr-Universität Bochum), Verbraucherschutz und Schuldrechtsmodernisierung, in: 只木＝バウム編・前掲注*) 174 頁参照。

すさは、必ずしも法律の体系性や正確性と矛盾するものではない。特にドイツおよび日本には多くの法律があり、その中には、専門家にも読みづらいものがあるから、分かりやすさは、専門家の関心事でもある。

　ドイツにおける債務法改正を見ても、個々の条文を正確かつ体系的にするとともに、読みやすくすることが望ましく、かつ可能であったと思われる点が随所にあることを認めざるを得ない。特に多数の消費者保護指令などの EU 法をドイツ民法に統合するという観点からは、これが必ずしも円滑に機能していないことを認めざるを得ない。なぜなら、EU 指令は、あまり体系的でも正確でもなく、長さの割にというか、むしろ長いために読みづらいことが多いからである。さらに、分かりやすさは、しばしば法律の新しさにも比例する。法律の条文は、一般に社会の現実を反映し、直面している問題を解決する場合にのみ、分かりやすいものとなる。

　以下では、分かりやすさという債権法改正の目的をかなえた例として、履行障害法および売買の瑕疵担保責任法の改正を取り上げたい。ただし、そこには、債権法改正の第 2 の目的である民法の現代化も見て取れる。

　b)　分かりやすさと体系性：履行障害法と売買の瑕疵担保責任法

　aa)　債務不履行法および履行障害法の改正
　正確性と分かりやすさの両方の観点からは、2002 年のドイツの債務法改正は、むしろ日本法を見習うべきであったと思われる。なぜなら、日本民法は、改正前から、分かりやすいだけでなく、適用しやすい規定を設けていたからである。たとえば、日本民法には、債務不履行一般の制度があり[17]、さらに広く履行障害法ないし給付障害法の制度がある[18]。

---

　　17)　債務不履行一般の制度とは、改正前の民法で言えば、債務者の債務不履行に関する規定、特に履行遅滞に関する規定（同法 412 条）、債務不履行による損害賠償に関する規定（同法 415 条）、損害賠償の範囲に関する規定（同法 416 条〜 423 条）、契約解除の規定（同法 540 条〜 548 条）を意味する。

改正前の民法は、債務不履行について柔軟な構成要件を定め（同法415条）、さらに債務者の履行遅滞のような特別な場合に関する規定（同法412条）、損害賠償の方法および範囲に関する若干の規定（同法416条～423条）、危険負担に関する規定（同法534条～536条）、契約解除に関する若干の規定（同法540条～548条）を設けていた。これらの少数ではあるが、体系的であり、かつ分かりやすい規定によって、日本で実際に生じる問題は、ほとんどの場合に、十分解決される。ただし、僅かながら、修正が必要であった。そのため、法制審議会は、法体系全体を維持しながら、少しだけ改正を提案した。

(1) 履行不能の定義
　改正後の民法によれば、「債務の履行が契約その他の債務の発生原因及び取引上の社会通念に照らして不能であるときは、債権者は、その債務の履行を請求することができない」（同法412条の2第1項）。これは、履行不能について、柔軟な定義を行うものである。中間試案第9の2では、金銭債権を除く契約債権について限界事由がある場合に、債権者は、債務者に履行を請求することができないとされ、「履行が物理的に不可能であること」、「履行に要する費用が、債権者が履行により得る利益と比べて著しく過大なものであること」、「その他、当該契約の趣旨に照らして、債務者に債務の履行を請求することが相当でないと認められる事由」が挙げられていたが、このような限界事由の導入は、結局のところ見送られた。しかし、これらの限界事由は、改正後民法412条の2第1項における履行不能の一般的な定義に包含されていると見るべきである。従来の通説によっても、物理的な不能だけでなく、様々なタイプの履行不能が認められ、あまりに狭い範囲に履行不能を制限することは、将来の法発展にとって有害と思われるからである。

---

18) 履行障害法ないし給付障害法の制度とは、改正前の民法で言えば、前掲注17)で挙げた債務不履行に関する規定に加えて、特に債権者の受領遅滞に関する規定（同法413条）および危険負担に関する規定（同法534条～536条）を意味する。

(2) 債務不履行による損害賠償責任

改正後の民法によれば、「債務者がその債務の本旨に従った履行をしないとき又は債務の履行が不能であるときは、債権者は、これによって生じた損害の賠償を請求することができる」が（同法415条1項本文）、「その債務の不履行が契約その他の債務の発生原因及び取引上の社会通念に照らして債務者の責めに帰することができない事由によるものであるときは、この限りでない」（同項ただし書）。すなわち、改正後は、履行不能とその他の債務不履行を区別することなく、債務者に帰責事由がない場合には、損害賠償責任を負わないとされている。このような規定は、帰責事由のないことの証明責任を債務者に負わせることを明確にするものである。また、本項の規定による損害賠償請求と履行に代わる損害賠償請求は区別され、後者が認められる事由として、「債務の履行が不能であるとき」、「債務者がその債務の履行を拒絶する意思を明確に表示したとき」、「債務が契約によって生じたものである場合において、その契約が解除され、又は債務の不履行による契約の解除権が発生したとき」が挙げられている（同条2項）。このような改正は、有意義であり、ドイツの債務法改正後の民法281条から283条までの規定も（はるかに複雑であるとはいえ）、同様の趣旨であるが、重要な点は別にある。すなわち、日本では、以前からも、債務不履行の様々な場合における損害賠償の範囲について、現行法のような規定がなくても、同様の取扱いをしており、すべてを心得ていた。さらに、債務者が帰責事由について証明責任を負うことも、すでに改正前から広く認められていた。

履行遅滞に関する民法412条の改正は、ほんの化粧直し程度である[19]。重要であるのは、履行遅滞中に履行不能があった場合の帰責事由に関する規定の追加である（同法413条の2第1項）。それによれば、「債務者がその債務について遅滞の責任を負っている間に当事者双方の責めに帰することができない事由によってその債務の履行が不能となったときは、その履行の不能は、債務者の責

---

[19] 民法412条2項は、不確定期限がある場合に、期限の到来を知った時だけでなく、「期限の到来した後に履行の請求を受けた時」のいずれか早い時から履行遅滞の責任を負うと改められた。

めに帰すべき事由によるものとみなす」[20]。このような場合に、帰責事由について、特別な基準が適用されるのかは、債権法改正の前には明らかでなかった。ただし、追加された規定は、履行遅滞後に生じた不能に対する責任のみを規定し、履行の目的物の損傷またはその他の劣化の場合を規定していない。これは、少し整合性に欠ける。

さらに、代償請求権に関する規定も追加された（民法422条の2）。すなわち、「債務者が、その債務の履行が不能となったのと同一の原因により債務の目的物の代償である権利又は利益を取得したときは、債権者は、その受けた損害の額の限度において、債務者に対し、その権利の移転又はその利益の償還を請求することができる」。これは、内容的にも、ドイツ民法285条1項と同じである[21]。通説は、債務者が得た代償物に対する債権者の請求権（代償請求権）を以前から認めており、判例もそれを認めていた[22]。

損害賠償の範囲に関する改正後民法416条2項は、「特別の事情によって生じた損害であっても、当事者がその事情を予見すべきであったときは、債権者は、その賠償を請求することができる」とし、これは、改正前の規定と内容的に異ならない。また過失相殺に関する同法418条は、「債務の不履行又はこれによる損害の発生若しくは拡大に関して債権者に過失があったときは、裁判所は、これを考慮して、損害賠償の責任及びその額を定める」とし、これも、文言の修正に留まる。損害賠償額の予定に関する同法420条1項については、改

---

20) このような規定は、機能的には、ドイツ民法287条と同じであるが、内容は異なる。（訳注）ドイツ民法287条によれば、債務者は、履行遅滞の間は、すべての過失について責任を負う（同条前段）。債務者は、仮に適時に給付をしていたとしても（＝履行遅滞がなかったとしても）、損害が生じた場合を除き、不可抗力についても給付の責任を負う（同条後段）。

21) （訳注）ドイツ民法285条1項によれば、債務者が履行不能のため履行を免れた事由により、債務の目的物について、代償物または代償請求権を取得した場合には、債権者は、その代償として受け取った物の引渡し、または代償請求権の譲渡を求めることができる。

22) 淡路剛久『債権総論』（有斐閣、2002年）115頁〜116頁、最判昭和41年12月23日民集20巻10号2211頁参照。

正前の後段の規定が削除された結果、裁判所は、一般原則を適用し、適切な場合には、損害賠償額を増減することができる。この損害賠償額の予定に対する制限は、改正前は、消費者契約法9条のような特別法上の規定がある場合に限られていた[23]。金銭債務の履行遅滞があった場合の損害賠償額について、改正後民法419条1項本文は、「債務者が遅滞の責任を負った最初の時点における法定利率によって定める」とするが、これは、文言の修正のみであり、内容的には、改正前と異ならない。すなわち、約定利率が法定利率を超える場合には、約定利率による（同項ただし書）。債務不履行を理由とするその他の損害賠償請求は認められない。ただし、法定利率とその変動に関する同法404条は、大きく修正され、詳しい規定が設けられた。ドイツの債務法改正でも、これと似た修正が行われている。

(3) 契約の解除

契約解除に関する改正は、特に履行障害との関連における解除事由の規定の追加が大きな意味を有する。これに対し、受領した履行の目的物の損傷などによる解除権の消滅および解除の効果に関する規定の修正は、僅かである。

改正後民法548条によれば、「解除権を有する者が故意若しくは過失によって契約の目的物を著しく損傷し、若しくは返還することができなくなったとき、又は加工若しくは改造によってこれを他の種類の物に変えたときは、解除権は、消滅する」が、「解除権を有する者がその解除権を有することを知らなかったときは、この限りでない」。これは、実質的には、改正前の規定とあまり異ならない。

契約解除の効果は、改正後も変わらず、原状回復義務である（民法545条1項）。金銭を受け取った契約当事者が返還の際に利息を付する義務を負うのも、改正前と同じである（同条2項）。ただし、金銭以外の物を返還する場合には、「その受領の時以後に生じた果実」の返還義務を負う旨の規定が追加された（同

---

23) 消費者契約法（平成12年法律第61号、最終改正・令和5年法律第63号）。

条3項)。

　契約解除の事由については、催告による解除と催告によらない解除が区別された。すなわち、改正後民法541条によれば、「当事者の一方がその債務を履行しない場合において、相手方が相当の期間を定めてその履行の催告をし、その期間内に履行がないときは、相手方は、契約の解除をすることができる」が、「その期間を経過した時における債務の不履行がその契約及び取引上の社会通念に照らして軽微であるときは、この限りでない」。これに対し、同法542条1項によれば、前条の催告をすることなく、直ちに契約を解除することができる場合として、「債務の全部の履行が不能であるとき」、「債務者がその債務の全部の履行を拒絶する意思を明確に表示したとき」、「債務の一部の履行が不能である場合又は債務者がその債務の一部の履行を拒絶する意思を明確に表示した場合において、残存する部分のみでは契約をした目的を達することができないとき」、「契約の性質又は当事者の意思表示により、特定の日時又は一定の期間内に履行をしなければ契約をした目的を達することができない場合において、債務者が履行をしないでその時期を経過したとき」、その他に「債務者がその債務の履行をせず、債権者が前条の催告をしても契約をした目的を達するのに足りる履行がされる見込みがないことが明らかであるとき」という5つの事由が挙げられている。さらに同条2項によれば、前条の催告をすることなく、契約の一部を解除することができる場合として、「債務の一部の履行が不能であるとき」、および「債務者がその債務の一部の履行を拒絶する意思を明確に表示したとき」という2つの事由が挙げられている。

　改正前は、催告によらない解除の事由としては、定期行為の履行遅滞（改正前民法542条）および債務者の責めに帰すべき履行不能（同法543条）のみが規定されていた。当時の判例・学説では、法律上規定された事由以外にも、催告によらない解除が認められる場合について、議論があったが、決定的な判例が欠けていた。したがって、今回の改正は歓迎できる。特に後述のとおり、危険負担に関する規定が修正されたので、債務不履行が債権者の責めに帰すべき場合には、債権者は、契約解除をすることができない（改正後民法543条）。

同様に重要な意味を有するのは、契約解除が債務者の帰責事由を要するのか否かという問題が改正によって明確にされたことである。改正前は、当時の民法543条が規定する履行不能の場合だけでなく、通説によれば、帰責事由を要件としない同法541条や542条の適用を受ける場合を含め、契約解除には、それぞれの債務不履行および解除事由について、債務者の帰責事由が必要と解されていた[24]。これに対し、改正後は、債務者の帰責事由は、もはや契約解除の要件とされていない。部分的には、これも危険負担に関する規定の修正に関係するが、常にそれに関係するわけではない。

改正前の民法545条3項は、改正後は、同条4項に移され、それによれば、解除権の行使は、改正後民法415条による損害賠償の請求を妨げない。この規定は、フランス法にならったものであり、民法の制定当初から設けられていた。そのため、契約解除と損害賠償請求権の競合は、ドイツ法と異なり、これまで問題なく認められている[25]。

(4) 危険負担に関する規定の維持

中間試案第12の2では、債務者の危険負担に関する民法536条について、別の修正が提案されていたが、その後、現行法のような修正が提案された。すなわち、同条1項によれば、「当事者双方の責めに帰することができない事由によって債務を履行することができなくなったときは」、契約解除権の有無に関係なく、「債権者は、反対給付の履行を拒むことができる」。これに対し、同条2

---

24) 後藤巻則『契約法講義〔第3版〕』(弘文堂、2013年) 239頁、我妻榮＝有泉亨＝清水誠＝田山輝明『我妻・有泉コンメンタール民法［第3版］総則・物権・債権』(日本評論社、2013年) 1024頁、1028頁参照。

25) この点については、Y. NAGATA, Die Kumulation von Rücktritt und Schadensersatz im deutschen und im japanischen Recht, in: ZJapanR/J.Japan.L 29 (2010) 177-199 参照。学説において僅かに争いがあったのは、たとえば、契約解除の場合における損害賠償請求について、改正前民法545条3項（改正後同条4項）が独立の請求原因となるか否かであり、判例・通説は、これを否定していたが、一部の学説は、これを肯定していた。DERS., a.a.O. 188 ff. 参照。

項前段によれば、「債権者の責めに帰すべき事由によって債務を履行することができなくなったときは、債権者は、反対給付の履行を拒むことができない」。

すなわち、債権者が債務不履行の責任を負う場合には、契約解除権を有しないだけでなく、反対給付の拒否権もない。したがって、債務者は、反対給付を請求する権利を有する。また、改正前の特定物の場合に関する特別規定であった民法534条は、その内容が不適切であったので、債権法改正によって削除された。これも改正の評価できる点である。改正後民法536条は、調和がとれており、基本的に分かりやすい。ただし、同法533条および542条の内容を照らして、危険負担の制度がまだ必要であるのかは疑問である。いずれにせよ、債務者の帰責事由によって発生した履行不能に対し特別な抗弁権を認める規定がないので、辻褄が合わないと言える。

(5) 受領遅滞に関する規定の修正

改正後の民法413条は、改正前の規定を完全に削除し、新たに詳しい規定を設け、かつ同法413条の2第2項が関連規定として追加された。これは、有意義な改正であったと思われる。なぜなら、改正前の履行障害法における不明確で分かりづらい規定としては、真っ先に受領遅滞の効果に関する改正前民法413条が挙げられるからである。今回の改正によって、このような問題は、すべて解決された。

受領遅滞の要件は、改正後も引き続き、債務者が債務の本旨に従った履行を提供したにもかかわらず、「債権者が債務の履行を受けることを拒み、又は受けることができない」ことである。受領遅滞の効果としては、まず改正後民法413条1項によれば、「債務の目的が特定物の引渡しであるときは、債務者は、履行の提供をした時からその引渡しをするまで、自己の財産に対するのと同一の注意をもって、その物を保存すれば足りる」。また同条2項によれば、債務の内容を問わず、「その履行の費用が増加したときは、その増加額は、債権者の負担とする」。さらに同法413条の2第2項によれば、「履行の提供があった時以後に当事者双方の責めに帰することができない事由によってその債務の履

行が不能となったときは、その履行の不能は、債権者の責めに帰すべき事由によるものとみなす」。

　これらは、まだ明文の規定がなかったにもかかわらず、改正前の通説・判例が実質上認めていたことを立法化したものである。欲を言えば、受領遅滞の間に、当事者双方の責めに帰することができない事由によって、目的物が劣化した場合にも、債権者の責めに帰すべき事由による劣化と同じ扱いとする規定を設けたほうが良かったと思われる。このような債務不履行を履行不能と異なるものとするのは妥当でない。したがって、改正後民法413条の2の「履行不能」は、「一部の履行不能」と言える劣化を含む、という解釈が適切であると思われる。

　(6)　ドイツの履行障害法との比較および評価
　ドイツ民法の履行障害法に関する規定は、債務法改正前は、体系性・正確性・読みやすさの点で良くない見本であった。そのためもあり、日本の立法者は、19世紀の民法制定の際に、ドイツの民法草案のこれらの規定をモデルとしなかったのであろう。今思えば、「それは良かった！」と言わざるを得ない。
　ドイツの債務法改正によって修正されたドイツ民法の規定は、少し良くなった。特に同法280条1項・2項により、債務関係に基づく義務の違反による損害賠償請求権の基本要件が定められたことは有意義であるが、同条3項、281条～284条、323条～325条は、柔軟性に欠け、分かりづらく、体系性や正確性に乏しい規定であるため、この基本要件によって得られた価値を部分的に奪ってしまった。しかし、いずれにせよ、日本は、すでに100年以上前から、民法415条によって、同じ基本要件を定めていたから、ドイツ民法280条1項・2項は、モデルになり得なかった。責任の根拠について、日本民法415条は「債務の不履行」、ドイツ民法は「義務の不履行」とし、異なる用語を使っているが、内容的には同じである。ドイツのような積極的債権侵害に関する議論は、日本では、不要であった。なぜなら、債務者による不完全履行、不十分な履行、付随的義務の違反は、日本では、当然に債務不履行に含まれるからであ

る[26]。

　ドイツの学説にいう契約締結上の過失（culpa in contrahendo）も、日本民法415条に該当するか否かという点については、適用範囲の違いが表れている。日本の通説によれば、契約締結上の過失は、同条に該当しないが、それは重要でない。なぜなら、契約締結上の過失の事案については、判例により不法行為責任が認められているからである。したがって、民法415条の改正では、契約締結上の過失による責任の問題を考慮する必要はなかった。中間試案では、契約締結上の過失の要件および効果に関する規定を追加するという案もあったが、結局のところ、それは見送られた（後述Ⅱ.2.c参照）。

　改正後の日本民法を特にドイツ民法280条〜283条・285条・287条と比較すれば、両国の履行障害法は近づいたことが分かる。ただし、改正後の日本民法の規定は、内容的に同じドイツ民法の規定と比較すれば、全体として分かりやすく、適用が容易である。たとえば、ドイツ民法284条は、義務の不履行による超過費用の補償を規定するが、このような特別規定は、日本民法では、大部分が債権者の損害に含まれるから、不要と思われる。また日本民法412条による履行遅滞の要件は、ドイツ民法286条と少し異なっており、特に日本民法では、債務者の履行拒否は、独立の遅滞事由とされていないが、それは大したことではない。なぜなら、約定の期限までに履行がなかったこと、約定の条件が成就したこと、履行期の到来後に債権者が履行を請求したこと、これらの要件のいずれかを満たせば、履行遅滞となるからである。このような日本民法の履行遅滞の要件は、ドイツ民法と比較しても、債権者にとって明らかに不利益

---

26) 日本においても、ドイツの学説の影響を受けて、積極的債権侵害に関する議論があったが、異なる根拠による法律状況を反映したものであった。この点については、たとえば、KITAGAWA, Fn. 13) 69-71、淡路・前掲注22) 90頁〜91頁、奥田昌道編『注釈民法第10巻債権(1)』（有斐閣、1987年）322頁、338〜343頁〔北川善太郎〕参照。しかし、このような議論は、やがて見られなくなった。なぜなら、履行障害としての積極的債権侵害の事例は、通説によれば、民法415条に該当し、日本法では、積極的債権侵害という概念も、特別な慣習法または法律上の請求原因も不要であったからである。

となるものは見当たらない。

契約解除については、日本民法の改正後の規定は、ドイツ民法と異なるものがある一方で、共通するものもある。これは、危険負担の概念および機能がドイツ法と大きく異なるため、やむを得ないことである。ただし、いずれにせよ、改正後の日本民法は、良く調和がとれ、体系的であり、ドイツ民法の該当規定よりも分かりやすい。また、日本民法の受領遅滞の規定は、ドイツ民法の規定と細部で異なるにすぎない。

全体として、日本民法の履行障害法は、改正前からドイツ民法より分かりやすく、それは、ドイツの債務法改正の前後を問わず、そうであり、日本民法に重大な欠陥があったわけではない。債権法改正後の日本の履行障害法と比較しても、同様に評価すべきであると思われる。だからこそ残念であるのは、ドイツの立法者が債務法の現代化の準備作業において、日本法を参考とせず、他の場合にも、常に無視することである。逆に、日本では、民法をはじめ、多くの改正の度に、ドイツ法を重要な参考資料としている。残念ながら、この点において、ドイツと日本の関係は一方通行のままである。

結論として、日本の履行障害法の改正は、大いに歓迎される。日本の履行障害法は、改正によって現代化され、一部ではあるが、従来よりも分かりやすくなった。ただし、改正が絶対に必要であったわけではない。改正前も、少なくとも法律家にとっては、日本の履行障害法は、十分に分かりやすかったし、機能的にも優れていたと言える。

bb）売買の瑕疵担保責任法の改正
(1) 改正前の状況

売買の瑕疵担保責任法、特に物の瑕疵担保責任制度の状況は、改正前は全く異なっていた。改正の第2の目的、すなわち、債権法の現代化という点から見ても、改正の必要性は明らかであった。100年以上もの間（！）、日本の判例・学説は、民法に僅かに規定された瑕疵担保責任法（改正前民法570条、566条）の適用範囲および履行障害法との関係を明確にしようとしてこなかった[27]。た

とえば、瑕疵担保責任が特定物だけに認められるのか、それとも種類物についても認められるのかは、明らかにされていなかった。それは、瑕疵担保責任法が原則として隠れた瑕疵にのみ適用されていたことにもよる。

　改正前の民法の規定については、契約責任説と法定責任説が対立していた。まず契約責任説によれば、売主は瑕疵のない物を引き渡す義務を負っており、瑕疵担保責任は、特定物だけでなく、種類物についても認められる。また瑕疵担保責任は、特別な債務不履行責任とされる。したがって、改正前民法570条・566条は、特に同法415条以下の損害賠償責任および同法540条以下の契約解除などの債務不履行に関する規定に対する特別法であるが、これらを全面的に排除するわけではない。買主の法的救済としては、帰責事由を問わない損害賠償請求権以外に、契約の目的を達成できない場合には、契約解除権（同法566条1項）、該当する場合には、完全履行請求権、修補請求権、代替物交付請求権も可能とされた。その根拠としては、本来の履行請求権がまだ行使されておらず、引渡後も買主に権利が残っているからとされる。

　これに対し、法定責任説によれば、改正前民法400条を理由として、少なくとも特定物については、買主は瑕疵のない物の引渡義務を最初から負っているわけではないため、瑕疵担保責任に関する規定は、特定物にのみ適用される。瑕疵のある種類物については、むしろ債務不履行の一般規定（同法415条以下、540条以下）だけが適用され、これらの場合には、本来の履行請求権が残っているとする。したがって、特定物に瑕疵がある場合には、買主が契約の前提となっている価値に相当する物を得られなかったのであるから、目的物の引渡しによって、契約債務が履行されたことになっても、同法570条・566条により、特定物に瑕疵がある場合の特別の法定責任が生じ、帰責事由がいずれにあるのかを問わず、買主の損害賠償請求権および契約解除権が認められる（同法566条1項）。

---

27)　潮見佳男『債権各論Ⅰ　契約法・事務管理・不当利得〔第2版〕』（新世社、2009年）84頁～92頁、内田貴『民法Ⅱ〔第3版〕債権各論』（東京大学出版会、2011年）124頁～144頁参照。

この重要問題に関する最高裁の明確な判決がなかったので、改正前は、瑕疵担保責任の取扱いに関する裁判所の立場は、あまり明らかでなかった。昭和36年12月15日の不明確な最高裁判決は[28]、瑕疵のある種類物について、本来の履行請求権がもはや存在しないということはできず、それゆえ履行請求権が残っているとするが、この判決によって、多くの学説は、最高裁が種類物に対する瑕疵担保責任の規定の適用を否定し、法定責任説を支持したという結論を導き出した。しかし、この結論は、絶対とは言えない。これによれば、瑕疵担保責任の規定の適用範囲は、極めて狭いことになるであろう。

さらに、改正前民法566条3項に規定された瑕疵担保責任の権利行使期間は、買主が瑕疵を知った時から1年とされていたが、消滅時効の期間は、物の引渡しから起算して、一般の売買については10年、商事売買については5年とされていたから、両者の限界確定の問題もあった。

物の瑕疵担保責任と異なり、権利の瑕疵担保責任制度は、改正前民法560条〜569条に極めて詳しく、それぞれの権利ごとに規定されていた。実際上は、権利の瑕疵担保責任よりも物の瑕疵担保責任に関する規定を分かりやすく、適用しやすくする必要があったにもかかわらず、同法570条は、権利の瑕疵担保責任に関する同法566条を物の瑕疵担保責任の要件に準用するだけであった。他には、権利の瑕疵担保責任と物の瑕疵担保責任の両方に適用される若干の規定が設けられているにすぎなかった（同法571条、572条）。

(2) 改正規定の内容

今回の改正により、民法562条〜566条、568条が修正され、571条が削除されたが、このような売買の瑕疵担保責任法の改正は、全体として歓迎できる。改正後の規定は、分かりやすく、債務不履行法（ないし履行障害法）と整合性を保っている。これによって、売買の瑕疵担保責任法の性質および適用範囲ならびに債務不履行法との限界確定をめぐる理論上の争いの大部分は、片付い

---

28) 民集15巻11号2852頁以下参照。

たと言える。物の瑕疵の法的効果と権利の瑕疵の法的効果は、これらの改正規定により、統一的となった。中心は、物の瑕疵である。物の瑕疵に関する規定は、権利の瑕疵にも準用される（改正後民法565条）。また物の瑕疵に関する規定は、特定物だけでなく、種類物にも適用される。

改正後は、「瑕疵」や「瑕疵担保責任」という概念がもはや使われず、新たに「不適合」や「契約不適合責任」という概念に置き換えられた。このような概念の変更は、実際上不要であるが、理論上の問題はない。物の不適合（瑕疵）の要件は、「引き渡された目的物が種類、品質又は数量に関して契約の内容に適合しない」ことである（改正後民法562条1項本文）。したがって、物の不適合は、もはや隠れたものであることを要しない。不適合な物が引き渡されたら、すべての場合に不適合責任が生じる。すなわち、原則として、「買主は、売主に対し、目的物の修補、代替物の引渡し又は不足分の引渡しによる履行の追完を請求することができる」が（同項本文）、「売主は、買主に不相当な負担を課するものでないときは、買主が請求した方法と異なる方法による履行の追完をすることができる」（同項ただし書）。ただし、「前項の不適合が買主の責めに帰すべき事由によるものであるときは、買主は、同項の規定による履行の追完の請求をすることができない」（同条2項）。

改正後民法563条によれば、買主は、以下の場合には、追完に代えて、不適合の程度に応じた代金減額請求権を有する。第1は、買主が相当の期間を定めて追完の催告をしたにもかかわらず、売主が追完せず、追完が遅滞に陥っている場合である（同条1項）。第2に、催告を要することなく、代金減額請求権を有するのは、① 追完が不能である場合、② 売主が追完を拒絶した場合、③ 定期売買において、期間内に不適合でない物を引き渡さない場合、④ その他、買主が催告をしても追完を受ける見込みがない場合である（同条2項）。ただし、不適合が買主の責めに帰すべき事由による場合には、買主は、これらの減額請求権を有しない（同条3項）。

買主は、追完請求権または減額請求権を行使したか否かを問わず、損害賠償請求権や契約解除権を有する（改正後民法564条）。すなわち、損害賠償請求権

については、同法415条、契約解除権については、同法541条以下の要件を満たす限り、これらの履行障害法の規定によることができる。その結果、物の不適合責任および権利の不適合責任の規定は、一般の債務不履行法に対する特別法、すなわち、不適合な目的物を引き渡したことによる特別な債務不履行に関する規定ということになる。これらの改正後の規定は、内容や機能に欠点が見当たらず、ドイツ法と比べ、簡潔かつ分かりやすいものと言える。

cc）　任意規定

これに関連して付言すべきであるのは、履行障害法および売買の瑕疵担保責任法の改正規定が改正前と同じく任意規定であり、原則として、契約条項によって排除できることである。ただし、個別的な制限としては、たとえ不適合責任を負わない旨の特約をした場合であっても、「知りながら告げなかった事実及び自ら第三者のために設定し又は第三者に譲り渡した権利」については、責任を免れないとする改正後民法572条、公序良俗に反する法律行為を無効とする同法90条、権利の行使および義務の履行について信義誠実を定めた同法1条2項（改正前と同じ）、定型約款の規制（後述Ⅱ．2．c.）がある。これに対し、ドイツをはじめとするEU加盟国は、消費物品売買に関するEU指令を国内法化しているが[29]、このような特別規制は、日本にはまだない。この消費物品売買規制の内容は、特に消費者としての買主を保護するための特別な瑕疵担保責

29）　Richtlinie 1999/44/EG des Europäischen Parlaments und des Rates vom 25. Mai 1999 zu bestimmten Aspekten des Verbrauchsgüterkaufs und der Garantien für Verbrauchsgüter (Abl. EU Nr. L 171/12) – Verbrauchsgüterkaufrichtlinie; Richtlinie (EU) 2019/770 des Europäischen Parlaments und des Rates vom 20. Mai 2019 über bestimmte vertragsrechtliche Aspekte der Bereitstellung digitaler Inhalte und digitaler Dienstleistungen (Abl. EU Nr. L 136/1) – Digitale-Inhalte-Richtlinie; Richtlinie (EU) 2019/771 des Europäischen Parlaments und des Rates vom 20. Mai 2019 über bestimmte vertragsrechtliche Aspekte des Warenkaufs, zur Änderung der Verordnung (EU) 2017/2394 und der Richtlinie 2009/22/EG sowie zur Aufhebung der Richtlinie 1999/44/EG (Abl. EU Nr. L 136/28) – Güterkaufrichtlinie.

任制度である。

dd）　国民一般にとっての分かりやすさ？

　改正前の民法の一部は、明らかに改正の必要があり、かつ分かりやすくする必要があった。しかし、立法者がわざわざ国民一般に分かりやすくすることを改正の目的として掲げる必要があったのかは、疑問である。たとえば、履行障害法および売買の瑕疵担保責任法の規定ならびに体系全体は、国民一般にとって、細部に至るまで分かりやすくなったとは言えないであろう。法律の専門家やレベルの高い素人にとっての分かりやすさ、および適用しやすさという問題に限れば、売買の瑕疵担保責任法の改正は成功したと言えるが、履行障害法の改正は、それほどでもなかったように思われる。なぜなら、履行障害法は、改正前でも十分に分かりやすく、重大な欠陥も見当たらなかったからである。とはいえ、履行障害法の改正は、全体として成功したと言える。

c）　法律専門家の理想からの基本的な逸脱がないこと

　これらの履行障害法および売買の瑕疵担保責任法の改正から分かるとおり、改正後の規定は、法律専門家の理想からの基本的な逸脱はなく、かつ（少なくとも一部は）法律家にとって分かりやすく、適用が容易になったと言える。ドイツ民法と日本民法の両方の基礎をなすパンデクテンの体系は、時には素人に分かりにくいと批判されるが、両国の民法改正後も、基本的に維持されているように思われる。

d）　改正後の民法は国民一般に分かりやすくなったのか？

　「国民に親切な法律」という目的は、すべての国民が法律教育または独学を要することなく、法律の条文を読むだけで簡単に理解できること、という目的（本来は、それが理想的であるのかもしれないが）とは区別すべきであるが、そうであれば、今回の民法改正は、大部分がその目的を達成したと言える。なぜなら、法律家および一定の知識を有する国民にとって分かりやすいことは、法的

明確性および判決の予見可能性の向上につながるため、重要な意味を有しており、全くの素人にとっても、専門家が法律の条文を手に説明しやすくなるという意味では、メリットがあるからである。したがって、分かりにくい法律を正確に規定し、具体化することによって、分かりやすくすることは、素人と専門家の両方にとって歓迎すべきである。

2．債権法の現代化

債権法の現代化は、20年以上前から、日独両国にとって重要な課題であった。両国において100年以上前に民法が施行されて以来、社会・経済の状況は大きく変化した。したがって、日本の債権法改正の現代化が重要であることは、誰しも認めるところであろう。ただし、改正の範囲および内容は、激しい議論の的になった。

ドイツにおける債務法改正の重要なきっかけは、特に消費物品売買指令などのEU法規定を国内法化する必要性であった[30]。このような必要性は、もちろん日本にはないが、債権法改正の目的の1つは、契約法の国際基準への接近であった[31]。それは、現行のEU私法に留まるものではなく、たとえば、欧州契約法原則（PECL）[32]、共通参照枠草案（DCFR）[33]、2011年の欧州統一売買法に

---

30) 消費物品売買に関する指令については、前掲注29）参照。さらに、Richtlinie 2000/35/EG des Europäischen Parlaments und des Rates vom 29. Juni 2000 zur Bekämpfung von Zahlungsverzug im Geschäftsverkehr (ABl. EG Nr. L 200/35) – Zahlungsverzugsrichtlinie; Artt. 10, 11 und 18 der Richtlinie 2000/31/EG des Europäischen Parlaments und des Rates vom 8. Juni 2000 über bestimmte rechtliche Aspekte der Dienste der Informationsgesellschaft, insbesondere des elektronischen Geschäftsverkehrs, im Binnenmarkt (ABl. EG Nr. L 178/1) – E-Commerce-Richtlinie も参照。ただし、ドイツの法務省および立法者は、これらのEU法を国内法化する際に、1対1の国内法化（小改正）に制限するのではなく、売買法などの債務法全体の改正（大改正）の契機とする途を選んだ。R.M. BECKMANN, Vorbemerkungen zu §§ 433, in: von Staudinger, Kommentar zum BGB (Neubearbeitung C.H. Beck, München 2014) Rz. 64-66.

31) たとえば、内田・前掲注11）12頁〜13頁参照。

関する EU 委員会草案など[34]、EU 域内の法統一に関する様々な研究グループの成果が含まれ、さらに国際物品売買契約に関する国連条約（CISG）などの国際的な法発展、米国およびその他の欧州外の最近の法発展が含まれる。

　これらの国際的発展は、日本の債権法改正の際に参照すべきであった。また、それらに関する知識は、日本の政府機関および法律研究者などが十分有していたと思われる。ドイツの債務法改正だけを参照するのは、推奨できない。たしかに、日本の債権法改正にとって、ドイツの債務法改正は、魅力的な参考資料であった。なぜなら、前述のとおり、日本民法の基本体系および債権法の重要部分は、法理論に限らず、ドイツに起源を有するからである。しかし、いずれにせよ、契約法の分野における国際的法発展を参照することは、明らかにメリットがある[35]。

　一方で、日本独自の改正を目指す方向性もあった。たとえば、中間試案第34 では、国際取引（ライセンス契約など）にも関係し得る継続的契約の終了に関する規定の追加が提案され、それは、高田敦教授が 2014 年のシンポジウムにおいて紹介した案でもあった[36]。しかし、このアイデアは採用されず、改正

32）　欧州契約法委員会（いわゆるランドー委員会）が作成した欧州契約法原則（Principles of European Contract Law）の原文については、〈https://www.trans-lex.org/400200/_/pecl/〉参照（2024 年 3 月 29 日閲覧）。この契約法原則は 3 部からなり、第 1 部は 1995 年、第 2 部は 2000 年、第 3 部は 2003 年に公表された。O. LANDO / H. BEALE (Hrsg.), Principles of European Contract Law – Parts I and II (Kluwer Law International, Den Haag 2000); O. LANDO / E. CLIVE / A. PRÜM / R. ZIMMERMANN (Hrsg.), Principles of European Contract Law, Part III (Kluwer Law International, Den Haag 2003).

33）　欧州民法典研究グループ（Christian v. Bar u.a.）による共通参照枠草案（Draft Common Frame of Reference）は、2008 年に公表され、2009 年に改訂版が公表された。後者の原文については、〈https://www.trans-lex.org/400725/_/outline-edition-/〉参照（2024 年 3 月 29 日閲覧）。

34）　Vorschlag für eine Verordnung des Europäischen Parlaments und des Rates über ein Gemeinsames Europäisches Kaufrecht, KOM (2011) 635 endg.

35）　これに対し、日本民法を欧州やその他の国際基準に合わせることの必要性には、批判的な見解もある。SUIZU, Fn. 11) 253 f. 参照。

要綱案では削除された。したがって、改正後の民法はもとより、その他の特別法にも、継続的契約の終了に関する規定は存在しない。ただし、フランチャイズ契約や販売店契約などに関する判例では、見解が分かれており、信義誠実の原則により、契約条項にかかわらず、(正当な理由があることなどの)厳格な要件を満たす場合に限り、契約上定められた期間の経過後に契約解除を認めるべきであるのか否かは争われているから[37]、立法的解決を図ることには、一定の意義があったと思われる。

II. 改正の内容

1. 改正の範囲

日本の債権法改正の範囲は、ある面では、ドイツの債務法改正よりも広い。なぜなら、日本の改正は、民法総則の関連規定も含んでいるからである。たとえば、法律行為および意思表示(改正後民法3条の2、90条、93条、95条～97条、98条の2)、無効および取消しの効果(同法121条の2、122条、124条)、任意代理(同法101条1項・2項、102条、改正前民法105条の削除、改正後民法106条2項、107条、108条、109条2項、112条、117条)、条件(同法130条2項)などである。

しかし、別の面では、日本の改正は、特別法を民法に取り入れなかった点で狭い。そのような特別法は多数あり、特に消費者保護、賃借人保護、労働者保護、個人投資家保護、融資対象者保護などに関するものがある[38]。これに対し、

---

36) 高田淳「継続的契約の終了」只木＝バウム編・前掲注*) 203頁～211頁参照。
37) たとえば、札幌高判昭和62年9月30日判時1258号76頁、札幌高判平成23年7月29日判時2133号13頁、東京高判平成25年6月27日 LEX/DB25501382 参照。
38) 日本では、賃借人保護・個人投資家保護・融資対象者保護は、消費者保護の一部とされている。30年以上の立法行為の結果、このような消費者保護に関する特別法は、鬱蒼とした繁みのようになってしまい、今では、これらを民法に取り入れることは難しくなってしまった。M. DERNAUER, Verbraucherschutz, in: BAUM / BÄLZ (Hrsg.), Handbuch Japanisches Handels- und Wirtschaftsrecht (Carl Heymanns

ドイツの債務法改正では、多数の消費者保護に関する特別法が民法に取り入れられた。たとえば、通信販売法（FernAbsG）[39]、消費者信用法（VerbrKrG）[40]、訪問販売撤回法（HaustürWG）[41]、短期居住権法（TzWrG）[42]、普通取引約款規制法（AGBG）など[43]、これらが債務法現代化法に取り入れられた[44]。賃貸借法は、すでに改正前に大部分が民法に取り入れられている。賃貸借法の改正法は[45]、債務法現代化法と時間的・内容的に近接していたので、結局のところ、賃料法（MHG）も[46]、民法に取り入れられた。これに対し、日本の債権法改正では、すでに賃貸借契約として規定されていた一連の規定が改正の対象となったが（改正後民法601条以下）、不動産賃貸借の重要な特別法である借地借家法は[47]、民法の改正後も温存された。

　ドイツ債務法改正の第3段階は、第2損害賠償法改正法によってもたらされたが[48]、あくまでドイツ民法内の債務法に関するものである。ドイツの新しい規定は、すでに大部分が改正前の日本民法に同様の形で存在していたので、ドイツの法改正は、日本にとって大きな意味を有しない[49]。日本の債権法改正で

　　Verlag, Köln 2011) 567-603 参照。詳細については、Ders., Verbraucherschutz und Vertragsfreiheit im japanischen Recht (Mohr Siebeck, Tübingen 2006) 参照。この点も、日本の立法者がドイツと異なり消費者保護の特別法を民法に取り入れなかった理由の1つと思われる。

39) Gesetz vom 27. Juni 2000 (BGBl. I S. 897).
40) Gesetz vom 17. Dezember 1990 (BGBl. I S. 2840).
41) Gesetz vom 16. Januar 1986 (BGBl. I S. 122).
42) Gesetz vom 20. Dezember 1996 (BGBl. I S. 2154).
43) Gesetz vom 9. Dezember 1976 (BGBl. I S. 3317).
44) Gesetz zur Modernisierung des Schuldrechts vom 26. November 2001 (BGBl. I S. 3138).
45) Gesetz zur Neugliederung, Vereinfachung und Reform des Mietrechts (Mietrechtsreformgesetz) vom 19. Juni 2001 (BGBl. I S. 1149).
46) Gesetz vom 18. Dezember 1974 (BGBl. I S. 3603).
47) 借地借家法（平成3年法律第90号、最終改正・令和5年法律第53号）。
48) Zweites Gesetz zur Änderung schadensersatzrechtlicher Vorschriften vom 19. Juli 2002 (BGBl. I 2674).

見送られたのは、事務管理・不当利得・不法行為といった法定債権の分野である。これは、少なくとも不法行為については、問題である。なぜなら、日本では、不法行為法が契約締結前および契約上の義務違反にも適用され、それゆえ契約法と不法行為法を調和させることが必要となるからである。この問題は、債権法改正の不十分な点を扱う後述Ⅲにおいて詳しく取り上げたい。

2．個々の改正点

2014年のシンポジウムでは、限られた時間で（中間試案に基づき）一部についてのみ議論がなされたが、最終的に成立した改正民法は、多数の条文を設けている。しかし、その多くは、文言の修正や細部に関するものであるか、一部または全面的に、判例や通説を立法化したものである。本稿では、すべての規定を詳しく考察するわけにいかないので、以下では、概要のみを紹介する。

a）　法律行為および意思表示に関する改正

たとえば、公序良俗に反する法律行為を無効とする改正後民法90条は、内容的には改正前と異ならず、新設された意思能力の定義に関する同法3条の2は、すでに判例・学説において一般に認められていた定義と異ならない。

意思表示に心裡留保があっても、これを原則として有効とする改正後民法93条1項は、改正前とほぼ同じであるが、新設された同条2項は、例外的にこれを無効とする同条1項ただし書を善意の第三者に対抗できないとする。学説では、すでに改正前から、虚偽表示に関する同法94条2項の類推適用によ

---

49)　これは、とくに非財産的損害の賠償に当てはまる。すなわち、ドイツでは、今回の改正によって、それが民法280条1項・253条2項に規定されることになったが、日本民法415条・417条は、もともと非財産的損害の賠償を排除しておらず、通説によれば、契約上の義務違反の場合にも、これが認められ得るとされていた。たとえば、我妻＝有泉＝清水＝田山・前掲注24）751頁参照。他方において、日本法における不法行為責任の範囲は、はるかにドイツ法よりも広いので、契約上の義務違反によって非財産的損害が発生した場合には、日本民法709条・711条の不法行為責任も生じ得る。

って、同じ結論が認められていた[50]。

　錯誤に関する改正後民法95条は、条文上は、表示の錯誤と動機の錯誤の区別を撤廃するものであるが、実際には、表示の錯誤が全面的に考慮されるのに対し、動機の錯誤は、（改正前とほぼ同様に）そこに規定された特別な条件を満たす場合にのみ考慮される。ただし、改正後の規定によれば、法律行為の基礎とした事情に対する認識が真意に反する錯誤は、当該事情が法律行為の基礎であることが表示された場合にのみ、取り消すことができる（同条1項2号、同条2項）。このような規定は、改正前の最高裁判例を一部採用したものと言える[51]。

　さらに、改正後民法95条3項によれば、錯誤が表意者の重大な過失による場合も、「相手方が表意者に錯誤があることを知り、又は重大な過失によって知らなかったとき」、または「相手方が表意者と同一の錯誤に陥っていたとき」には、例外的に意思表示を取り消すことができる。改正前の規定のもとでも、前者については、判例・通説は、少なくとも相手方が錯誤を知っていた場合に、取消しを認めていたし[52]、後者についても、学説によって、同様の主張がなされていた[53]。

　改正後の民法95条によれば、錯誤の効果は、意思表示の取消権である。改正前の規定では、無効とされていた。しかし、これも、結果的に改正前と大き

---

50)　内田貴『民法Ⅰ〔第4版〕総則・物権総論』（東京大学出版会、2008年）63頁、我妻＝有泉＝清水＝田山・前掲注24）215頁参照。

51)　最判昭和29年11月26日民集8巻11号2087頁によれば、動機が法律行為の内容となっていることが取消しの要件とされ、また最判昭和38年3月26日判時331号21頁によれば、一定の動機が法律行為の基礎となっていることが表示される必要がある。これらは、改正後の規定と一致する。これに対し、幾つかの判例は、動機が法律行為の主観的な基礎であることが相手方に認識できれば足りるとする。最判平成元年9月14日判時1336号93頁参照。しかし、改正後の規定によれば、相手方の認識だけでは足りないことになる。

52)　山本敬三『民法講義Ⅰ総則〔第3版〕』（有斐閣、2011年）219頁、内田・前掲注50）69頁参照。

53)　山本・前掲注52）220頁参照。

く異なるわけではない。なぜなら、改正前も、判例・通説は、相手方や第三者も主張できるような絶対的無効ではなく、原則として、表意者だけが無効を主張できる相対的無効説によっていたからである。これは、取消しに類似する無効と言われることもあった。ただし、改正前は、改正規定に反映されていないような例外が幾つか認められていた[54]。改正後民法95条4項によれば、意思表示の取消しは、善意でかつ過失のない第三者に対抗することができない。

詐欺・強迫に関する改正後民法96条は、改正前の規定を僅かに修正したにすぎない。すなわち、同条2項によれば、相手方への意思表示に関する第三者の詐欺は、改正前のように、相手方がそれを知っていた場合だけでなく、相手方がそれを知ることができた場合にも、意思表示の取消事由となる。これは、ドイツ民法123条2項に相当する。ドイツ法では、相手方が「知っていなければならない」場合とされているが、日本法上の「知ることができた」場合も、過失による不知を意味するから、文言の違いは重要でない[55]。このような場合の取消しも、すでに改正前から広く認められていた[56]。残念であるのは、相手方に近い一定の者を第三者とはせずに、そのような者による詐欺についても、直接に相手方の責任とする規定が設けられなかったことである。このような規定は、中間試案第3の3では、相手方の媒介受託者や代理人について提案されており、ドイツ民法123条2項にも、同様の規定があるが、ドイツの判例・学説は、もっと広範かつ一般的にこれを認めている[57]。中間試案の注記によれば、

---

54) 山本・前掲注52) 220頁〜224頁参照。

55) 改正後民法96条2項に相当する規定は、すでに中間試案第3の3にあり、それについて、民法（債権関係）の改正に関する中間試案の補足説明26頁は、「第三者の詐欺について善意の相手方に対して意思表示を取り消すことができないこととするのは、当該意思表示が有効であるという信頼を保護するためであるから、その信頼が保護に値するもの、すなわち相手方が無過失であることが必要である」と明確に述べている。この補足説明については、〈https://www.moj.go.jp/content/000109950.pdf〉参照（2024年3月30日閲覧）。

56) 山本・前掲注52) 238頁参照。

57) C. ARMBRÜSTER, in: Münchener Kommentar zum BGB (6. Aufl., C.H. Beck, München 2012) Anmerkungen zu § 123, Rz. 62 ff. 参照。

媒介受託者および代理人以外に、その行為について相手方が責任を負うべき者が詐欺を行った場合を含める案があったとされるから、これは、ドイツで認められているのと同じことになる。しかし、このような案は、結局のところ採用されなかった。さらに、改正後民法96条3項によれば、詐欺による意思表示の取消しは、改正前のように、第三者が善意である場合だけでなく、過失がない場合にも、当該第三者に対抗することができない。これは、錯誤による意思表示の取消しに関する第三者保護を定めた同法95条4項と同じである。

隔地者に対する意思表示の効力発生時期を通知の到達時とする改正後民法97条1項は、実質上改正前と同じであるが、新設の同条2項によれば、相手方が正当な理由なく通知の到達を妨げた場合には、通常到達すべきであった時に到達したものとみなされる。このような到達の擬制は、改正前から判例・学説によって一般に認められてきたのと同じである[58]。

最後に、意思表示の受領能力に関する民法98条の2が改正された。改正前は、意思表示の相手方が当該意思表示を受けた時に、未成年者または成年被後見人であった場合には、当該相手方に対抗することができないが、相手方の法定代理人が意思表示を知った後が除かれていた。改正後は、広く意思能力を有しなかった場合が加えられたが、除外事由として、当該相手方が意思能力を回復し、または行為能力者となったことが加えられた。これらの修正は、前述の意思能力の定義（改正後民法3条の2）に関連し、その意思能力を回復したことによる論理的な帰結であって、実質的な改正を意味するわけではない。

b) 細部の改正点

以上の他にも、民法総則については、多数の入念かつ意味のある改正がある。特に代理（改正後民法101条、102条、改正前民法105条の削除、改正後民法105条、106条～110条、112条、117条）、無効・取消し（同法120条、121条、122条、124条、125条）、条件成就の妨害（同法130条）が挙げられる。

---

58) 大審院判例や最高裁判例を引用するものとして、山本・前掲注52) 130頁参照。さらに、中間試案の補足説明・前掲注55) 32頁の引用する判例も参照。

債権総則については、特定物の引渡しの注意義務に関する民法400条について、文言の修正がなされたのみであるが、法定利率に関する同法404条は、大きくかつ重要な修正がなされた。金銭債務の不履行による損害賠償額に関する同法419条1項は、僅かな修正に留まる。多数当事者の債権債務については、連帯債権に関する諸規定が新設されたが（同法432条～435条の2）、その他の規定は、細部の修正に留まる。債権の消滅については、弁済・相殺・更改に関する規定（同法473条以下）が修正され、特に弁済による代位に関する規定（同法499条以下）の修正が注目される。

契約総則については、最初に契約自由の原則が明文化されたが（改正後民法521条、522条）、実質的に改正前と異なるわけではない。また、最終的には債権総則に規定されたが、契約成立時に債務の履行が不能であったことは、損害賠償請求を妨げない旨の規定が追加された（同法412条の2第2項）。これは、一部の学説や古い判例が主張するように、このような契約が当然に無効であるとする見解を退けるものである。すなわち、改正規定によれば、このような契約は、原則として有効であるが、それによる債権は履行障害法の一般原則の適用を受け、帰責事由に応じて、履行不能による債務者の損害賠償義務が生じる余地を認める[59]。これに対し、契約上の付随義務（中間試案第26の3）、解約の解釈（同第29）、事情変更の法理（同第32）、不安の抗弁権（同第33）に関する規定の追加は見送られた。さらに、契約の成立要件に関する規定（改正後民法523条～532条）および第三者のためにする契約に関する規定（同法537条以下）は、僅かな修正に留まる。

日本民法に規定された契約類型（典型契約）は、ドイツ民法の類型とほぼ同じであり、このような契約各論の改正においても、改正前の契約類型がそのま

---

[59] 中間試案第26の2では、履行不能の契約を有効とする旨を明示的に規定する提案があったが、法的効果に関する規定の提案はなかった。これを変更し、現在のような規定になった経緯については、民法（債権関係）の改正に関する要綱仮案（案）補充説明（民法（債権関係）部会資料83-2）第26〈https://www.moj.go.jp/content/000126620.pdf〉参照（2024年3月31日閲覧）。

ま維持された。特に自由雇用契約（freie Dienstvertrag）や役務提供契約（Servicevertrag）に関する規定は設けられず、単に幾つかの特別規定が設けられたにすぎない。たとえば、委任契約の場合の報酬について、委任事務を処理することができなくなった場合に関する規定が改正された（改正後民法648条3項）。その他の契約各論に関する規定は、僅かな改正に留まる（同法549条以下）。売買契約については、前述のとおり、瑕疵担保責任に関する規定が大きく改正されたが、消費者売買に関する特則を設けなかったのは、消費者法を民法に取り入れないという基本方針に従ったものである。賃貸借については、これまで賃貸人と賃借人の間でしばしば紛争の種となった敷金に関する規定が追加された（同法622条の2）。ただし、これらの契約各論に関する改正の詳細は、本稿では割愛する。

c) その他の改正点

その他にも、重要な改正が幾つかある。もちろん履行障害法および売買の瑕疵担保責任法の改正が含まれるが、それは前述のとおりである。その詳細は、シンポジウムにおいて、京都大学の山本豊教授が（中間試案に基づき）報告した。ミュンヘン大学のステファン・ローレンツ教授は、それに呼応して、この分野におけるドイツの2002年の債務法改正および過去10年以上のドイツの実情を解説した。さらに同教授は、これに基づき、日本の中間試案に対する評価を述べた[60]。

また民法総則については、時効に関する規定（改正後民法144条以下）が大きく改正された。債権総則では、債権者代位権に関する規定（同法423条）および詐害行為取消権に関する規定（同法424条以下）が債権者保護のために大きく改正された[61]。さらに、債権譲渡に関する規定（同法466条以下）が大きく改正

---

60) 以上については、山本豊「債務不履行改正論議の行方とその中間評価」只木＝バウム編・前掲注*）23頁〜43頁、Stephan LORENZ, Systematik und Neuordnung von Leistungsstörungs- und Gewährleistungsrecht im deutschen Recht, in: 同45頁〜86頁参照。

され、有価証券に関する詳しい規定（同法520条の2以下）が追加された。債権譲渡の改正案については、シンポジウムでは、慶應大学の池田真朗教授が報告した[62]。ドイツの債権譲渡法は、債務法改正に関係しないが、フランクフルト大学のモーリッツ・ベルツ教授が比較法的な観点から日本の改正案に関する報告を行った[63]。さらに、併存的債務引受に関する規定（同法470条以下）、免責的債務引受に関する規定（同法472条以下）、契約上の地位の移転に関する規定（同法539条の2）が追加された。最後に、保証契約に関する規定（同法446条以下）が大きく改正された。保証契約に関する改正案については、シンポジウムでは、早稲田大学の山野目章夫教授が報告した[64]。ドイツの保証契約法は、債権譲渡法と同様に債務法改正に関係しないが、ミュンヘン大学のマティアス・ハーベルザック教授がドイツ法に関する報告を行った[65]。ただし、これらの改正の詳細は、本稿では割愛する。

今回の改正によって、初めて日本の民法に普通取引約款（Allgemeine Geschäftsbedingungen, AGB）に関する規定が設けられた（改正後民法548条の2以下）。これは、「定型約款」という名称が付され、「定型取引において、契約の内容とすることを目的としてその特定の者により準備された条項の総体」と定義されている（同法548条の2第1項柱書）。その定型取引とは、「ある特定の者が不特定多数の者を相手方として行う取引であって、その内容の全部又は一部が画一的であることがその双方にとって合理的なもの」とされる（同上）。し

---

61) 時効・債権者代位権・詐害行為取消権に関する改正案については、OKUDA, Fn. 4) 3 ff., 7 ff., 15 ff., 18 ff. 参照。

62) 池田真朗「日本とドイツの債権譲渡法制の比較——民法（債権関係）改正要綱案たたき台を素材に」只木＝バウム編・前掲注*) 87頁〜99頁参照。

63) Moritz BÄLZ, Zur Entwicklung des Rechts der Forderungsabtretung aus deutscher Sicht, in: 只木＝バウム編・前掲注*) 101頁〜117頁参照。

64) 山野目章夫「日本の債権法改正論議における保証の問題の検討状況」只木＝バウム編・前掲注*) 179頁〜187頁参照。

65) Mathias HABERSACK, Der Schutz des Bürgen, in: 只木＝バウム編・前掲注*) 189頁〜201頁参照。

たがって、定型約款に関する規定の適用範囲は、ドイツ民法305条以下および310条の普通取引約款に関する規定よりも狭い。

日本の改正規定は、定型約款の合意の成立・内容の表示・変更に関するものである。定型約款が契約内容となるのは、「定型約款を契約の内容とする旨の合意をしたとき」、または定型約款準備者が「あらかじめその定型約款を契約の内容とする旨を相手方に表示していたとき」に限る。さらに、相手方が定型約款を個別に表示するよう求めた場合において、定型約款準備者が契約締結前にこのような請求に応じないときには、定型約款は、改正後民法548条の2第1項の特別な方法によっても契約の内容とはならない。すなわち、定型約款は、それ自体としては、契約に組み入れられない。(同法548条の3)。これらは、いわゆる定型約款の特別な組入規律(規制)である。

ただし、定型約款の個々の条項は、「相手方の権利を制限し、又は相手方の義務を加重する条項であって、その定型取引の態様及びその実情並びに取引上の社会通念に照らして第1条第2項に規定する基本原則(＝信義誠実の原則・著者注)に反して相手方の利益を一方的に害すると認められる」場合には、契約内容とはならない(改正後民法548条の2第2項)。これは、定型約款の特別な内容規律(規制)である。さらに、同法548条の3は、定型約款の変更の要件を規定する[66]。

特に改正前は、日本の裁判所が民法の一般条項による定型約款の直接的な規制に困難を感じ、極めて消極的であったことを考えれば、定型約款に関する特別規定の新設は、基本的に歓迎すべきである[67]。しかし、このような背景を考えれば、不当な(信義誠実の原則に反する)定型約款を無効とする一般条項以外

---

66) 日本民法における定型約款に関する規定の導入計画については、H. DÖRING, Das Recht der Allgemeinen Geschäftsbedingungen im Rahmen der japanischen Schuldrechtsreform, in: ZjapanR/J.Japan.L. 37 (2014) 203-249 も参照。ただし、同論文は、2013年の中間試案に基づく。

67) M. DERNAUER., Allgemeine Geschäftsbedingungen, in: Baum / Bälz, Fn. 38) 526-532; DERS, Verbraucherschutz und Vertragsfreiheit im japanischen Recht, Fn. 38) 422-431 参照。

に、具体例を挙げるなどの立法措置によって、裁判所の判断を容易にする工夫がなされても良かったと思われる。その他に問題であるのは、消費者契約における契約条項も定型約款の形で存在し得るが、その内容を規制する規定が消費者契約法8条～10条などの特別法に存在することである。これに限らず、日本の立法者は、残念ながら、既存の規定との調整を綿密にしないで、重畳的に新しい規定を設ける傾向がある。

中間試案第27では、契約締結前の義務の定義、および義務違反があった場合における損害賠償請求権の根拠という形での「契約締結上の過失論（culpa in contrahendo）」（それはドイツからの直輸入であるが）の立法化が提案されていたが、結局のところ、このような規定は設けられなかった。日本の学説では、何十年も前から、ドイツの判例・学説の影響を受けて、契約締結上の過失論の立法化が議論されてきたが[68]、その必要性は少ない。すでに多数の最高裁判決は、契約締結前の説明義務違反および契約交渉の不当な打切りについて、不法行為による損害賠償責任を認めていたからである[69]。立法化の見送りは、このような

---

68) DERNAUER, Verbraucherschutz und Vertragsfreiheit im japanischen Recht, Fn. 38) 132-139; T. TSUBURAYA, Die Entwicklung der „culpa in contrahendo" in Japan, in: MÜLLER-FREIENFELS u.a. (Hrsg.), Recht in Japan, Heft 10 (Nomos, Baden-Baden 1996) 39-52 参照。

69) 最判昭和59年9月18日判時1137号51頁（契約交渉の打切り）、最判平成2年7月5日集民160号187頁（契約交渉の打切り）、最判平成16年11月18日民集58巻8号2225頁（説明義務違反）、最判平成17年9月16日判時1912号8頁（説明義務違反。本判決については、M. DERNAUER, Case No. 7: Civil Law – Tort Law / Contract Law – Liability for a Breach of Pre-contractual, Contractual and Non-contractual Information Duties – Liability of Experts – Claim for Damages, in: BÄLZ / DERNAUER / HEATH / PETERSEN-PADBERG (Hrsg.) Business Law in Japan – Cases and Comments (Writings in Honour of Harald Baum) (Kluwer Law International, Alphen aan den Rijn 2012) 65 参照)、最判平成23年4月22日民集65巻3号1405頁（説明義務違反を認めるが、損害賠償請求権は時効消滅したとする)、最判平成24年11月27日判時2175号15頁（説明義務違反）参照。同旨、C. FÖRSTER, Haftung für vorvertragliche Aufklärungspflichtverletzung im japanischen Recht, in: Recht der internationalen Wirtschaft 2013, 44, 47 ff. 参照。

事情を考慮したものと思われる。

　同様に、中間試案第34では、継続的契約の終了に関する規定の導入が提案されていた。しかし、この案も、前述のとおり、その後に削除され、債権法改正には取り入れられなかった。

　d）　まとめ

　改正後の民法の諸規定は、分かりやすくなっただけでなく、多数の合理的な改正によって、より実務に密着し、かつ変化した現実に対応した結果、現代化の要請にも応えている。ただし、若干の主要問題を除けば、個々の点においては、これらの改正が本当に必要であったのか否か[70]、あるいは逆に簡略化しすぎたのではないか、という問題が多数ある。後者は、特に改正を必要とする点があまり取り上げられなかったという問題に関係しており、これについては、以下で詳しく取り上げたい。

Ⅲ．改正法の基本的に足りない点

　最大の欠点は、改正法が既存の多数の特別法を民法に取り入れず、これらの特別法との関係を調整する規定も設けなかったことである。ただし、債権法改正は、特別私法や経済行政法による無意味な重複規制を部分的に阻止するためには、必要な契機であったのかもしれない。たとえば、競合する契約法上の特別規定としては、消費者契約法[71]、特定商取引法[72]、金融サービス提供法[73]、金

---

70)　日本民法は、現に古くなっておらず、実務上も法適用に困難を生じていないとし、債権法改正に根本的な疑問を投げかける意見が一部にある。SUIZU, Fn. 13) 253, 255 参照。

71)　前掲注23）参照。

72)　特定商取引に関する法律（昭和51年法律第57号、最終改正・令和5年法律第63号）。

73)　金融サービスの提供及び利用環境の整備等に関する法律（平成12年法律第101号、最終改正・令和5年法律第79号）。制定当初は、金融商品の販売等に関

融商品取引法[74]、商品先物取引法[75]、ゴルフ会員契約適正化法[76]、利息制限法[77]、貸金業法[78]、出資法[79]、旅行業法[80]、宅地建物取引業法[81]、借地借家法などがある[82]。これらの法律は、全部とは言わないまでも、大部分が消費者法または金融法の領域に分類することができる。

多くの特別法では、一定の取引類型における契約前および契約上の問題に対応するため、クーリング・オフ権（特定商取引法9条など）[83]、取消権（特定商取引法9条の3など）[84]、中途解約権（特定商取引法9条の2、49条など）[85]、消費者や

  する法律（金融商品販売法）と称していたが、令和2年法律第50号により、題名が改正された。
74) 金融商品取引法（昭和23年法律第25号、最終改正・令和5年法律第79号）。制定当初は、証券取引法と称していたが、平成18年法律第65号により、題名が改正された。
75) 商品先物取引法（昭和25年法律第239号、最終改正・令和5年法律第79号）。
76) ゴルフ場等に係る会員契約の適正化に関する法律（平成4年法律第53号、最終改正・令和4年法律第68号）。
77) 利息制限法（昭和29年法律第100号、最終改正・平成18年法律第115号）。
78) 貸金業法（昭和58年法律第32号、最終改正・令和5年法律第79号）。制定当初は、貸金業の規制等に関する法律と称していたが、平成18年法律第115号により、題名が改正された。
79) 出資の受入れ、預り金及び金利等の取締りに関する法律（昭和29年法律第195号、最終改正・令和4年法律第68号）。
80) 旅行業法（昭和27年法律第239号、最終改正・令和4年法律第68号）。
81) 宅地建物取引業法（昭和27年法律第176号、最終改正・令和5年法律第79号）。
82) 前掲注47) 参照。
83) 詳細については、DERNAUER, Verbraucherschutz und Vertragsfreiheit im japanischen Recht, Fn. 38) 327-382; DERS., Verbraucherschutz, Fn. 38) 575-580; K. NAKATA, Widerrufsrechte im japanischen Vertragsrecht, in: RIESENHUBER / NISHITANI (Hrsg.) Wandlungen oder Erosion der Privatautonomie: Deutsch-japanische Perspektiven des Vertragsrechts (de Gruyter 2011) 175-186 参照。
84) 詳細については、DERNAUER, Verbraucherschutz und Vertragsfreiheit im japanischen Recht, Fn. 38) 254-258, 304-308, 391-393; DERS., Verbraucherschutz, Fn. 38) 581-583, 589 参照。
85) 詳細については、DERNAUER, Verbraucherschutz und Vertragsfreiheit im japa-

個人投資家の損害賠償請求権（金融サービス提供法6条など）が定められ[86]、これらの権利は、特に契約前の説明義務違反があった場合に認められたり（取消権、損害賠償請求権）、特に原因となる事由を限定せず、一定の取引類型について認められたりしている（クーリング・オフ権、解約権）。

また多くの特別法では、一定の取引類型における契約の締結・契約の内容・契約の履行を監視するため、行政法規定や刑罰規定が設けられている。たとえば、誇大広告の禁止（特定商取引法12条など）、表示義務（特定商取引法11条など）、書面交付義務（特定商取引法4条、5条など）、契約締結時の（一部は書面による）説明義務（旅行業法12条の4、宅地建物取引業法35条など）、（特に契約締結前の）不実告知の禁止（特定商取引法6条1項など）、（特に契約締結前の）事実不告知の禁止（特定商取引法6条2項など）、（特に契約締結前の）断定的な判断提供の禁止（金融商品取引法38条2号など）、（特に契約締結前の）不合理な利益保証の禁止（金融商品取引法39条など）、（契約の締結・解約の阻止・契約の履行を目的とする）困惑を招く行為や威迫の禁止（特定商取引法6条3項など）、当該顧客に適合しない金融取引の勧誘の禁止（金融商品取引法40条など）、定型約款の表示および（認可を受けた）約款の使用の義務（電気事業法20条〜22条など）[87]、一定の要件を満たす場合の契約締結義務（電気事業法18条など）がある。これらの禁止規定や命令規定に違反した場合については、民事法上の効果とは別に、行政法上の制裁や強制措置、あるいは刑事上の制裁が定められている[88]。特筆すべきであるのは、事実上すべての自治体において、消費生活条例が定められており、そこには、国の特別法や関連規則と同様の公法規定が設けられていることである[89]。

---

nischen Recht, Fn. 38) 383-390; DERS., Verbraucherschutz, Fn. 38) 597-598 参照。

86) 詳細については、DERNAUER, Verbraucherschutz und Vertragsfreiheit im japanischen Recht, Fn. 38) 399-403; DERS., Verbraucherschutz, Fn. 38) 583-585 参照。

87) 電気事業法（昭和39年法律第170号、最終改正・令和4年法律第74号）。

88) 詳細については、DERNAUER, Verbraucherschutz und Vertragsfreiheit im japanischen Recht, Fn. 38) 433-457, 412-417; DERS., Verbraucherschutz, Fn. 38) 585-587, 589-590, 593-594, 596-597, 598-599 参照。

89) 詳細については、DERNAUER, Verbraucherschutz und Vertragsfreiheit im japa-

民法の内部においても、契約法や民法総則の規定と不法行為法との調整がなされていない。これは、特に債務不履行に関する改正後民法415条以下および540条以下、錯誤に関する同法95条、詐欺・強迫に関する同法96条を一方とし、不法行為法を他方とする関係について言える。このような調整は、取引的不法行為に関する混乱した判例の状況を見れば、急を要すると思われる。すなわち、判例では、不法行為の特別な事件類型が形成され[90]、いわゆる契約弱者を保護するために、時には不法行為法の理論的枠組みを越え、立法者の怠慢から救済するための純粋な合理性判断を行う例が見られる。さらに、個々の契約前の義務違反について、不法行為責任を考慮する前述の判例があることを指摘しておく[91]。後者は、理論的な観点からは、いわゆる取引的不法行為の事案に関する判例とは区別されるが、同じ結果が導かれている。幸いなことに、契約締結上の過失に関する特別な責任規定を導入する案は見送られた。このような規定が導入されたとしたら、重複が生じていたであろう。一例として、金融商品取引業者や証券会社が個人に株を売る場合に説明義務に違反している、という良く知られたケースを取り上げよう。ここでは、規定の重複があり、民法内では、錯誤に関する規定、詐欺に関する規定（契約の取消権）、不法行為責任に関する規定（損害賠償請求権）が重複し、民法外では、消費者契約法3条・4条の取消権などの規定、金融サービス提供法4条・5条の義務違反による6条の損害賠償請求権に関する規定、金融商品取引法37条の3以下・38条の行

---

nischen Recht, Fn. 38) 473-482 参照。

90) この点については、DERNAUER, Verbraucherschutz und Vertragsfreiheit im japanischen Recht, Fn. 38) 181-244、齋藤雅弘「消費者取引と不法行為」日本弁護士連合会編『消費者法講義〔第3版〕』（日本評論社、2009年）125頁～150頁、M. デルナウアー「商品先物取引の不当勧誘と消費者保護――ドイツ法との比較」国際商事法務31巻5号659頁～667頁、同巻6号807頁～815頁、同巻7号960頁～969頁（2003年）参照。さらに、奥田昌道編『取引関係における違法行為とその法的処理――制度間競合論の視点から』（有斐閣、1996年）に掲載された諸論稿参照。

91) 前述Ⅱ.2.および注69)参照。

政法上および刑事法上の命令・禁止規定、消費生活条例における行政法上の制裁規定が重複する。

　このような法律のジャングルを見たら、消費者や一般国民に分かりやすい契約法という改正の目的は、どこにあるのかと思ってしまう。契約上および契約前の法律問題について、民法と特別法の私法上または経済行政法上の規定が並立し、かつ不法行為法との調整が欠けていることによって、専門家でさえも、その構造を見通すことができず、法適用が困難となり、あまり予見可能性がない状態になっている。日本では、民法および特別法上の契約法に加えて、第3の重要な法分野、すなわち、契約の経済行政法上の規定がある。このような全体像は、本当に現代的な契約法として、今後50年ないし100年のモデルと言えるのであろうか、その点がまさに問題である。

おわりに

　日本の債権法改正は、間違いなく興味深く良質なものであった。たとえば、売買の瑕疵担保責任法の改正、債務不履行法の調整、定型約款の特別規定の導入、債権譲渡法の現代化などである。これによって、民法は、部分的には、現代化されただけでなく、理解や適用が容易になったと言える。

　しかし、全体として、債権法改正は、決して大当たりだったわけではない。多くの条文では、単に細部の改正にすぎなかったり、自明の法原則ないし100年間に確立された判例・通説の立法化にすぎなかったりする。既存の多数の特別法は、契約法規定を含むにもかかわらず、民法との十分な調整がなされることなく、放置された。したがって、法令のジャングルには、陽がさしていない。民法内の重要な限界確定の問題も解明されなかった。2006年から2009年にかけて学界で作成された『債権法改正の基本方針』から始まり[92]、中間試案

---

92) 民法（債権法）改正検討委員会編『債権法改正の基本方針』（商事法務、2009年）は、鎌田薫教授を委員長とし、法制審議会に民法（債権関係）部会が設けられるきっかけとなった。その他にも、民法改正を目指す研究グループが幾つかあ

を経て、2015年2月に公表された要綱案に至る改正の経緯を見れば、改正作業は、徐々に細分化されていったように思われる。

　そのため、日本の債権法改正がドイツや欧州の民法改正、特に近年 EU において議論が高まっている欧州民法典や EU 統一契約法の制定にとって、見本になるのかを問えば、評価が分かれるであろう。好意的に見れば、日本の債権法改正は、極めて簡明で分かりやすい文言および構造からなる。この点は、ドイツや欧州の立法者が将来の法改正をする際に、参考となり得る。これに対し、内容的には、日本の債権法改正は、日本にとっては、1つの進展であるのかもしれないが、ドイツや欧州の立法者あるいは法学界にとっては、あまり新規性がない。細部については、ドイツ法ないし欧州法に取り入れるべきものがあるかもしれない。日本は、欧州およびドイツの状況を詳しく観察し、後者の立法の欠点を避けている。しかし、全体として見れば、民法の分野では、日本は、欧州の主要国の状況および学問的議論から大幅に遅れている。これは、19世紀末の民法制定の際と同様であり、今日まで緩やかに変わりつつあるにすぎない。

　日本の債権法改正は、多くの私法的・経済行政法的な特別法を民法に取り入れなかったこと、これらの特別法を民法の規定と調整しなかったこと、民法の契約法規定と不法行為法規定を調整しなかったこと、現在だけでなく、すでに顕在化している将来を見据えた改正ができなかったこと、以上を考えれば、真に現代的な契約法を創設したとは言えない。改正法は、次の100年のモデル法として作成されたものではなく、これまでの立法の怠慢を取り戻すための過去100年の総決算にすぎないと評されても仕方ない。欧州の将来のモデルとしては、日本の改正法は、全体として、あまり推奨できないが、若干の個別規定は、モデルとなり得るであろう。

　　り、特に加藤正信教授の率いる民法改正研究会、ならびに金山直樹教授および松久三四彦教授の率いる時効研究会があった。KANO, Fn. 3) 253; SUIZU, Fn. 13) 252 f. 参照。

第 5 章　75 年間改正のなかった
　　　　 日本国憲法の平和条項

ルース・エフィノーヴィチ[*]

はじめに

日本の軍事費は、2019 年に 476 億ドルに達し、世界第 9 位となりました[1]。日本政府は、2021 年には、517 億ドルの予算を決定しています[2]。憲法三原則の 1 つは、憲法 9 条の平和主義であり、それは、特に陸海空その他の軍事力の禁止を含みますが、今回の軍事費の増額によって、緊張関係が明確となりまし

---

[*] 本稿は、Ruth EFFINOWICZ, 75 Jahre unveränderte japanische Verfassung. Herausforderungen für die Auslegung des Friedensartikels, in: AIZAWA, Keiichi / JAPANISCHES KULTURINSTITUT KÖLN (Hrsg.), Gemeinsame Herausforderungen (Iudicium, München 2023) 23-46 をもとに、奥田が日本語訳（意訳）を作成し、著者本人がチェックするとともに、内容的にも加筆修正したものである。原著の作成について、著者は渡邊互教授を謝意を表したい。原著は、2021 年 4 月 21 日にケルンの日本文化協会で行われた講演原稿を加筆修正したものであるため、日本語版においても、講演のスタイルを維持した。講演内容は、Ruth EFFINOWICZ, The Use of Armed Forces Abroad: The Legal Framework of Japan (Nomos 2023) Chapter 2 / Chapter 4.A.I. に基づいている。なお、著者の名は、ドイツ語風に読めば、「ルート」となるが、本人の希望により、英語風に「ルース」と表記した。

1) SIPRI, Trends in World Military Expenditure, 2019, April 2020, p. 2 〈https://www.sipri.org/sites/default/files/2020-04/fs_2020_04_milex_0.pdf〉参照（2023 年 11 月 7 日閲覧）。

2) Reito KANEKO, Japan approves record defense budget for fiscal 2021 amid China threats, in: Japan Times, 21.12.2020 〈https://www.japantimes.co.jp/news/2020/12/21/national/japan-record-defense-budget/〉参照（2023 年 11 月 7 日閲覧）。

た。

　日本の防衛法は、以前から幾度も内外において注目を集めています。これが特に顕著になったのは、2014年の憲法解釈の変更であり、2015年の防衛法改正につながりました。中国や韓国などの近隣諸国が軍国主義の復活に対する懸念を表明する一方で、日本の中でも、数十年にわたり強い抗議の声があります。防衛環境やその歴史的な背景は、防衛法とその改正を高度な政治問題にしています。

　今日の講演は、この緊張関係とそれを和らげるための憲法解釈の意義をテーマとします。まず、憲法9条を概観し、法的問題点を要約した後、今日に至るまで実現していない憲法改正の可能性について述べたいと思います。さらに、憲法9条の解釈を取り上げますが、その際には、誰が解釈権者であるのかだけでなく、政府の公式見解が及ぼす影響についても言及します。特に重点を置くのは、2014年の憲法改正論議であり、それに向けられた激しい批判の嵐です。その際には、今日の共同報告者である渡邊亙教授が行う憲法9条の立法経緯に関する講演内容、およびその経緯が今日の解釈にどのような可能性をもたらすのかにも言及します[3]。最後に、特に自衛隊派遣の実情について概観し、まとめとします。

Ⅰ．憲法9条の概要

年表：

1945年　第二次世界大戦終結

1946年11月3日　憲法公布

1947年5月3日　憲法施行

1951年　サンフランシスコ平和条約、（旧）日米安全保障条約

1952年　占領終結

---

3) Vgl. AIZAWA / Japanisches Kulturinstitut Köln, Fn. *) 47-54.

1954 年　自衛隊法制定、自衛隊創設
1960 年　(新) 日米安全保障条約
1992 年　PKO 協力法
2014 年　憲法 (解釈変更) 閣議決定
2015 年　防衛法改正

　アジア太平洋戦争は、1945 年に日本の敗戦によって終結し、米軍の統治が始まりました。占領軍は、民主的かつ平和的な政府および社会を作るために、古い政治体制および軍事体制の解体を命じました。これは、特に新しい憲法の制定によって、実現されるべきものでした。占領統治の当初は、完全に日本人の手によって憲法を作るつもりでしたが、GHQ は、すぐに草案に対し不満を露わにし、やがて独自の草案を作って、それが議論の土台となり、最終的に日本国憲法となりました[4]。

　この立法経緯の様々な問題点が議論の的になっていますが、いずれの日本の学校でも、憲法の基本原則として教えられるのは、国民主権・人権・平和主義の3つです。これらの原則は、明文で憲法の根幹として規定されているわけではありませんが、その精神は、条文の隅々に行き渡っています。平和主義は、主に憲法 9 条に規定され、戦争および武力の放棄を高々と唱い上げています。すなわち、「日本国民は、正義と秩序を基調とする国際平和を誠実に希求し、国権の発動たる戦争と、武力による威嚇又は武力の行使は、国際紛争を解決する手段としては、永久にこれを放棄する」(同条 1 項)。「前項の目的を達するため、陸海空軍その他の戦力は、これを保持しない。国の交戦権は、これを認めない」(同条 2 項)。

　それにもかかわらず、朝鮮戦争をきっかけとして、米国の同意と圧力があり、日本は、再軍備の道を歩み始めました。当初は、憲法 9 条に抵触しないように、警察予備隊として組織されましたが、1954 年に自衛隊 (Selbst-

---

4) 憲法および特に 9 条の立法経緯の詳細については、前掲注 3) の渡邊互教授の講演参照。

verteidigungskräfte）と改称されました[5]。

　同年には、自衛隊法（法律第 165 号）を中心とする自衛隊創設の法的枠組みが整備されました。自衛隊法は、自衛隊の活動の（ほとんど）すべての法的根拠を定めたインデックスの役割を果たしています。時が経つに連れ、法律の内容が拡大され、追加の法令も制定されました。1951 年および 1960 年の日米安全保障条約などの国際法上の条約も、日本の防衛法の重要な法源の一部となっています[6]。

　1990 年代以降は、内外の政治情勢の変化を受けて、防衛法の改正回数が増えました。先陣を切ったのは、1992 年のいわゆる PKO 協力法です[7]。同法は、1990 年の湾岸戦争への対応の遅れが「トラウマ」となって制定されました。紛争の発生当初は、日本が財政支援しか行わなかったので、諸外国から厳しく非難されました。これは、今日なお政治的議論に影響のある出来事でした。

　PKO 協力法の制定後は、通常の PKO 活動以外に、2003 年のイラク戦争の際に、米英の軍事介入に続き、日本も自衛隊を派遣しましたが、人道的な復興支援だけでなく、同盟国の軍隊の空輸にも携わりました。

　同時に、憲法の厳格な条文は改正されなかったので、それは必然的に、自衛隊派遣を目的とした法律の運用と憲法の条文の間に緊張関係を生み出しています。

---

5) （訳注）原著では、これ以降、英語名（Self-Defense Forces）の略称である SDF が使われているが、本稿では、「自衛隊」と表記する。

6) 1951 年 9 月 8 日の日本国とアメリカ合衆国との間の安全保障条約（Security Treaty Between the United States and Japan）の英語正文については、〈https://avalon.law.yale.edu/20th_century/japan001.asp〉、1960 年 1 月 19 日の日本国とアメリカ合衆国との間の相互協力及び安全保障条約（Treaty of Mutual Cooperation and Security Between the United States and Japan）の英語正文については、〈https://www.mofa.go.jp/region/n-america/us/q&a/ref/1.html〉参照（以上、2023 年 11 月 7 日閲覧）。

7) 正式名称は、国際連合平和維持活動等に対する協力に関する法律（1992 年法律第 79 号）である。英語では、一般に Act on Cooperation with United Nations Peacekeeping Operations and Other Operations と称される。

Ⅱ. 憲法の改正

　この緊張関係を緩和し、同時に自衛隊およびその根拠法令を維持する最も簡単な方法は、間違いなく正式な憲法改正ですが、憲法9条を全く自由に改正してよいのか、あるいは内在的な制約があるのか、という問題が生じます。なぜなら、憲法9条の平和主義は、まさに憲法の基本原則だからです。このような線引きをどこに行うのかは、議論のあるところです。しかし、制限を主張する人たちでさえも、基本的に憲法9条の改正自体は可能と考えているようです。

　現に憲法改正は、1955年の自民党の結党以来、ほぼすべての歴代政権において取り組むべき重要課題とされてきました。しかし、戦後の大部分の期間は、自民党が国会で安定多数を占めていたにもかかわらず、最近に至るまで、憲法改正派の議員たちが両院における3分の2の要件を満たすことはできませんでした。憲法96条1項は、次のとおり規定しています。すなわち、「この憲法の改正は、各議院の総議員の3分の2以上の賛成で、国会が、これを発議し、国民に提案してその承認を経なければならない。この承認には、特別の国民投票又は国会の定める選挙の際行はれる投票において、その過半数の賛成を必要とする」。

　結局のところ憲法9条の改正を目的とする憲法改正という最も重要な論点が、この政治的な手詰まり状態によって、過去数十年の間に、最大与党の政治的アイデンティティに関わる問題として浮上してきました。また憲法96条1項は、国民投票を憲法改正の要件としています。戦争と侵略の恐怖による平和主義への支持がいまなお強い社会において、過半数を得るのは、容易なことではありません。なぜなら、国民投票の場合には、国政選挙で自民党候補者に有利に働く公職選挙法が適用されないからです[8]。

---

[8] Catalinac, Amy / Bueno de Mesquita, Bruce / Smith, Alastair, A Tournament Theory of Pork Barrel Politics: The Case of Japan, in: Comparative Political Studies (2020) 1.

III. 憲法の解釈

以上にかかわらず、日本を再軍備し、自衛隊の装備および出動計画を拡大したい、という政治的な意図は存在し続けています。憲法が改正されなかったので、肥大化する軍隊を憲法の条文と整合させるためには、憲法解釈の不断の発展によるしかありませんでした。

A. 解釈権者

1. 内閣法制局

この問題について、政府は、内閣法制局の補佐を受けています[9]。この組織は、特に法律案の作成やその解釈について、総理大臣およびその内閣を支え、助言することを職務とし、法律の合憲性も調べます。内閣法制局の前身は、フランスの国務院（Conseil d'État）にならったものでしたが、戦後は、その影響力が多きすぎるという理由から、米軍の占領下において廃止されました。そのため、現行憲法では、内閣法制局のことは規定されていません。米軍の占領が終結した直後に、日本政府は、内閣法制局を新たに諮問機関として設置しましたが、その権限は、戦前の組織と比べて、はるかに縮小されました。

内閣法制局は、4つの部からなり、第2部から第4部までは、それぞれ特定の大臣を補佐し、法案の作成を援助します。閣議決定や条約なども同じです。特に法律用語の統一は、厳格に行われます。これに対し、第1部は、法令や憲法の解釈について助言します。内閣法制局の職員は、国会で政府に代わって答弁したり、政府見解を作成したり、調査を行ったりします。このような特性により、内閣法制局は、多くの極めて重要な憲法解釈に関する答弁例集を作成し

---

9) （訳注）原著では、これ以降、英語名（Cabinet Legislation Bureau）の略称であるCLBという用語も使われているが、本稿では、「内閣法制局」で統一する。

ています[10]。

　これらの解釈に関する答弁例は、特に憲法9条について、包括的かつ詳細です。内閣法制局の見解は、法的拘束力を有するわけではありませんが、政府がそれを採用することによって、事実上の公権的解釈となっています。日本では、頻繁に政権が交代し、安倍総理の長期政権は、数少ない例外です。長年にわたる内閣法制局の作業結果は、行政府による憲法解釈という考え抜かれたシステムを生み出し、その際に、内閣法制局は、高度の専門性を駆使して、用語および内容の一貫性を追求しました。ただし、その解釈は、単なる寄せ集めとならざるを得ませんでした。また内閣法制局は、基本的に内閣に従属しているため、その指示に従わざるを得ません。したがって、政府の行動や法律の合憲性に対する制御の機能は、一部は法制化されていますが、限度があります。

2．最高裁判所

　以上の制約があるにもかかわらず、内閣法制局の解釈が大きな意味を持っているのは、驚くべきことです。憲法自体は、合憲性および憲法解釈に関する最終判断の権限を最高裁判所に委ねているので、なおさらです。憲法81条は、次のとおり規定しています。すなわち、「最高裁判所は、一切の法律、命令、規則又は処分が憲法に適合するかしないかを決定する権限を有する終審裁判所である」。しかし、実際には、最高裁判所は、行政府や立法府の行動の違憲性に関わる問題について判断することには、極めて消極的です。政治的に微妙な問題であれば、一層その傾向が強まります。

　これは、憲法9条について言えば、憲法解釈や法律の合憲性に関する判断だけでなく、具体的な自衛隊派遣の合憲性に関する判断にも当てはまります。防衛法関連の事件では、最高裁判所は、自己の審査権限を何度も明確に制限しています。そこでは、狭い訴訟要件が適用されていますが、実体法的には、たとえば統治行為論（political question doctrine）によることも可能です。

---

10) たとえば、『憲法関係答弁例集（第9条・憲法解釈関係）――〔平成28年9月〕内閣法制局 執務資料』（信山社、2017年）参照。

その結果、憲法9条の解釈上の多くの論点について、いまなお裁判所の判断が下されていません。たとえば、1959年に最高裁判所は、日本の自衛権を肯定する判決を下しましたが[11]、自衛隊の存在自体の合憲性は、未解決のままです。幾つかの下級審判決は、自衛隊を違憲とする判決を下しましたが、上級審で破棄されています[12]。これまでのところ、具体的な自衛隊派遣の合憲性や合法性について実体法上の判断を下した判例は、さらに稀にしか見られません。その数少ない1つである2008年の名古屋高裁判決は、イラクへの自衛隊派遣の差止めを求めた訴えを却下した原審判決を支持しましたが、傍論では、イラクへの自衛隊派遣の一部を違法かつ違憲としています。ただし、裁判所は、政府および内閣法制局の憲法解釈を前提としており、その解釈がいかなる範囲で憲法に適合しているのかを明らかにしていません[13]。

---

11) 最大判昭和34年12月16日刑集13巻13号3225頁（砂川事件）参照。ドイツ語訳については、Hisao KURIKI, Sunagawa-Fall – Art. 9 JV und Stationierung amerikanischer Streitkräfte in: Ulrich EISENHARDT et al. (Hrsg.), Japanische Entscheidungen zum Verfassungsrecht in deutscher Sprache (Carl Heymanns Verlag 1998) 504-509 参照。

12) 札幌地判昭和48年9月7日民集36巻9号1791頁（長沼ナイキ基地訴訟）参照。英語訳については、Richard BRIGGS / Lawrence W. BEER, Case 3. Ito et al. v. Minister of Agriculture, Forestry and Fisheries (1973). The Naganuma Nike Missile Site Case, I, in: Lawrence W. BEER / Hiroshi ITOH (ed.), The Constitutional Case Law of Japan, 1970 through 1990 (University of Washington Press 1996) 83 参照。上級審は、この第一審判決の違憲論を退けた。札幌高判昭和51年8月5日民集36巻9号1890頁、最判昭和57年9月9日民集36巻9号1679頁参照。最高裁判決の英語訳については、Theodore MCNELLY, Case 4. Minister of Agriculture, Forestry and Fisheries v. Ito et al. (1976). The Naganuma Nike Missile Site Case, II, in: BEER / ITOH, a.a.O. 112 参照。

13) 名古屋高判平成20年4月17日裁判所ウェブサイト〈https://www.courts.go.jp/app/files/hanrei_jp/331/036331_hanrei.pdf〉参照（2023年11月9日閲覧）。英語訳については、Hudson HAMILTON, Mōri v. Japan. The Nagoya High Court Recognizes the Right to Live in Peace, in: Pacific Rim Law & Policy Journal 19 (2010), 549-563 参照。（訳注）本判決が原審の却下判決を支持したのは、本件の派遣によって具体的権利としての平和的生存権が侵害されたと認められないこと

B．解 釈

1．憲法9条の様々な解釈

　時の経過とともに、様々な解釈が主張され、その分類方法には、争いがありますが、そのうちの1つの分類方法によれば、大きく3つのグループに分けることができます[14]。

　第1の解釈は、憲法9条1項は目的を問わず軍事力の絶対的禁止を定めたものであり、それゆえ一切の軍隊が禁止されるというものです。

　第2の解釈は、憲法9条1項は自衛を目的とする場合に限り軍事力を容認するというものです。しかし、同条2項がいかなる戦力をも禁止しているので、結局のところ、軍事力は認められません。ただし、緊急の場合には、臨時の民兵（ad-hoc-Milizen）が考えられます。

　第3の解釈は、憲法9条1項が自衛を目的とする場合に限り軍事力を容認するという点では、第2の解釈と同じです。ただし、同条2項前段については、侵略戦争の実行のための戦力だけを禁止するという点が異なります。すなわち、専ら自衛を目的とする戦力は保持できることになります。この点は、同条2項前段が「前項の目的を達するため」としていることに根拠が求められます。この文言の挿入は、戦力が同条1項の目的に反する場合に限り、その禁止が及ぶという意味に解され、侵略行為があった場合にのみ当てはまります[15]。

　しかし、政府は、これらの解釈によらずに、独自の解釈を展開しています。それは、第2の解釈と第3の解釈の中間に位置します。それによれば、（個別

　　　が理由とされている。
14) Tomoaki KURISHIMA, Gegenwärtige Diskussion über Artikel 9 der japanischen Verfassung. Die „Neuinterpretation" als Rechtsproblem, in: ZJapanR/J.Japan.L. 42 (2016) 37, 43-45, 49-52.
15) この点については、AIZAWA / Japanisches Kulturinstitut Köln, Fn.*) 53 の渡邊亙教授の講演参照。

的）自衛権の行使は、憲法9条1項の禁止には抵触しません。自衛を目的とした戦力は、最低限の自衛のためにのみ装備される場合には、同条2項前段の意味における戦力の制限を超えていないとされます。

2．個別的自衛権

　政府の解釈によれば、自衛隊は保持して構わないため、日本を自衛することは可能であることが分かります。自衛権とは、他国または国家と類似する集団による軍事攻撃に対し、戦力を使用することを意味します。この場合に戦力を使用する権利は、すべての国が国際法上有する内在的権利である自衛権が日本にもあることによって、根拠づけられます。

　このような評価は、その限りでは、国際法に合致します。国際法上は、国家による武力の行使は、遅くとも国連憲章によって著しく制約され、限られた状況でしか許されません。古典的には、3つの状況が考えられますが、他の場合があるのか否かについては、議論があり、またこれらの3つの状況についても、内容が細かく分かれます。

　第1に、1つの国からの武力攻撃に対する自衛があります。A国は、攻撃国であるB国に対し自衛することができます。第2に、他の国が第三国から攻撃を受けた場合に、当該他国の要請により、軍事的援助を行うために駆け付けることがあります。すなわち、集団的自衛権です。A国は、B国が攻撃を受けた場合に、攻撃国であるC国に対抗するため、援助を行います。第3に、国連の安全保障理事会の授権により、一ないし複数の国が軍隊を派遣することがあります。すなわち、集団的安全保障です。

　第3の国連の授権による軍隊の派遣はひとまず置き、他の2つの場合を国際法上許される軍事力の行使とします。すなわち、個別的自衛権と集団的自衛権です。アジア太平洋戦争ないし第二次世界大戦での敗戦にもかかわらず、この自衛権が日本にもあることを強調するために、1951年のサンフランシスコ講和条約ならびに1951年および1960年の日米安全保障条約などの国際法上の条約に依拠する専門家も一部にいます。これらの条約は、すべて日本の自衛権を

明文で承認しています[16]。

　日本は、憲法9条によって、この国際法上の権利を放棄したわけではない、というのが政府の公式見解ですが、これは、上記の国際法上の根拠に基づいています。たしかに憲法9条の文言は、一見したところ、このような権利の放棄があったかのような考えを抱かせますが、それは、憲法制定者の意図であったわけではないとされます[17]。また、仮にそうであったとしても、国家自体や国民を攻撃の危険に晒すことが国家の自己認識（Selbstverständnis）ということにはならないはずだというのです。さらに憲法の他の条文を読めば、日本国は、自国民を守る義務を負っていることが分かります。そのために必要とあれば、自衛権を行使することも要請されるでしょう。このような政府の論理は、憲法の前文において、「全世界の国民が……平和のうちに生存する権利を有する」という認識が示されていること、および憲法13条において、「生命、自由及び幸福追求に対する国民の権利」に対する最大の尊重が規定されていることから導かれます。憲法9条は、この前後関係で読めば、自衛権を認めているに違いないと結果として述べられています[18]。

　とはいえ、自衛権の行使は、あくまでも最後の手段（ultima ratio）であり、

---

16)　日本国との平和条約5条c項「連合国としては、日本国が主権国として国際連合憲章第51条に掲げる個別的又は集団的自衛の固有の権利を有すること及び日本国が集団的安全保障取極を自発的に締結することができることを承認する」。1951年（旧）日米安全保障条約前文「……平和条約は、日本国が主権国として集団的安全保障取極を締結する権利を有することを承認し、さらに、国際連合憲章は、すべての国が個別的及び集団的自衛の固有の権利を有することを承認している。これらの権利の行使として、日本国は、その防衛のための暫定措置として、日本国に対する武力攻撃を阻止するため日本国内及びその附近にアメリカ合衆国がその軍隊を維持することを希望する……」。1960年日米安全保障条約前文「……両国が国際連合憲章に定める個別的または集団的自衛の固有の権利を有していることを確認し、……次のとおり協定する」。
17)　ただし、この点には争いがある。
18)　田村重信＝高橋憲一＝島田和久『日本の防衛法制〔第2版〕』（内外出版、2012年）14頁参照。

日本国および日本国民を守るためにのみ許されます。2014年までは、個別的自衛権だけが認められるというように、これが狭く解されていました。集団的自衛権、すなわち、第三国の攻撃を受けた外国のために日本の軍事力を使うことは除外されていました。もちろん、これは、特に日本に駐留する米軍が他国の攻撃を受けたら、どうするのかという問題を幾度も投げかけています。このような場合に、日本側が何の支援も行わないことは、政治的には、ほとんど考えられません。そこで、政府は、早くから、日本における駐留米軍に対する攻撃は、日本に対する攻撃と同じであり、個別的自衛権の行使として日本の戦力を使うことができると主張してきました。

長らくの間、日本に対する攻撃があった場合にのみ、戦力の使用が可能であるという制限だけでなく、武力行使の種類や方法も、憲法9条によって、厳しく制限されていました。国際法上も、自衛権には、一定の限界がありますが、憲法上の限界は、国際法上の限界よりも狭く設定されています。特に武力は、原則として、日本の領域内においてのみ行使できるとされています。その背景には、自国の領域内に敵国がいる間に限り、戦力を使えるという最後の手段としての考えが潜んでいます。これによって、僅かな例外を除き、他国の領域における戦力の使用が除外されます。国際法は、そこまで厳しくありません。

3．武器使用と一体化

幸いなことに、以上の考察は、これまで理論上のものにすぎませんでした。なぜなら、自衛隊の増強が図られて以降、他国から日本への攻撃はなかったからです。

自衛隊の海外派遣は、幾度となく行われていますが、防衛のための出動はありません。さらに言えば、自衛隊は、自衛権の行使に至らない出動であっても、国際法上の意味における武力の行使は明示的に禁止されています。日本国内における出動の多くは、本来は警察の職務に属するものであったり、災害派遣であったりするので、警察に準ずるルールの適用を受けます。ドイツと異なり、日本国内における出動が明らかに問題となることは、極めて稀です。なぜ

なら、日本国内における出動は、憲法9条の武力の禁止や厳しい制限に違反しておらず、他国が関与しないため、憲法上の疑義が生じにくいからです。

しかし、自衛隊が公海上で他国の軍隊と対峙しているように見える場合、あるいはPKO活動のように、自衛隊が海外に派遣される場合は別です。この場合における武器の使用は、国際法上および憲法上の意義における武力の行使とみなされ、禁止される可能性があります。

そのため、このような派遣の場合は、派遣地域において、戦闘が起きていないことが重要です。この基準は、やがて緩和されましたが、引き続き自衛隊は、原則として、戦闘のない地域にしか派遣できません。それでも個々の隊員が緊急時に武器を使用しなければならない場合には、武力の行使ではなく、法律による権限付与に基づく「武器使用」にすぎないとみなされ、一般に日本の警察法規が類推適用されます[19]。

過去の自衛隊派遣では、自衛隊が戦闘に巻き込まれることへの懸念があったこともあり、自衛隊自体は道路建設などの人道的活動を行うだけで、自衛隊の保護は他国の軍隊によって行われるとされていました。しかし、ここにも憲法上の疑義があります。自衛隊は、国際法上の意味における武力を自ら行使することが許されないだけでなく、他国の軍隊に国際法上の意味における武力の行使が許され、現にこれを行使する場合に、そのような軍隊と一緒に行動することも許されません。たとえば、共同の指揮系統に入ることは認められないでしょう。共同行動があまりに密であるならば、それは、「一体化」となり、日本にとっては、他国の実力行使が憲法9条違反を意味することになりかねません[20]。

これは、国際法上許容される武力行使の第3の場合、すなわち、集団的安全

---

[19] PKO協力法26条4項、自衛隊法89条2項、警察官職務執行法（昭和23年法律第136号）7条参照。

[20] （訳注）第196回国会参議院質問主意書第100号答弁〈https://www.sangiin.go.jp/japanese/joho1/kousei/syuisyo/196/touh/t196100.htm〉参照（2023年11月17日閲覧）。

保障として国連の安全保障理事会の授権に基づいて活動することが、原則として憲法上禁止される理由を明らかにしています。少なくとも従来の解釈によれば、そのようになります。結局のところ、それは、日本に対する攻撃への防衛ではなく、自衛隊自体が武力を行使しなくても、武力を行使する軍隊と一緒に活動するのですから、武力行使と言わざるを得ません。

4．軍隊ではないこと

以上の解釈からは、さらに様々な論点が導かれます。1つは、自衛隊という名称にあります。憲法9条2項前段によれば、「陸海空軍」は保持できません。たとえ日本の軍備が増強されたとしても、その名称から明らかなとおり、それは、憲法上の意味における軍隊ではありません。自衛隊も、陸海空に分かれていますが、政府は、一貫して、軍隊ではなく、自衛のための戦力であると主張しています。これがどれほど繊細な問題であるのかは、2015年に、当時の安倍総理大臣が「わが軍」という発言をしたことによって起きた議論を見れば分かります[21]。

自衛隊と軍隊の違いがどこにあるのかは、かつては長年にわたり、議論の的となっていました。政府は、2001年に次のとおり説明しています。「自衛隊が軍隊であるかどうかは、軍隊の定義いかんに帰する問題である。しかしながら、自衛隊は、外国による侵略に対し、我が国を防衛する任務を有するものであるが、憲法上自衛のための必要最小限度を超える実力を保持し得ない等の制約を課せられており、通常の観念で考えられる軍隊とは異なるものと考えている」[22]。

このように何が軍隊であり、何が軍隊でないのか、という日本国内の区別は、必ずしも国際法上の概念と互換性があるわけではありません。武力紛争法をはじめとする国際法の多数のルールは、他の定義を採用しています。もちろ

---

21) KURISHIMA, Fn. 14) 52.
22) 第151回国会衆議院質問主意書第58号答弁〈https://www.shugiin.go.jp/internet/itdb_shitsumon.nsf/html/shitsumon/b151058.htm〉参照（2023年11月11日閲覧）。

ん日本政府も、それを認識しており、自衛隊は、国際法上は軍隊とみなされるが、日本の憲法上の意味では、軍隊ではないと主張しています[23]。

5．戦　力

　憲法9条2項前段は、陸海空軍の禁止だけでなく、「その他の戦力」の禁止も定めています。ここでも自衛隊は、この規定にいう戦力を備えているのか否か、あるいは、どのような場合に戦力の制限を超えるのかという問題が生じます。

　占領時代には、当時の総理大臣の発言により、日本はまだ自衛権を行使する状態になく、国際社会に頼っていることが認められていました。このような前提のもとでは、憲法9条の禁止に違反することなど、ほとんど起こり得ません。

　ところが、政府がこれを反故にし、自衛隊の前身として、まず警察隊を創設した時に、制限の問題は新しい意義を得ました。この時に内閣法制局および政府は、戦力を「近代戦争遂行に役立つ程度の装備、編成を具えるもの」（近代戦争遂行能力）と定義したのです。その後、自衛隊を正式に発足させたことにより、現在の戦力が警察目的を有するにすぎないという理由づけは、もはや維持できなくなりました。そのため新たに導入されたのは、自衛隊は自衛のために必要最小限度を超えていないから、憲法9条の禁止に違反しないという線引きであり、これは、今なお使われています[24]。

　このような線引きは、特に装備に当てはまります。原則として、専ら防衛を目的とし、攻撃に使用できない装備だけが許されます。何がこれに該当するのかは、時代によって異なります。以前は問題視されていたものであっても、今日では許されることがあります。理論的には、原子爆弾でさえも、憲法上許さ

---

23) 第119回国会本会議衆議院会議録第4号10頁（平成2年10月18日）の中山太郎外務大臣の答弁〈https://kokkai.ndl.go.jp/#/detail?minId=11190525 4X00419901018&current=1〉参照（2023年11月11日閲覧）。

24) 田村ほか・前掲18) 14頁以下参照。

れる装備として保有できるのかもしれませんが、日本は、「核兵器を持たず、作らず、持ち込ませず」という非核三原則を今日まで厳守しています。しかし、この非核三原則は、あくまでも政策（policy）と解されており、法的に憲法から導き出されるわけではありません[25]。一方で、日本は米国の核の傘の下にいます。また米国は、日本における多額の駐留費用を負担しています。もっとも、政府の見解によれば、日本の指揮下にない軍隊は、憲法 9 条の制限を受けないため、憲法上の疑義を生じるわけではありません。このような憲法解釈は、すでに最高裁判所の支持を得た数少ない例の 1 つです[26]。

ただし、以上は、憲法 9 条について従来確立された解釈の重要な論点の一部にすぎず、より正確にいえば、2014 年まで有効であった解釈およびその展開にすぎません。まさに厳格な条文があるからこそ、再軍備を行い、自衛隊の派遣範囲を定める試みが助長されたことが明らかとなりました。

C．2014 年の解釈変更

1．限定的な集団的自衛権

このような状況は、2014 年になって大きな変化を呼び起こしました。国家安全保障会議の報告書をもとに、同年 7 月 1 日、政府は閣議決定を行いました[27]。この決定は、明らかに憲法解釈を変更するものでした。

その際に最も議論が費やされたのは、集団的自衛権です。すなわち、限られた範囲内とはいえ、集団的自衛権が憲法上容認されるというのです。集団的自衛権とは、日本ではなく、他国への武力攻撃に対する反撃として、軍事力を行

---

25) 田村ほか・前掲 18) 33 頁以下参照。
26) 田村ほか・前掲 18) 31 頁参照。
27) 「国の存立を全うし、国民を守るための切れ目のない安全保障法制の整備について」平成 26 年 7 月 1 日閣議決定〈https://www.cas.go.jp/jp/gaiyou/jimu/pdf/anpohosei.pdf〉、その英語版については、〈https://www.cas.go.jp/jp/gaiyou/jimu/pdf/anpohosei_eng.pdf〉参照（以上、2023 年 11 月 13 日閲覧）。

使できる権利を意味します。ただし、新しい解釈によれば、国際法と異なり、他国への武力攻撃によって、日本自体が国の存続の危機に置かれている場合に限り、これが可能であるというのです。政府は、この点が決定的な要素と考えています。すなわち、集団的自衛権は、他国への武力攻撃が同時に日本を脅かすのでない限り、憲法上認められません。政府の見解によっても、そのような制限を受けないで、集団的自衛権を行使するためには、正式な憲法改正を必要とします[28]。

従来の解釈によれば、日本自体への武力攻撃だけが日本の武力行使を正当化できたわけですから、限られた範囲内とはいえ、他国への武力攻撃をこれに含めたことは、解釈の変更と言えます。たしかに、集団的自衛権の導入が解釈変更の唯一の論点というわけではありませんが、それは激しい批判を招きました。現に解釈変更に続く防衛法改正の際には、数十年ぶりの大規模なデモが発生し、憲法研究者の大部分が解釈変更を違憲と批判しました[29]。

この批判は、限定的な集団的自衛権の承認だけでなく、解釈変更を具体的に法制化した 2015 年の防衛法改正などにも向けられています[30]。ただし、以下では、主に集団的自衛権の承認について論じることにします。

---

28) 第 189 回国会衆議院の我が国及び国際社会の平和安全法制に関する特別委員会会議録第 8 号（平成 27 年 6 月 10 日）2 頁以下の横畠裕介内閣法制局長官の答弁〈https://kokkai.ndl.go.jp/#/detail?minId=118903929X00820150610&spkNum=9&current=-1〉参照（2023 年 11 月 13 日閲覧）。

29) Tomohiro Osaki, Thousands protest Abe, security bills at Diet rally, in: Japan Times, 30. August 2015〈https://www.japantimes.co.jp/news/2015/08/30/national/thousands-protest-abe-security-bills-diet-rally/〉、朝日新聞デジタル「安保法案学者アンケート」2015 年 6 月 30 日付回答〈https://www.asahi.com/topics/word/安保法案学者アンケート.html〉参照（2023 年 11 月 13 日閲覧）。

30) 我が国及び国際社会の平和及び安全の確保に資するための自衛隊法等の一部を改正する法律（平成 27 年法律第 76 号）、国際平和共同対処事態に際して我が国が実施する諸外国の軍隊等に対する協力支援活動等に関する法律（平成 27 年法律第 77 号）参照。

2．政府の主張する根拠

　解釈変更の根拠については、まず政府および内閣法制局が解釈変更の可能性をこれまでも認めており、今も認めていますが、このような変更が例外であると強調していることを確認する必要があります。さらに内閣法制局によれば、特に確立された解釈であり、当該解釈について国会で議論の積み重ねがある場合には、解釈の変更が特に困難であり、特別な説明を要するとされます[31]。

　具体的には、政府は、2014年の解釈変更を日本の安全保障環境の変化によって根拠づけました。その際に、従来の解釈の論理は、これを維持するものであると強調しました。政府は、日本の存続を危うくするような第三国への攻撃は、日本自体への攻撃と同様に自衛権を生じさせると主張しています。その際には、文言上は意図的に、個別的自衛権と集団的自衛権を区別しません。閣議決定では、明確に国際法に関連づけながらも、集団的自衛権にのみ言及しています。むしろ国内法上およびそれゆえ憲法上の分類にとっては、両者の間に法的に重要な違いはない、という印象を抱かせます。政府の主張によれば、日本の安全保障環境が悪化した以上、両者の違いは、もはや重要ではなく、いずれにせよ日本国の存続のために、国内法上許容された自衛権を行使できる場合に当たるから、単なる量的な違いにすぎないかのように見えます[32]。しかし、日本への攻撃と第三国への攻撃とは、従来の政府の公式見解によれば、質的に異なる状況と考えられ、この区別を廃止することは、2014年の政府の主張とは異なり、従来の解釈の基本原則と相容れないのではないか、という批判が考えられます。

　さらに、従来の解釈が長らく続いてきたこと、および憲法9条をめぐる議論

---

31) 第134回国会参議院の宗教法人等に関する特別委員会会議録第3号（平成7年11月27日）12頁以下の大出峻郎内閣法制局長官の答弁〈https://kokkai.ndl.go.jp/#/detail?minId=113414446X00319951127&spkNum=86&current=1〉参照（2023年11月14日閲覧）。

32) 前掲注27）の閣議決定参照。

において、集団的自衛権が中心的役割を果たしてきたことを考えれば、この分野における根本的な解釈の変更は、明らかに確立した解釈の変更の例と言えるのかもしれません。前述のとおり、内閣法制局は、長い間、このような状況が解釈変更にとっての高い障壁であると強調し、特に解釈変更の必要性に関する説明に対し、強い要求を出していました。このような背景のもとで、解釈変更に対する主要な批判は、日本の安全保障環境が解釈変更を必要とするほど劇的に変化した理由および範囲、さらには解釈変更が現時点において必要となった理由について、十分な説明がなされていないことに向けられています[33]。

学界では、これは、(正式な憲法改正に代えて) 単なる憲法解釈の変更であれば、容易にできるという悪しき前例を作ったのではないか、という懸念を生じさせています。著名な憲法学者である早稲田大学の長谷部恭男教授は、「いずれの憲法の規定も、今やその解釈の変更が容易になったように見える」と述べています[34]。

解釈の変更が行われた状況も、批判に晒されています。直前に内閣法制局長官は、集団的自衛権への支持を表明する外部者と交代させられました。これは、公式には、違法ではありませんが、確立した人事の前例に沿うものではありません[35]。そして、解釈の変更を告知する閣議決定の案文が内閣法制局に送付された際に、内閣法制局は、この憲法上重要な決定について、たった一日で「意見はない」と回答しました[36]。さらに、国会で議論ができたはずであるのに、その前に決定がなされた点も問題であり、それは、解釈の変更は十分な議

---

33) 阪田雅裕『憲法9条と安保法制——政府の新たな憲法解釈の検証』(有斐閣、2016年) 25頁参照。

34) "Any interpretation of any constitutional clause seems now vulnerable to change." Yasuo HASEBE, The End of Constitutional Pacifism?, in: 26 Wash. Int'l L.J. 125 (2017) 129〈https://digitalcommons.law.uw.edu/wilj/vol26/iss1/7〉参照 (2023年11月14日閲覧)。

35) KURISHIMA, Fn. 14) 55.

36) 第190回国会衆議院質問主意書第33号答弁〈https://www.shugiin.go.jp/internet/itdb_shitsumon.nsf/html/shitsumon/b190033.htm〉参照 (2023年11月14日閲覧)。

論の後に行うべきである、という内閣法制局の通達に明らかに反しています。これらは、すべて解釈変更の裏に潜む大きな政治的意図を示しており、野党、学界、国民、そして内閣法制局の元長官でさえもが激しく批判した理由を明らかにしています。

3. 学　説

　解釈の変更がそもそも可能であるのか否かは、問題ではありません。たしかに、過去には、明らかに政府がそれとして明確に述べた解釈の変更の例は僅かですが、その可能性は、実務上認められています。憲法学説では、むしろ自衛隊が存在するという現実をいかにして憲法の文言と調和させるのか、という問題が幾度も議論され、解釈の変更を説明し、裏付けることのできる見解も幾つかあります。これらの見解の多くは、この75年の間に現れ、そのため大部分が自衛隊の存在自体およびその合憲性を議論してきました。

　初期の学説は、憲法の実務が変わることによって、いわゆる憲法変遷 (Verfassungswandel) が起こり得ると主張しました。ただし、それには、国民の同意が必要とされます。この同意は、裁判所が実務を合憲と認めることを意味するものと解されています。しかし、前述のとおり、最高裁判所は、日本の自衛権を認めながらも、自衛隊の存在やその他の政府解釈のすべてを認めたわけではありません。また、このような初期の見解は、1980年代には、解釈に対する柔軟な対応が認められるようになったことに伴い、重要性を失いました[37]。もう1つの見解は、自衛隊の合憲性の問題と自衛隊の合法性の問題を切り離し、自衛隊は、たしかに違憲ではあるが、その根拠法令が合法的に制定されたのであるから、合法であると結論づけています[38]。これに対し、多数説に

---

37) Akimichi IWAMA, Theorie und Praxis des Verfassungswandels in Japan, in: Rainer WAHL (Hrsg.), Verfassungsänderung, Verfassungswandel, Verfassungsinterpretation (Duncker & Humblot 2010) 211, 213-216.
38) これは、小林直樹教授の主張する違憲・合法論を指す。Hajime YAMAMOTO, Interpretation of the Pacifist Article of the Constitution by the Bureau of Cabinet

よれば、憲法が合憲性の枠を定めており、自衛隊はこの枠を外れているとされます。

ところが、時代とともに、政党の議論や国民の意識において、自衛隊を受け入れる機運が高まり、今日では、自衛隊に対する国民の意識が変わり、かつその合憲性に関する何十年もの議論を経て、今では、自衛隊を合憲と考えることができるようになったとする見解があります[39]。ただし、これは、必ずしも集団的自衛権にも同じように当てはまるわけではありません。なぜなら、多くの政権がこれを何十年にわたり違憲と宣言し、国民の多数も、解釈の変更に対し批判的な反応を示しているからです。このように見れば、合憲性の枠は、限定的な集団的自衛権を認めるほどには広がっていません[40]。

4．憲法9条の立法経緯

以上のことは、政府だけが憲法9条を広く解していることを意味するわけではありません。渡邊亙教授によれば、学界においても、これに相当する見解があります[41]。また同教授は、憲法9条の条文および立法経緯から、自衛隊が集団的な自衛に参加することを認めるような広い解釈を導くことが可能であると主張しています。このような評価は、学界で孤立しているわけではありません。その主張は、結論的には、政府による防衛法改正を支持するものですが、政府の理由づけは異なっており、前述のとおり、多方面から批判されるような解釈変更の根拠を述べています。

渡邊教授が主張する見解から導かれる興味深い問題としては、次のものがあります。すなわち、憲法上許されるものが国際法上許されるものに徐々に近づ

　　　　Legislation: A New Source of Constitutional Law?, in: 26 Wash. Int'l L.J. 99 (2017) 117-118〈https://digitalcommons.law.uw.edu/wilj/vol26/iss1/6〉参照（2023年11月14日閲覧）。

39)　YAMAMOTO, Fn. 38) 115-119.
40)　山崎友也『憲法の最高法規性と基本権』（信山社、2019年）218頁以下参照。
41)　Vgl. AIZAWA / Japanisches Kulturinstitut Köln, Fn. *) 47-54.

くのであれば、そもそも日本国憲法の平和条項、および特に国際的に高く評価される特徴には、一体何が残るのでしょうか。

Ⅳ．法的枠組みの概要とその運用

最後に、自衛隊の法的枠組みの概要とその運用を取り上げます。

年表：
1992 年　PKO 協力法の制定、同年 9 月から 1993 年までのカンボジアへの PKO 派遣
2003 年〜 2008 年　自衛隊のイラク派遣
2008 年　イラク派遣に関する名古屋高裁判決
2009 年　海賊対処法の制定、ソマリア沖・アデン湾への自衛隊派遣
2014 年　憲法（解釈変更）閣議決定
2015 年　防衛法改正

前述のとおり、冷戦後における日本の防衛法は、外交政策はもとより、内政上も動きがあったために、実際上影響の大きい変化に晒されました。たとえば、1992 年の PKO 協力法による自衛隊の初の海外派遣がありました。その後も、当初は武器使用に対する極めて厳格な規制や他国の軍隊との共同作戦の禁止がありましたが、海外派遣は、年々拡大されました。2015 年の防衛法改正以降は、国連の PKO 派遣要請がなくても、派遣が可能となり、多国籍軍監視団の一員として、自衛隊員 2 名がシナイ半島で活動しています[42]。2 名の派遣は、実際には象徴的な意味を有するだけですが、法律上は、決して些細な出来

---

42)　自衛隊員 2 名は、2019 年 4 月 26 日に出国し、派遣期間は、当初は同年 11 月末とされていたが、その後、毎年 1 年ずつ延長され、今なお継続中である。〈https://www.mod.go.jp/j/approach/kokusai_heiwa/pko/201904_egy.html〉参照（2023 年 11 月 15 日閲覧）。

事ではありません。上記以外には、目下のところ、自衛隊員 4 名の南スーダン派遣を除き[43]、自衛隊員の PKO 派遣がないのは、派遣の多くが軍事衝突の可能性を含んでいるだけでなく、派遣の国内法上および憲法上の疑義と関連しているからです。このような派遣は、日本に対する悪い評判や一般の反発を招くだけでなく、合憲性の問題も生じています。

冷戦の終結、北朝鮮の攻撃に対する不安の増大および中国の台頭は、日米安全保障体制の試金石となっています。日本の貢献に対する米国の要求を背景として、自衛隊が日本の周辺海域において米軍を支援することを可能とする法整備が行われました。すなわち、2001 年 9 月 11 日の米国でのテロ攻撃後に、自衛隊の地理的な支援範囲が拡大されました。2 つの時限立法により[44]、米軍の指揮するインド洋の連合艦隊を船舶で支援することが可能となっています。さらに 2001 年から 2008 年まで、グアム方面において、航空自衛隊の貨物輸送機が米軍への支援物資の輸送に携わりました。

これまで最も争いのあった自衛隊派遣としては、別の時限立法による 2003 年のイラク派遣があります[45]。その際には、自衛隊は、人道的な復興支援活動に携わり、国連イラク支援団や多国籍軍の輸送を行いました。前述のとおり、この空輸は、名古屋高裁の控えめな判決でさえも、法律および憲法に違反するとしています。自衛隊の活動は、戦闘地域で行われ、他国の軍隊の武力行使と密接に関わっているので、「一体化」の禁止に反するというのです。しかし、

---

43) 南スーダンへの派遣は、2011 年 11 月から開始し、その後、毎年延長され、今なお継続中である。〈https://www.mofa.go.jp/mofaj/press/release/press4_009700.html〉参照（2023 年 11 月 16 日閲覧）。

44) 1 つは、いわゆるテロ特別措置法、すなわち、平成 13 年 9 月 11 日のアメリカ合衆国において発生したテロリストによる攻撃等に対応して行われる国際連合憲章の目的達成のための諸外国の活動に対して我が国が実施する措置及び関連する国際連合決議等に基づく人道的措置に関する特別措置法（平成 13 年法律第 113 号）であり、もう 1 つは、テロ対策海上阻止活動に対する補給支援活動の実施に関する特別措置法（平成 20 年法律第 1 号）である。

45) イラクにおける人道復興支援活動及び安全確保支援活動の実施に関する特別措置法（平成 15 年法律第 137 号）参照。

この箇所は、判決の傍論にすぎず、拘束力を有しないため、広く日本で議論を呼んだとはいえ、直接的な法的効力を有するわけではありません。

他国の軍隊への支援活動の増加は、最初は米軍を対象としたものに限られていましたが、2012年に発足した第二次安倍政権では、いわゆる物品役務相互提供協定（ACSA）がオーストラリア・英国・カナダ・フランス・インドとの間で締結され、それを受けて自衛隊法が改正されました（同法100条の8〜100条の17）[46]。このような他国の軍隊の活動に対する支援を拡大するために、2015年の防衛法改正では、米国との協力関係を他の国にも拡大する法律が整備されました[47]。

自衛隊の本来の任務である狭義の防衛の分野でも、特に1990年代以降は、拡大路線が見られました。北朝鮮の脅威およびミサイル防衛の問題における米国との協力関係を背景として、たとえば、2005年の自衛隊法改正により、弾道ミサイル等に対する破壊措置に関する規定が設けられました（同法82条の3）。また、世界中どこにおいても日本国民に危害が及ぶおそれがある場合は、原則として領域国の同意を条件として、日本国民を避難させることができるようになりました（同法84条の3、84条の4）。さらに、国際的な平和と安全への貢献とされていますが、日本の経済利益にも大きく関わるものとして、世界中の航路における海賊行為への対処があります。すなわち、政府は、2009年に海賊対処法を制定するともに[48]、自衛隊法を改正し（同法82条の2）、ソマリア

---

46) その後、日本国の自衛隊とドイツ連邦共和国の軍隊との間における物品又は役務の相互の提供に関する日本国政府とドイツ連邦共和国政府との間の協定（日・ドイツ物品役務相互提供協定）が締結され、自衛隊法に100条の18および100条の19が追加された。この自衛隊法の改正は、ドイツとの協定の効力が発生した2024年7月12日から施行されている。〈https://www.mofa.go.jp/mofaj/press/release/pressit_000001_00887.html〉参照（2024年8月6日閲覧）。

47) 重要影響事態に際して我が国の平和及び安全を確保するための措置に関する法律（平成11年法律第60号）の改正（平成27年法律第76号）および国際平和共同対処事態に際して我が国が実施する諸外国の軍隊等に対する協力支援活動等に関する法律（平成27年法律第77号）参照。

48) 海賊行為の処罰及び海賊行為への対処に関する法律（平成21年法律第55号）

沖とアデン湾に自衛隊を派遣し、その後、ジブチ国際空港に初めて外国の領土内における自衛隊の活動拠点を築き、今日に至っています。

　これらの派遣は、すべてが自衛隊法の一般条項によるのではなく、個別の権限付与を目的とした詳細な特別法に基づいています。ただし、どのような法的根拠を選択するのかは、必ずしも明らかではありません。一部は、それぞれ都合の良い結果を求めて、法的根拠を柔軟に解釈できるようにしています。現に自衛隊の船舶は、イランとの緊張関係が続く米国を支援しようとして、ホルムズ海峡の近くにいますが[49]、その活動は、情報収集活動に留まり、何らかの攻撃があった場合に、反撃をする余地はありません[50]。そのため、政府は、むしろ派遣の法的根拠を別のものに変更すべきであるのかもしれません。一方において、自衛隊法の改正による武器使用規定は拡大されています（同法95条の2）[51]。それは、本来は極めて制限的な派遣の根拠規定と組み合わせることによって、以前から存在する厳格な制限を回避する可能性を秘めています。

　ただし、自衛隊は、海外派遣以外に、国内でも活動しています。前述のとおり、その限りでは、憲法上の疑義は、ほとんど生じません。特に日本国内における災害時には、自衛隊が派遣されています。特筆すべきであるのは、2011年3月11日の東日本大震災における自衛隊の出動です。その時は、強い地震が津波を起こし、東北地方の太平洋沿岸に押し寄せ、特に福島第一原発に被害

　　　参照。
49)　（訳注）原著では、防衛省・自衛隊の英語サイト〈https://www.mod.go.jp/en/d_architecture/m_east/index.html〉が引用され、そこでは、2021年12月が期限とされているが、その後延長され、現在のところ、2024年11月19日までとされている。令和5年11月7日閣議決定〈https://www.mod.go.jp/j/approach/defense/m_east/20191227kakugi.html〉参照（2023年11月17日閲覧）。
50)　防衛省設置法（昭和29年法律第164号）4条1項18号「所掌事務の遂行に必要な調査及び研究を行うこと」。
51)　（訳注）自衛隊法95条の2第1項本文は、自衛隊が合衆国軍隊の部隊の武器等を警護するために、「人又は武器等を防護するため必要であると認める相当の理由がある場合」には、必要に応じて武器を使用できると定め、広く武器の使用を認めている。

が及びました。自衛隊が出動したことにより、一般国民の印象は、極めて良くなりました。

おわりに

　以上のとおり、日本の防衛法は、自衛目的および一体化の禁止などの様々な憲法問題を扱うだけでなく、法律のレベルにおいて憲法上の枠組みを定める多数の個別ルールを極めて詳細に規定しています。しかし、その結果、全体の見通しが悪くなっています。

　これは、憲法上の制限と政治的意図の緊張関係の表れと言えます。これまで憲法が改正されてこなかったので、解釈が重要な地位を占めています。憲法学界では、過去および現在に様々な見解が主張されていますが、解釈の権限は、事実上、政府と内閣法制局の手にあります。この現象は、裁判所が極めて控えめにしか制御の役割を果たさず、ほとんどの場合に、政府の解釈に追随しているため、ますます強まっています。

第 6 章　消費者団体訴訟の独日比較
――法制度と運用の実態――

マーク・デルナウア／奥田安弘[*]

はじめに

　日本では、平成 18 年（2006 年）法律第 56 号により、消費者契約法が改正されて、「適格消費者団体による差止請求訴訟」が導入され（同法 12 条以下）、また平成 25 年（2013 年）法律第 96 号により、消費者の財産的被害等の集団的な回復のための民事の裁判手続の特例に関する法律が制定されて、「特定適格消費者団体による被害回復裁判手続」が設けられた。これらを併せて、一般に消費者団体訴訟と称する。しかし、日本の消費者団体訴訟については、その課題を指摘する声が各方面から寄せられており[1]、必ずしも順調に運用が図られて

---

[*]　本稿は、マーク・デルナウアー＝奥田安弘「ドイツの差止訴訟法と日本の消費者団体訴訟導入問題」中央ロー・ジャーナル 3 巻 1 号（2006 年）30 頁～ 47 頁をもとに、大幅に加筆修正したものである。ただし、本稿で取り上げる事実関係および法令は、原則として、原著の刊行当時の 2006 年を基準とする。なお、原著および後掲注 31）の引用文献では、「マーク・デルナウアー」となっているが、その後、中央大学法学部の専任教員となり、「マーク・デルナウア」としたので、本書では、これに統一する。

1）　田中菜採兒「適格消費者団体の現状と課題――大阪府・京都府・兵庫県の 3 団体を事例に」レファレンス平成 27 年 2 月号 91 頁～ 102 頁（2015 年）〈https://dl.ndl.go.jp/view/download/digidepo_8969572_po_076906.pdf?contentNo=1〉、消費者庁『消費者団体訴訟制度の現状と課題』（2021 年）〈https://www.caa.go.jp/policies/policy/consumer_system/meeting_materials/assets/consumer_system_cms101_210421_04.pdf〉、消費者庁消費者制度課『消費者団体訴訟制度の現状と

いるわけではないようである。

　著者両名は、2005年12月16日、内閣府が適格消費者団体による差止請求訴訟を導入するために、「消費者契約法の一部を改正する法律案（仮称）の骨子」を公表した際に、原著を執筆し、これを意見書として提出した。その理由は、次のとおりである。

　まず、骨子の公表に先立つ2005年6月23日には、国民生活審議会消費者政策部会消費者団体訴訟制度検討委員会から「消費者団体訴訟制度の在り方について」と題する報告書（以下「審議会報告書」という）が公表され、ドイツ・フランス・イギリス・オランダ・イタリアの法制度が紹介された。この審議会報告書に対しては、各地の単位弁護士会などから、様々な意見書が提出されたが、特に同年7月14日には、日本弁護士連合会から「『消費者団体訴訟制度の在り方について』に対する意見書」（以下「日弁連意見書」という）が提出された[2]。しかし、審議会報告書および日弁連意見書は、少なくともドイツ法に関する限り、これを正確に理解していないのではないかという疑いがあり、明らかな誤りさえある。

　そこで以下では、ドイツの制度の概要およびその背景を紹介することによって、審議会報告書および日弁連意見書の問題点を明らかにしたい。なお、このような原著の執筆経緯から、比較の対象とするのは、独日の消費者団体による差止請求訴訟に限定する。

　　新たな取組について』（2022年）〈https://www.caa.go.jp/policies/policy/local_cooperation/local_consumer_administration/block_meeting/meeting_materials_2022/assets/cms_local204_221201_06.pdf〉参照（2023年11月21日閲覧）。

　2)　〈https://www.nichibenren.or.jp/library/ja/opinion/report/data/2005_44.pdf〉参照（2023年11月21日閲覧）。なお、日弁連は、それに先立つ2003年1月に「ヨーロッパ消費者団体訴訟制度調査報告書」を公表しており、フランス・ドイツ・EUでの聴取調査報告（法令の日本語訳など）を掲載している。

I．法源の比較

　まず法源を見ると、ドイツでは、2002年1月1日施行の差止訴訟法（Unterlassungsklagengesetz, UKlaG）に団体訴訟（Verbandsklagen）が規定されている[3]。この法律は、その題名から分かるように、一定の団体が消費者のために一定の行為の差止めを事業者に請求し、必要に応じて裁判所の力を借りて執行するというものである。その内容は、不正競争防止法や普通取引約款規制法などにおける団体訴訟をモデルとしている。かつてドイツでは、民事訴訟法に団体訴訟を規定すべきであるという主張があったが[4]、立法者は、実体法上の要件と手続規定をまとめて独立の法律に定める途を選んだ。

　ドイツの団体訴訟の特徴は、第1に、公共の利益を求める団体に実体法上の差止請求権を認めていることである[5]。したがって、これらの団体は、自己の請求権を行使するのであって、消費者の代理人となるわけではない。ただし、これによって保護されるのは、あくまでも公共の利益であって、団体の利益ではないことに注意を要する。第2の特徴は、差止請求権の行使について、特別な訴訟規定が設けられていることである。日本で提案されている団体訴訟も、おそらく基本的には同様の構造になっている[6]。

　ドイツの差止訴訟法の規定は、EU指令を国内法化したものであるから[7]、同

3）　Gesetz über Unterlassungsklagen bei Verbraucherrechts- und anderen Verstößen, neugefasst durch Bekanntmachung vom 27.8.2002, BGBl. I, 3422, 4346; zuletzt geändert durch Art. 10 des Gesetzes vom 8.10.2023, BGBl. I, 272〈https://www.gesetze-im-internet.de/uklag/BJNR317300001.html〉参照（2024年3月18日閲覧）。

4）　出口雅久「EU消費者保護とドイツ団体訴訟の新展開」立命館法学271・272合併号上巻573頁以下（2000年）参照。

5）　P. BASSENGE, Gesetz über Unterlassungsklagen bei Verbraucherrechts- und anderen Verstößen (Unterlassungsklagengesetz - UKlaG), in: Palandt Bürgerliches Gesetzbuch (64. Aufl. 2005) Rn. 3 u. 10 zu §1 UKlaG 参照。

6）　審議会報告書5頁参照。

7）　Art. 1 Unterlassungsklagenrichtlinie (Richtlinie 98/27/EG des Europäischen Parla-

様の団体訴訟がすべての EU 構成国に存在する。ただし、個々の構成国の法律には無数の細かな相違点がある。なぜなら、EU 指令は、原則として各構成国の国内法上、直接的な効力を有するわけではなく、各国に一定レベル以上の立法をするよう求めているにすぎず、各国は、立法化の際に、一定の裁量の余地が認められているからである[8]。

消費者団体訴訟の法源としては、さらに不正競争防止法（Gesetz gegen den unlauteren Wettbewerb, UWG）を含めることができる（同法8条3項3号）。同法によれば、不正競争行為および不正な商慣行に対して、消費者団体も差止訴訟を提起できるからである。これは、同法1条により、事業者だけでなく、消費者を含むすべての市場関係者の保護が同法の目的とされていることからも分かる[9]。ただし、消費者保護に関連する不正競争防止法上の実体法的な要件および効力は、「啓蒙された消費者（aufgeklärte Verbraucher）」という最近のヨーロッパの消費者像の影響を受けた2004年の改正によって、以前より狭まっている。たとえば、比較広告の禁止は、改正前より適用範囲が狭まるとともに、違反の効力も緩和された（同法6条）。

---

ments und des Rates vom 19. Mai 1998 über Unterlassungsklagen zum Schutz von Verbraucherinteressenm ABl. EG Nr. L 166, S. 51 ff.); Art. 11 II Fernabsatzrichtlinie (Richtlinie Nr. 97/7 EG über den Verbraucherschutz bei Vertragsabschlüssen im Fernabsatz, ABl. EG Nr. L 144, S. 19 ff.). この差止訴訟指令については、BASSENGE, Fn. 5) Rn. 1 f. zu Einleitung 参照。さらに、出口・前掲注4）575頁以下、上原敏夫『団体訴訟・クラスアクションの研究』（商事法務、2001年）340頁以下も参照。

8) 欧州共同体設立条約249条参照。それによれば、EU指令は、達成目標については、構成国を拘束するが、方式および手段の選択は、構成国の各機関の権限に委ねられている。たとえば、S. HOBBE, Europarecht (2002) S. 65; R. STREINZ, Europarecht (7. Aufl. 2005) S. 149 f. 参照。さらに、岡村尭『ヨーロッパ法』（三省堂、2001年）183頁以下も参照。

9) E. SCHMIDT, Verbraucherschützende Verbandsklagen, in: NJW 2002, S. 25 ff. 参照。同論文は、不正競争防止法8条3項3号に規定されたものを差止訴訟法1条および2条に続く「第3の消費者団体訴訟」と称する。

2006年以来のEUの消費者保護法の展開を見ると[10]、消費者保護と不正競争防止法の目的は、徐々に重なってきている。また消費者の概念は、実質上、段々と単なる保護すべき「弱者」と認識されるように変わったのではないかと考えられる。EUは、消費者が必ず高い水準の保護を受ける、という政治的な方針を採用した。たとえば、EUの消費者契約法は、基本的には、契約自由の原則を採用するが、そこには驚くほど多くの強行法規が見られる。バセドウ教授は、EUの立法者があたかも私的契約の成立を「軽減すべき危険（a risk, which has to be limited）」とみなしているかのようであるとして、これを揶揄する[11]。

　他方において、幾つかの特別な形態の強要行為は、まさに不正競争防止法によってのみ明示的に禁止されている。たとえば、同法7条によれば、電話、ダイレクトメール、ファックス、電子メールによる直接的な消費者への勧誘行為は、事前の同意がないか、または客観的な状況から同意が推測されない限り禁止される。これらの行為は、日本では、競争法ではなく、特定商取引法11条、12条の3、17条、36条の3、54条の3および特定電子メールの送信の適性化等に関する法律により、（おそらくより緩やかに）規制されている。

　以上のとおり、不正競争防止法にいう不正な商慣行がそれほど消費者利益の侵害とはならない場合であっても、消費者団体は、消費者全体の利益に対する侵害があれば[12]、不正競争防止法8条3項の訴訟を提起することができる。た

---

10) 最初の大きな転換は、EU Richtlinie 2005/29, ABl. 2005, L 149/22 および 2006/114, ABl. 2006, L 376/21 であった。それによって、ドイツの不正競争防止法の目的は、不正競争行為よりも、むしろ不正な商慣行（unlautere geschäftliche Handlungen）を防止することに変わった。

11) J. BASEDOW, EU Private Law (2021) S. 416.

12) ただし、消費者利益の侵害という要件については、2004年の改正後は、争いがある。たとえば、W. BÜSCHER, in: FEZER, Lauterbarkeitsrecht, Kommentar zum Gesetz gegen den unlauteren Wettbewerb (UWG), Band 2 (2005) Rn. 218 は、改正前の同法13条2項の旧規定が「消費者の重要な利益」の侵害を訴訟要件としていたが、改正によって削除されたので、このような要件は不要になったと主張する。しかし、同法8条3項3号の趣旨および目的は、まさに消費者の全体的利益

だし、この規定による団体訴訟の構造は、手続法的な観点からは、差止訴訟法による団体訴訟の構造と実質的に同じものと言えるので、以下では、特に必要である場合を除き、不正競争防止法8条による団体訴訟は、あまり詳しく取り上げないことにする。

II．差止請求権者の比較

つぎに差止請求権を有する者は、ドイツの差止訴訟法3条および4条によれば、適格性を有する消費者団体、法人格を有する事業者団体、商工会議所および手工業会議所とされている。これらのうち、適格性を有する消費者団体は、法人格を有すること、定款上の目的が消費者の利益保護であること、この目的が主要なものであり、かつ営利目的でないこと、自己の名でこの目的のために活動している団体であるか、または75名以上の構成員がいること、設立から1年以上経過していること、適切な任務の遂行を保障していること、消費者団体としてドイツ連邦行政庁のリストまたはECの同様のリストに登録されていること、という要件を満たす必要がある。また、法人格を有する事業者団体も、相当数の事業者が加入していることなどの要件が課されている。

これを見て分かるとおり、ドイツの立法者は、消費者団体だけでなく事業者団体も、事業者による消費者法違反行為の差止めを求める利益を有すると解している[13]。これは、ドイツの団体訴訟がもともと同業組合による自治的な監督に代わるものとして発展してきた[14]、という経緯によるものである。これに対

の保護であり、かつこれに尽きるのであるから、このような見解は疑問である。消費者団体は、そもそも消費者の利害に関わらない競争制限行為については、訴えの利益を欠く。その詳細については、T. LETTL, Der Schutz der Verbraucher nach der UWG-Reform, Gewerblicher Rechtsschutz und Urheberrecht (2004) S. 449, 460.

13) ただし、差止訴訟法3条1項2号によれば、当該事業者の行為は、原告となる事業者団体の構成員の利害にも関係しており、競争を阻害するものでなければならない。

し、日本においては、このような事情が存在しないこと、事業者団体を請求権者に含めた場合には、新規参入者を排除するために団体訴訟を濫用する危険があることなどから[15]、請求権者を消費者団体に限定するのは理解できるところである。現に審議会報告書は、原則として消費者団体にのみ差止請求権を認めようとしているようであるし、また日弁連意見書も、これと異なる提案はしていない[16]。

　ただし、ドイツの団体が差止請求権者となるための要件は、かなり厳格である。これは、差止請求権の濫用を事前に防止したいと考えられているからである。利己的ではなく誠実に消費者全体の利益を守ることが確実である団体に対してのみ、差止請求権が付与される。その背景としては、かつての苦い経験がある。すなわち、以前からドイツでは、極めて広範な差止請求権が不正競争防止法に規定されていたが、これが特定の事業者に圧力をかけて、警告に伴い発生したとする「経費」をまきあげるために使われたことがある[17]。そのため、差止訴訟法のもとでは、特に消費者団体が75名以上の個人を構成員としなければならないという要件が課されている。日弁連意見書も、同様に100名以上の構成員を要件とするが[18]、審議会報告書は、このような要件を設けていない[19]。著者両名の見解によれば、特に一定の構成員数の要件を請求権者に課すことは、私欲のためではなく真に消費者全体の利益のために請求権が行使され

---

14) 上原・前掲注7) 321頁、同「団体訴訟について」法の支配127号20頁（2002年）、同「団体訴権をめぐる議論の沿革」法律のひろば2005年11月号14頁参照。
15) ドイツにおいても、事業者が競争相手を排除するために、消費者団体を隠れ蓑として出訴する危険が指摘されている。上原・前掲注7) 57頁参照。
16) 審議会報告書10頁以下、日弁連意見書3頁以下参照。
17) 上原・前掲注7) 323頁以下、同（法の支配）・前掲注14) 21頁、同（法律のひろば）・前掲注14) 15頁参照。
18) 日弁連意見書4頁参照。
19) 審議会報告書12頁以下は、むしろ「当該団体の構成員数（会員数）の規模ではなく、人材の確保、情報収集・分析体制、独自の事務局といった体制面や当該団体の行っている事業活動の内容（受益範囲や規模等）が重要な指標になる」とする。

ることを確実にするために、必要不可欠であると考えられる。

また著者両名は、日弁連の意見書と同様に、請求権者の過度の制限に反対であり、生活協同組合などにも差止請求権を認めるべきであると考える[20]。これに対し、審議会報告書は、金融分野や賃貸借分野などに限定して活動する法人を排除しないが、相互扶助団体を一律に排除する趣旨のようである[21]。しかし、このような制限は、ドイツの立法では想定されていない。

一方、行政機関が消費者団体の適格性を判断することについては、日弁連意見書は、明らかに反対しており、独立した第三者機関による審査を主張する[22]。これに対し、ドイツ法では、連邦行政庁、すなわち行政機関が消費者団体の適格性を審査するが、これは、ドイツの行政裁判所が行政機関の判断の適法性および相当性を厳格に再審査することを念頭に置いているからである。さらに、ドイツでは、行政行為に対する異議申立制度が極めて強力であることも指摘しなければならない。著者両名の見るところ、日本では、行政訴訟における原告の地位は、明らかにドイツよりも弱いようであるから[23]、別の解決方法によるのも仕方ないと思われる。

さらなる団体訴訟の濫用防止策として、ドイツの差止訴訟法2条のc（制定当時は2条3項）は、事情全体から見て、請求権の行使が濫用的であると判断

---

20) 日弁連意見書3頁参照。
21) 審議会報告書11頁以下参照。
22) 日弁連意見書4頁参照。これに対し、審議会報告書17頁は、このような第三者機関の設置に消極的な意見を表明している。
23) L. KÖDDERITZSCH, Rechtschutz gegen die Verwaltung in Japan, in: ZJapanR/ J.Japan.L. 5 (1998) 31 ff. 参照。同論文は、日本の行政訴訟における権利保護の不足の例を多数挙げて批判している。ただし、著者は、末尾（51頁）において、ドイツの読者に対し、このような現状を見て、自己満足に陥らないよう警告している。なぜなら、ドイツ法がそうであるように、「権利保護制度の過剰な完璧主義」は、行政の効率化を妨げるだけでなく、個人の権利保護にとっても悪影響を及ぼすおそれがあるからである。それゆえ、著者は、ドイツの行政法の権利保護制度に対する批判も怠っていない。ただし、日本とドイツとでは、問題が全く異なった領域にある。

され、特に権利行使の費用の賠償を得ることが主要な目的である場合には、これを認めないとする。ただし、このルールは、差止訴訟法2条のcに規定された一定の消費者保護法令の違反行為に対する差止訴訟にのみ適用される。

　これに対し、日弁連意見書は、審議会報告書と対照的に、なるべく広く団体訴訟を認めるため、濫用防止策の強化には反対する[24]。日本における濫用の危険がどれほど高いのかは、今の時点では判断できないが、ドイツでは、たしかに濫用の危険が高いと言える。ただし、これは、ドイツ法の一般規定の構造、および最近強まってきたドイツ人の「訴訟好き」にも関係している。最近は、ドイツでも、いわゆるクレイマーが増えて、ひんしゅくを買っているが、彼らは、自分達が権利と思っているものを行使するためには、団体を設立することも厭わない[25]。

　さらに、ドイツの濫用防止システムの背景としては、ドイツの裁判所が極めて例外的な場合にしか訴えを却下しないという現状がある。これは、次のような理由による。すなわち、訴えの利益を欠くとして訴えを却下した場合には、原告の裁判を受ける権利（ドイツ基本法19条4項、103条）に対する侵害の疑いが生じるため、ドイツの上級州裁判所、連邦通常裁判所および連邦憲法裁判所は、原告の権利保護を極めて慎重に審査し、また下級裁判所（区裁判所および州裁判所）も、自己の却下判決が上級審において取り消されることを常に恐れている。上級審または憲法裁判所が裁判を受ける権利の侵害を認定した場合には、判決理由において厳しい叱責を伴うことが多いので、下級裁判所は、余計に慎重となる。その結果、民事訴訟法に一般的な濫用防止制度が存在していて

---

24)　日弁連意見書4頁、審議会報告書17頁以下参照。
25)　たとえば、かつて不正競争防止法の1965年改正によって、消費者団体訴訟が導入された頃は、弁護士が家族や事務員とともに「消費者の啓蒙と相談」を目的とする団体を設立し、同法に基づく訴訟を提起するケースが問題になったことがある。上原・前掲注7) 54頁以下、同（法の支配）・前掲注14) 22頁、同（法律のひろば）・前掲注14) 15頁参照。このような訴訟の結果として得られた弁護士費用などは、時として団体構成員間で山分けされることがあったが、これは、もちろん法律の趣旨に反する行為である。

も、ドイツの裁判所は、極めて稀にしかこの制度を使わないため、差止訴訟法2条に独自の濫用防止システムが設けられたのである。

Ⅲ. 差止請求権の内容の比較

続いて差止請求権の内容を見ると、差止訴訟法には、2つの類型の請求権が規定されている。

まず差止訴訟法1条は、不当な条項のある普通取引約款の使用に対する差止請求権を規定している。不当な条項とは、ドイツ民法307条から309条までの規定により無効とされるものをいう。また普通取引約款とは、本来は日本民法548条の2第1項にいう定型約款と同様のものと言えるが、ドイツ民法では、EU法の不当条項指令を国内法化した頃から、事業者が特定の消費者と一度限りの契約を締結するために設けた条項全体にも適用されるため（同法310条3項）、日本の消費者契約法上の不当条項の審査対象も含まれる。団体は、不当な条項の使用を事業者に推奨する者に対しても、差止請求権を有する。さらに、このような者に対しては、推奨行為の撤回を求める権利も認められている。日本の消費者団体訴訟の導入計画では、推奨行為の差止請求権や撤回請求権の必要性について、審議会報告書は慎重な態度を示しているが、日弁連意見書は、これを強く要求している[26]。

ドイツ法にいう推奨行為とは、上記のような普通取引約款を自ら使用するのではなく、第三者に使用を薦める行為のすべてを含んでいる。このような推奨行為を行う者としては、普通取引約款の書式の販売者、普通取引約款を契約書の例として紹介する雑誌の編集者、書式集の著者または編者が含まれるが、出版社や印刷業者については、見解が分かれる。また、建築士が施工業者から入手した契約書を他の施工業者に対し下請けとの契約書の見本として提供した場合は含まれるが、弁護士が普通取引約款の案を示して顧客にアドバイスをした

---

26) 審議会報告書9頁、日弁連意見書3頁参照。

場合については、争いがある[27]。このように推奨行為の範囲については、ドイツでも見解が分かれているが、消費者法の目的を達成するためには、直接の使用者に対する差止めだけでは不十分であることが明らかであるから、著者両名は、日本の立法においても推奨行為に対する差止めを認める必要があると考える。

つぎに差止訴訟法2条は、同法1条に該当しない場合にも、消費者保護法令の違反行為に対する差止請求を認めている。このような保護法令としては、特にEU指令またはこれに関連して制定されたすべての規定（たとえば、ドイツ民法の消費物品売買ないし旅行契約に関する規定など）、さらにドイツ独自の法令として、通信教育法や投資ファンド法におけるクーリング・オフ権に関する規定などが挙げられる。差止訴訟法2条における消費者保護法のリストは、「特に」という文言から分かるように、限定的なものではない。これは、限定的なリストを掲げるEU指令とは異なるが[28]、差止訴訟の範囲を広げる結果をもたらすものであるから、EU法上は問題とならない。たとえば、ドイツ民法241条のa・661条のa・676条のh、食品法、不当表示防止法などの諸規定は、差止訴訟法2条に挙げられていないが、これらの規定の違反行為についても、消費者団体訴訟を提起することができる[29]。これに対し、審議会報告書および日弁連意見書は、消費者契約法の違反行為を中心とする点では一致しているが、消費者保護に適用され得る民商法上の規定の違反行為については、見解が分かれており[30]、その他の詳細については、議論が煮詰まっていないのが現状ではないかと思われる。

これは、日独の消費者法の基本構造の違いに由来する。すなわち、ドイツで

---

27) 以上については、Bassenge, Fn. 5) Rn. 10 ff. zu §1 UKlaG 参照。
28) Bassenge, Fn. 5) Rn. 11 zu §2 UKlaG 参照。
29) Bassenge, Fn. 5) Rn. 11 zu §2 UKlaG; H. Rösler / G. Zagouras, Neue verbraucherschützende Grundlagen bei Mehrwertdiensten, in: NJW 2002, 2930; H.-W. Micklitz, in: Münchener Kommentar (4. Aufl. 2000) Rn. 33 ff. zu §22 AGBG 参照。
30) 審議会報告書6頁、日弁連意見書2頁参照。

は、民法における消費者保護の総則規定および比較的少数の特別法によって、消費者保護が図られているが、日本では、このような消費者保護の総則規定を欠く一方で、多数の公法上の規制が存在し、これらの体系的な位置づけが不明確であるために[31]、差止請求権の内容を明確に定義することが困難となっている。現在の日本の消費者保護法令を前提とするのであれば、消費者契約法の違反行為が対象となることは当然としても、それ以外の消費者保護を目的とする多数の特別法、業法、条例などの違反行為も取り込む必要があるが、これをどのように条文において表現するのかという問題がある。

ちなみに、日本では、その後、差止請求権の対象が徐々に広げられている。すなわち、冒頭で述べたとおり、適格消費者団体による差止請求権は、消費者契約法の 2006 年改正によって初めて導入された後、消費者契約に密接な関係がある特定商取引に関する法律（特定商取引法）、およびより広い消費者の利益に関わる不当景品類及び不当表示防止法（景品表示法）には、2008 年改正によって導入され（平成 20 年法律第 29 号）、さらに 2013 年の食品表示法（平成 25 年法律第 70 号）には、制定時から規定が設けられている。

ただし、著者両名は、日弁連意見書のように、民法 96 条の詐欺・強迫に関する一般規定、さらには民法 90 条の一般条項に対する違反行為さえも、すべて対象とすることには疑問を抱いている。たしかに、ドイツの差止訴訟法においても、前述のとおり、消費者保護法令の範囲を限定していないが、日本の民法 90 条および 96 条に相当するドイツ民法 123 条および 138 条のように、直接的に消費者保護を目的としない総則規定に対する違反行為にまで団体訴訟を拡張しようとは、誰も思わないであろう。日弁連意見書によれば、差止めの対象となる行為に限界がなく、ほとんどすべての法令違反行為が対象となり得るが、これは法的安定性の欠如および訴訟の頻発を招くのではないかと心配される。さらに言えば、裁判所は、これらの訴訟では、本当に消費者の利益が関係

---

31) マーク・デルナウアー「規制緩和時代の日本における消費者契約の規制と監督――ヨーロッパ法との比較において」比較法雑誌 39 巻 3 号 67 頁以下（2005 年）参照。

しているのか否かという問題にいつも直面しなければならないであろう。なぜなら、民法 90 条や 96 条などの規定の違反については、この点が直ちに明白であるというわけではないからである。すなわち、いかなる問題が消費者法の領域に含まれるのかは、学説においても、まだ十分に明らかにされていないので、裁判所は大きな課題をつきつけられることになる。したがって、著者両名は、ぜひとも差止請求の要件を明確にし、特に消費者保護を目的とする法令の違反があった場合にのみ、これを認めるようにすることを提案する[32]。

---

32) この点は、特に日本法にとって重要である。なぜなら、日本では、「消費者法」の範囲が伝統的に極めて広くとらえられており、この分野の境界画定の体系的かつ満足できる基準がまだ設けられていないからである。詳細については、M. DERNAUER, Verbraucherschutz und Vertragsfreiheit im japanischen Recht (2006) S. 11 ff. 参照。たとえば、投資顧問業、不動産媒介契約、公共料金、商品先物取引などの問題を含めるものとして、平松毅＝井上善雄＝田上富信『判例・事例でまなぶ消費者法』（有斐閣、1994 年）がある。しかし、投資顧問業および商品先物取引は、投資家保護および証券取引法の領域にも分類できる。不動産媒介契約は、何よりも一般民法上の問題である。公共料金は、以前は特に生存権の問題であり、消費者保護の問題ではなかった。同様の観点から、その他の日本の判例集や教科書も、「消費者法」を様々なテーマのブーケのように扱っており、編者や著者は、個々のテーマが消費者保護という上位概念に含まれることについて、説得力ある理由を示しておらず、大部分は、それを試みようとさえしていない。たとえば、森島昭夫＝伊藤進編『消費者取引判例百選』（有斐閣、1995 年）、木村晋介＝本田純一＝千葉肇『新消費者取引判例ガイド』（有斐閣、2000 年）参照。後者は、フランチャイズ契約も消費者問題として扱っているが、ドイツ人の眼には全く奇妙に思われるし、また日本でもおそらく少数派に属するであろう。かつて北川善太郎教授は、ドイツ語の著作において、（日本では）医療責任および交通事故も消費者法に含めるべきであると主張したことがある。Z. KITAGAWA, Einführung, in: Z. KITAGAWA / M. REHBINDER, Gegenwartsprobleme des Verbraucherschutzes (1978) S. 6 参照。しかし、このような広い境界画定を行うのであれば、やがて消費者法は際限なく拡大し、親族法・相続法以外のすべての民法の領域を含めることになりかねない。今では、ヨーロッパの消費者法も、日本法のように、パッチワークの様相を呈している。たとえば、N. REICH / H.-W. MICKLITZ, Europäisches Verbraucherrecht (4. Aufl. 2003) 参照。したがって、個々の法律問題を消費者保護の分野に含めるやり方は、今日では、日欧双方におい

IV. 差止請求権の行使の比較

1. 事前の警告

　最後に、具体的に差止請求権を行使する方法について説明する。

　まず警告制度は、ドイツでは、伝統的に不正競争防止法や知的財産権法の分野において認められてきたが、差止訴訟法でも、原則として、差止請求の対象となる事業者は、訴訟に先立ち警告を受け、違反行為停止の宣言およびそれに違反した場合の違約金の支払によって、訴訟を回避する機会を与えられるべきであるとされている（差止訴訟法5条、不正競争防止法12条1項）。この手続は、裁判所への提訴を要することなく、迅速かつ少ない費用で紛争を解決する点において、極めて有益な制度であると評価される。警告を受けた事業者は、裁判所での訴訟に勝つ見込みが少ないと判断した場合には、違反行為の停止および違約金の支払を約束するであろう。ただし、警告を発した団体に対して、警告に要した経費や弁護士報酬などを賠償しなければならない。

　審議会報告書は、同様の警告手続を設けたいようであるが[33]、もしドイツ法を念頭に置いているのであれば、もっと正確にこれを調べる必要がある。たとえば、審議会報告書は、ドイツの「警告・事前交渉」について、差止訴訟法では「法的義務なし。警告事前交渉を行うのが通常」であるが、不正競争防止法では「裁判開始前に警告をするとともに、調停に付す機会を与える規定あり」とする[34]。しかし、前述のとおり、差止訴訟法は、不正競争防止法の規定を準用しており、両者は同じであるから、報告書の記載は明らかに誤っている。

　また、審議会報告書では、日本法に導入しようとする警告制度の詳細が明らかにされていないが、たとえば、警告を受けた事業者が法令違反を認めた場合

　　　て、感覚的かつ恣意的になっており、それほど体系的かつ論理的な基準に基づいていないと思われる。
　33)　審議会報告書24頁参照。
　34)　審議会報告書46頁参照。

に、ドイツ法のように消費者団体が警告の費用やさらには弁護士報酬などの賠償を請求できるのか否か、という問題を考える必要がある。

さらに、ドイツ法では、団体は事前の警告を絶対的に義務づけられているわけではなく、直ちに裁判所へ訴えを提起することもできる。これも、ドイツ法の重要な特徴である。これに対し、審議会報告書は、「警告書の送付など、適格消費者団体が差止請求権の行使を準備していることを相手方事業者に対して通知することは必要」とするのみであり[35]、例外を認めるのか否かは明らかでない。一方、日弁連意見書は、「事業者が通知を受領しない時のことを考えると不要」というように[36]、全面的に警告制度に反対しているようであり、これも硬直的すぎると思われる。事前の警告制度は、訴訟の濫用を防ぐために、原則として必要であるが、例外的に訴訟による紛争解決を急ぐ場合もあると予想される。ただし、ドイツ法では、団体が事前の警告なしに訴えを提起したところ、事業者が直ちに請求を認め、かつ裁判所の認定によれば、訴訟の必要性がなかったとされた場合には、団体は、原則として訴訟費用を負担しなければならない（差止訴訟法5条、民訴法93条）。なぜなら、団体は、事業者に事前の警告を発することによって、多くの場合に訴訟を避けることができるからであり、その意味では、事前の警告を促す制度は、一般に合理的であると思われる。

2．差止訴訟の手続上の問題

つぎに、ドイツの差止訴訟については、被告の営業所所在地または住所地の地方裁判所が専属管轄を有する（差止訴訟法6条）。審議会報告書は、同様に被告の普通裁判籍所在地の地方裁判所に管轄を認めるが、日弁連意見書は、事業者の行為地にも管轄を認めるべきであると主張する[37]。ドイツの立法は、一見したところ、日弁連の主張に不利であると思われるかもしれないが、ドイツで

---

35) 審議会報告書24頁参照。
36) 日弁連意見書6頁参照。
37) 審議会報告書24頁、日弁連意見書6頁参照。

は、一般に弁護士が訴訟の遂行を全面的に任される点に注意する必要がある。たとえば、ミュンヘンの消費者団体がハンブルクの事業者に対する訴えを提起する場合には、ハンブルクの弁護士に依頼をし、消費者団体は、郵便や電話、ファックスなどで連絡をとるくらいである。これに対し、大阪の消費者団体が東京の事業者の大阪における事業活動について訴えを提起する場合には、一般に大阪の弁護士を雇うと思われるので[38]、事業者の行為地に管轄を認める必要性があることは理解できる。

　審議会報告書が取り上げず、日弁連意見書が少しだけ取り上げている問題として[39]、弁護士報酬を含む費用負担の問題がある。これは、日独訴訟法の根本的な違いに関係する。なぜなら、ドイツ法では、相手方の弁護士報酬を含め、すべての訴訟費用が敗訴の当事者の負担になるのに対し（民事訴訟法91条2項）、日本法はそうなっていないからである[40]。そもそも敗訴の当事者が全費用を負担する、という基本原則自体が適当であるか否かに争いの余地があるが、団体訴訟の場合は、このようなルールの導入が極めて重要であると思われる。さもなければ、公共的利益のためにのみ活動する消費者団体にとって、差止訴訟を利用するインセンティブは働かないからである。いずれにせよ、訴訟は費用のかかるものであり、勝訴の場合も、消費者団体が弁護士報酬を負担しなければならないとしたら、実際上、この制度の利用は控えられるであろう。

　さらにドイツ法では、差止訴訟の提起、保全処分の申立てまたは警告に必要な事業者の情報収集を目的として、団体は、郵便・宅急便・電話・インターネ

---

[38]　日本では、弁護士と依頼者の個人的な信頼関係が重視され、最初に依頼する時はもとより、訴訟の係属中にも、しばしば依頼者が弁護士の事務所を訪れ、面談することが普通であると考えられている。日本弁護士連合会編『くらしの相談室・弁護士の頼み方 Q&A〔新版〕』（有斐閣、1996年）18頁以下参照。

[39]　日弁連意見書7頁参照。

[40]　日本においても、内閣提出法律案として、弁護士報酬敗訴者負担法案が提出されたことがあるが、2004年12月3日に廃案となった。ちなみに、日弁連は、この法案に反対の立場であった。本林徹＝斎藤義房＝辻公雄「『弁護士報酬敗訴者負担法案』廃案への軌跡」自由と正義56巻4号49頁以下（2005年）参照。

ットなどの業者に対し、知り得る範囲内で関係事業者の名称および宛先を開示するよう求めることができる（差止訴訟法13条）。このような情報開示請求の規定は、不正競争防止法などには存在しないが、事業者が郵便局の私書箱やウェブサイトのアドレス、電話番号やファックス番号などを公開するだけであり、その所在地が分からないため、差止訴訟を提起できないという事態を避けるために設けられた[41]。しかし、審議会報告書および日弁連報告書は、この規定にあまり注意を払っていないように思われる。

訴訟が開始した後も、裁判上の和解が勧められるし、差止訴訟法2条による請求や特定の金融取引に関する紛争については、当事者の双方が同意すれば、商工会議所またはドイツ連邦銀行内に設けられた特別な調停機関に紛争を付託することも可能とされている（差止訴訟法12条による不正競争防止法15条の準用、差止訴訟法14条）。

3．判決の効力

最後に、判決の効力について述べれば、ドイツ法では、差止請求が認容された場合に、裁判所は、申立てにより、判決の主文および敗訴の被告の名称を公表する権限を団体に付与することができる。その費用は、官報に掲載する場合には、被告が負担するが、その他の一般紙などに掲載する場合には、団体が負担する（差止訴訟法7条）。このような判決の公表については、審議会報告書は、むしろ消費者団体の自主的な活動によるのを基本にすべきであるというが[42]、ドイツ法の内容については、差止訴訟法と不正競争防止法を区別せず、「敗訴当事者の負担による判決を公表する権限を与えることができ、公表の種類、規模は判決によって定められる」と述べている[43]。しかし、これは、不正競争防止法12条3項に関する記述である。差止訴訟法7条では、公表の対象は判決の主文に限定され、また費用負担は、官報とその他とで異なっている。2つの

---

41) BASSENGE, Fn. 5) Rn. 1 zu § 13 UKlaG 参照。
42) 審議会報告書22頁参照。
43) 審議会報告書46頁参照。

178

　法律には、このように決定的な違いがあるから、審議会報告書の記述は、明らかに不正確である[44]。

　このような判決の公表権は、ドイツでは、民事訴訟法による通常の訴訟では認められない特別な制裁であり[45]、不真面目な事業者に対する消費者からの警告の意味を有している。これに対し、日本法上は、判決の結果を公表することについて、特に法律上の障害はなく、それぞれの消費者団体が運営するウェブサイトなどでの公表が可能と思われるので、あえて判決の公表権を規定する必要はないであろう。日弁連意見書は、事業者の費用による判決の公表制度を提案しているが、これは、費用負担の点でドイツ法よりも過剰に請求権者を保護するものであること、および日独の法制度の違いを認識していない疑いがあることなどから、賛成できない。

　さらに、差止訴訟法11条によれば、同法1条により特定の普通取引約款の全部または一部の使用差止めが事業者に対し命じられた場合には、敗訴の事業者に対する別の訴訟において、個々の消費者は、この判決を援用することができるとされている。その限りにおいて、事業者の普通取引約款は、無効とみなされる。これに対し、審議会報告書および日弁連意見書は、このような援用制度に反対の立場であり、差止判決の効力は、いかなる場合にも当該事件の当事者限りとする[46]。この点にも、前述のような日独消費者法の基本構造の違いが表れている。すなわち、ドイツ法では、民事法上の救済に重点が置かれ、個々の消費者が自ら訴えを提起して損害賠償などを請求するための便宜が図られているが、日本法では、多数の公法上の規制が示すように、行政法ないし刑事法上の制裁に重点が置かれ、その違反の効果を民事法上の救済に直接反映させることには、消極的な傾向が見られる[47]。しかし、著者両名は、日本の消費者法

44）不正競争防止法8条3項による消費者団体訴訟には、同法12条3項が適用されるので、差止訴訟法7条よりも広い範囲で判決の公表権が認められる。

45）通常の訴訟の判決については、マスコミがこれを報道することは認められるが、当事者が積極的にこれを公表した場合には、名誉毀損になるおそれがある。

46）審議会報告書20頁以下、日弁連意見書5頁参照。

における民事救済の充実を図るために、このような援用制度の導入も検討されるべきであると考える。

おわりに

　以上によって、ドイツの消費者団体訴訟制度の概略およびその背景を説明し、日本における導入の提案との比較を行った。これを見る限り、日本での議論は、ドイツ法の規定を読み間違えていたり、その背景を十分に理解しないまま続けられたりした疑いがある。

　すなわち、ドイツでは、2002年の差止訴訟法以外に、以前から不正競争防止法などに団体訴訟に関する規定が設けられており、両者の間には、若干の違いがあるが、日本の審議会報告書や日弁連意見書は、その理由や詳細を十分に認識していない疑いがある。またドイツでは、これらの法律により団体訴訟を提起できる団体の要件が厳しく定められているが、その背景を知れば、厳格な団体の要件や濫用防止策を必要とする理由をより理解できるであろう。団体訴訟の範囲についても、いわゆる推奨行為を含める必要性が認識されていない一方で、そもそも消費者法の範囲に関する議論が不足している。ドイツ法における事前の警告制度は、明らかに誤って認識されているし、弁護士報酬などの費用負担の問題や事業者の情報開示の必要性は、あまり注目されていない。最後に、判決の公表に要する費用負担や他の訴訟への援用制度については、日独の法制度の違いに注意しながらも、必要なものを取り入れる姿勢が求められる。

　消費者団体訴訟の理念自体は、消費者保護のために必要なものである。しかし、単に外国の法律規定をモデルとするだけでは、不十分であり、法体系全体および社会的背景、特に裁判手続の実際の運用にまで目を配る必要がある。

　本稿は、このような必要性を明らかにし、日本の消費者団体訴訟がより発展し、日本の実情に合うものになることを期待するものである。そのためには、

47）　デルナウアー・前掲注31) 54頁以下参照。

日本の立法者も、原点に戻り、日本社会にとっての消費者団体訴訟の在り方を再考することを願っている。

第7章　重国籍者の国会議員資格
——日豪の事例の比較——

奥田安弘／トレバー・ライアン[*]

はじめに

　重国籍は、たとえば、日本法のように血統主義を原則とする国では、父母が自国民と外国人の夫婦であることから生じたり、オーストラリアのように生地主義を原則とする国では、自国の領域内における外国人居住者の子の出生により生じたりする。このように国籍法上の原則が大きく異なる両国において、ほぼ同じ時期に重国籍者の国会議員資格が問題となったのは興味深い。

　日本では、戦後長らく在留外国人数が100万人を下回り、しかも大部分は、戦前に朝鮮および台湾が日本の領土であった頃に、内地に移住してきた朝鮮人および台湾人ならびにその子孫であった[1]。これらの人たちは、一般に「オールド・カマー」と呼ばれる[2]。しかし、1980年代の後半からは、新たに来日し

---

[*]　本稿は、奥田安弘＝トレバー・ライアン「重国籍者の国会議員資格——日豪の事例の比較と法的分析（1）（2・完）」比較法雑誌53巻3号（2019年）45頁～75頁、53巻4号（2020年）1頁～28頁をもとに加筆修正したものである。ウェブサイトは、リンク切れがあるものを削除し、URLの変更を反映し、閲覧日を記した。ただし、本稿で取り上げる事実関係および法令は、原則として、原著の刊行当時の2019年を基準とする。なお、原著の英語版としては、Yasuhiro OKUDA / Trevor RYAN, Multiple Nationality and Parliamentary Eligibility in Japanese and Australian Law, in: ZJapanR/J. Japan.L. 45 (2018) 76-102 がある。

1)　日本統計年鑑によれば、1980年末の時点において、登録外国人数は、78万2910人であったが、韓国・朝鮮人が66万4536人、中国人（大部分は台湾人と思われる）が5万2896人であり、両方で91.6％を占めていた。

た「ニュー・カマー」が急増し、2005年以降は、在留外国人数が200万人を超えるようになった[3]。その後、リーマンショックやコロナの影響により、一時的に在留外国人数が減少することがあったが[4]、2022年末には、300万人を突破した[5]。日本の国籍法は、1985年に父系血統主義から父母両系血統主義に改正され、日本人と外国人の夫婦から生まれた子は、父母のいずれが日本人であっても、日本国籍を取得するようになったが、それに伴う重国籍者の増加に対応するため、国籍選択制度が設けられた[6]。しかし、このような制度の創設は、まだ外国人居住者の数がそれほど多くない1980年代であったことに注意を要する。

オールド・カマーの台湾人父と日本人母から生まれた蓮舫議員（原著の執筆当時）は、2016年9月、（旧）民進党の代表に選出されたが、その選挙前から、重国籍の疑いがあるため、国会議員や党の代表として相応しくないとする主張

---

2) 日本国との平和条約に基づき日本の国籍を離脱した者等の出入国管理に関する特例法（入管特例法）によれば、オールド・カマーの1世は、法律上当然に永住者とされ（同法3条）、その子孫は、出生から60日以内の申請により、特別永住が許可される（同法4条）。

3) 日本統計年鑑によれば、2005年末に登録外国人数は201万1555人となったが、2012年に外国人登録制度が廃止され、在留カード（中長期在留者）または特別永住者証明書（オールド・カマー）が交付されるようになった。それに伴い、登録外国人は在留外国人と名称を改め、その数は、2017年末に256万1848人に達している。

4) 出入国在留管理庁のサイト〈https://www.bunka.go.jp/seisaku/kokugo_nihongo/kyoiku/taikai/r04/pdf/93855301_04.pdf〉参照（2023年11月22日閲覧）。

5) 出入国在留管理庁のサイト〈https://www.moj.go.jp/isa/publications/press/13_00033.html〉（2023年11月22日閲覧）によれば、2022年末現在における在留外国人数は、307万5213人となり、前年末（276万635人）に比べ、31万4578人（11.4％）の増加となっている。

6) 昭和59年法律第45号（昭和60年1月1日施行）による国籍法改正の経緯については、江川英文＝山田鐐一＝早田芳郎『国籍法〔第3版〕』（有斐閣、1997年）62頁以下、奥田安弘『国際家族法〔第2版〕』（明石書店、2020年）92頁以下、同『家族と国籍——国際化の安定のなかで』（明石書店、2017年）30頁以下参照。

が出始め、それは、翌年7月に蓮舫議員が党代表の辞任会見を開く頃まで続いた[7]。本稿の前半では、この蓮舫議員の事例を中心として、日本法上の問題点を分析する。

すなわち、戦前の中国大陸は、中華民国政府によって統治されていたが、戦後まもなく中華人民共和国政府が成立し、日本は、1972年に後者を中国の正統政府として承認した。そこで、蓮舫議員が中国国籍も保有する重国籍者であるのか否かを判断するためには、中華民国と中華人民共和国のいずれの政府の国籍法を適用すべきであるのか、という問題を解決する必要がある。また、仮に蓮舫議員が重国籍者であるとすれば、日本の国籍法上、国籍選択の義務を負うとされるが、国籍選択をしなかった場合に、現行法上、どのような効果が生じるのかを確認する必要がある。さらに、わが国の立法論として、重国籍者が国会議員となる資格に制限を設けるべきであるのか否かも考察する。

一方、オーストラリアは、典型的な多文化社会である。2020年6月30日現在で、全人口の29.8％が外国生まれであり[8]、オーストラリア生まれであって

---

7) その経緯は、Japan Times の一連の記事で詳しく報じられている。S. MURAI, Renho nationality accusations spur debate on dual citizenship, September 8, 2016; T. OSAKI, Renho acknowledges that she has yet to renounce her Taiwanese citizenship, 14 Sept. 2016; T. OSAKI, Renho elected first female leader of main opposition force, 15 Sept. 2016; S. MURAI, Justice Ministry says Taiwanese in Japan not subject to Chinese law on citizenship issues, September 16, 2016; T. OSAKI, Nippon Ishin submits bill to bar people with dual nationality from running for Diet, September 27, 2016; T. OSAKI, Abe admits dual citizenship for ministers, officials 'problematic', 6 Oct. 2016; T. OSAKI, Abe urges Renho to prove her status under the law with release of family registry, October 14, 2016; T. OSAKI, Renho admits she started process to get Japanese nationality only this month, 17 Oct. 2016; T. OSAKI, Renho to disclose family registry in bid to quell furor over dual nationality, 14 July 2017; T. OSAKI, Renho discloses family registry as critics call move setback for minorities, July 19, 2017; R. YOSHIDA, Main opposition chief Renho resigns Democratic Party leadership, July 28, 2017.

8) オーストラリア統計局（Australian Bureau of Statistics）のウェブサイト〈https://www.abs.gov.au/statistics/people/population/migration-australia/latest-release〉参照（2024年3月16日閲覧）。

も、父母または祖父母が移民である者が多い。そのため、他の生地主義の国々と同様に、いかに忠誠の衝突（その疑いのあるものや現にそうであるもの）を管理するのかなどの問題に取り組んできた。たとえば、民族主義的なワン・ネイション党の議席回復、外国人による政党への寄付などの影響力の行使を制限しようとする動き[9]、野党の著名な上院議員が外国人の寄付者に対し、監視を免れるためのアドバイスをしていたことが明るみに出て辞任するなど[10]、様々な政治的スキャンダルが起きた。

　法律の分野においても、テロリストとされた者が重国籍である場合に、（裁判所への不服申立てが可能であるとはいえ）オーストラリア国籍を剥奪する権限を行政府に認める改正法の成立[11]、帰化の居住条件および国語条件を厳しくする改正案など[12]、大きな変化が現れている。2002 年に、外国に帰化した者もオーストラリア国籍を失わないとする改正法が成立したことによって[13]、一段と重国籍が広まったが、それ以前から、外国人のオーストラリアへの帰化に際しては、従前の外国国籍の喪失が求められていなかったから、事実上、重国籍が容

---

9) M. KOZIOL, Coalition, Labor and Greens Agree to Ban Foreign Donations to Political Parties, in: The Sydney Morning Herald (Sydney), 11 March 2017; Foreign agents to be forced to declare international links under new laws, in: ABC News Online, 14 November 2017 〈https://www.abc.net.au/news/2017-11-14/foreign-agents-to-be-forced-to-declare-international-links/9150054〉参照（2024 年 3 月 16 日閲覧）。

10) Sam Dastyari resigns from Parliament, says he is "detracting from Labor's mission" amid questions over Chinese links, in: ABC News Online, 13 December 2017 〈https://www.abc.net.au/news/2017-12-12/sam-dastyari-resigns-from-parliament/9247390〉参照（2024 年 3 月 16 日閲覧）。

11) Australian Citizenship Amendment (Allegiance to Australia) Act 2015 (Cth), Schedule 1.

12) Australian citizenship law changes mean migrants will face tougher tests, in: ABC News Online, 20 April 2017 〈https://www.abc.net.au/news/2017-04-20/migrants-to-face-tougher-tests-for-australian-citizenship/8456392〉参照（2024 年 3 月 16 日閲覧）。

13) これにより、Australian Citizenship Act 1948 (Cth), Section 17 が廃止された。

認されていた。しかし、2017年の後半以降は、連邦議員の重国籍問題がオーストラリア政治の根幹を揺り動かすことになった。なぜなら、連邦憲法44条1号は、1900年の制定当初から、重国籍を連邦議員の欠格事由としていたからである[14]。

本稿の後半では、オーストラリア法における連邦議員の重国籍問題を取り上げ、現行法上の制限を緩和するための改正が必要であることを明らかにする。まず、連邦議員の資格剥奪の手続および要件を考察する。つぎに、オーストラリアがイギリスの旧植民地であること、連邦制を採用していること、権利章典を有しない国であることから生じる法律問題を扱う。さらに、従来の法改正の試みを紹介しながら、現行規定が恣意的であり、明確性を欠き、政治に左右されやすいため、全面的に廃止するか、または忠誠の衝突の防止という目的をより実現しやすい制度に改めるべきであることを主張する。

最後に、以上の日本法およびオーストラリア法の考察から、両者に共通する面があることを明らかにし、重国籍者の国会議員資格の制限には、理論上も実際上も多くの問題があり、そのような立法論には賛成できないと結論づける。

I. 日 本 法

1. 台湾人の国籍

蓮舫議員の父親は、台湾出身者であるが、その国籍については、歴史的な経緯を振り返る必要がある。日清戦争の終結後に締結された下関条約（明治28年4月20日批准、同年5月13日公布）は、清国がその領土の一部であった台湾な

---

14) An Act to constitute the Commonwealth of Australia of the 9th July 1900, Section 44: Any person who: (i) is under any acknowledgment of allegiance, obedience, or adherence to a foreign power, or is a subject or a citizen or entitled to the rights or privileges of a subject or a citizen of a foreign power ... shall be incapable of being chosen or of sitting as a senator or a member of the House of Representatives. 同条は、他にも刑事事件の有罪判決、破産、公務員職への従事、国との契約による金銭的利益の享受を欠格事由とする。

どを日本に割譲し、当該地域の住民を日本国民とみなす旨を規定していた[15]。これにより、台湾人は日本人となり、日本の旧国籍法（明治32年法律第66号）が台湾において施行されたが[16]、戸籍上は、内地人と台湾人との区別があった。すなわち、内地人は、内地の戸籍に記載されるが、台湾人は台湾の戸籍に記載され、内地人と台湾人の間で婚姻や養子縁組などの身分行為があった場合を除き、内地戸籍と台湾戸籍の間に異動はなかった[17]。しかし、これは、あくまでも戸籍上の区別であり、当時の台湾人が日本国民であったことは間違いない。

第二次世界大戦の終結後に日本国との平和条約（昭和27年条約第5号）が締結されたが、それには、日本が台湾などに対するすべての権益を放棄する旨の規定がある一方で（2条）、台湾人などの国籍に関する規定は設けられなかった。ところが、日本の法務省は、この条約の発効を間近に控え[18]、台湾人などの国籍および戸籍事務の処理に関する通達（昭和27年4月19日民事甲第438号通達戸籍35号37頁）を発出し、台湾などが条約発効の日に日本の領土から分離されるのに伴い、台湾人などは、内地に在住する者を含め、すべて日本国籍を失うとした。すなわち、条約に明文の規定がなくても、日本が台湾などの領土を放棄する以上、台湾人などが日本国籍を失うのは、条約の合理的解釈の帰結とされたのである[19]。これに対し、最大判昭和37年12月5日（刑集16巻12号1661頁）は、国籍喪失の時期を日本国との平和条約ではなく日華平和条約の発

---

15) 下関条約5条1項「日本国ヘ割与セラレタル地方ノ住民ニシテ右割与セラレタル地方ノ外ニ住居セムト欲スルモノハ自由ニ其ノ所有不動産ヲ売却シテ退去スルコトヲ得ヘシ其ノ為メ本約批准交換ノ日ヨリ二箇年間ヲ猶与スヘシ但シ右年限ノ満チタルトキハ未タ該地方ヲ去ラサル住民ヲ日本国ノ都合ニ因リ日本国臣民ト視為スコトアルヘシ」。

16) 明治32年法律第40号、同年法律第53号、国籍法、外国艦船乗組員ノ逮捕留置ニ関スル援助法及明治32年法律第94号ヲ台湾ニ施行スルノ件（明治32年勅令第289号）参照。

17) 本島人ノ戸籍ニ関スル件（昭和8年台湾総督府令第8号）、共通法（大正7年法律第39号）3条参照。

18) 日本国との平和条約の発効日は、昭和27年4月28日午後10時30分とされていた（昭和27年内閣告示第1号、同年外務省告示第10号）。

効の日としながらも[20]、台湾人の日本国籍の喪失自体は認めた。一方で、中華民国は、1946年に在外台僑国籍処理弁法を制定し、在外台湾人は、同年末までに申出がない限り、中国国籍を回復するとした[21]。

蓮舫議員の父は、おそらく1952年以前に生まれたと思われるので、出生により日本国籍を取得したが、日本国との平和条約または日華平和条約の発効により日本国籍を失い、中華民国の法律により中国国籍を取得したと考えられる[22]。そして、蓮舫議員は、1967年に中国人の父から生まれたことを理由として、中華民国の旧国籍法が採用する父系血統主義により[23]、中国国籍を取得したが、日本の国籍法も、当時は父系血統主義を採用していたので[24]、母のみが

---

19) このような条約解釈自体は、合理的であると思われるが、いかなる範囲の者が日本国籍を失うのかについては、なお検討を要する。奥田（国際家族法）・前掲注6) 96頁以下参照。

20) 最大判昭和37年12月5日は、日華平和条約によって、台湾が日本国から中華民国に譲渡されたのであるから、この条約の発効により、台湾人が日本国籍を失ったとする。しかし、問題は、日本国籍の喪失であるから、むしろ台湾に対する権益を放棄した日本国との平和条約の発効日を基準とすべきであったと思われる。江川＝山田＝早田・前掲注6) 232頁も参照。日華平和条約の発効日は、日本国との平和条約よりも数か月遅い昭和27年8月5日であったので、最高裁は、被告人の救済を図るために、法解釈の論理を犠牲にした疑いがある。なお、朝鮮人の日本国籍喪失の時期については、法務省の通達と同じく、日本国との平和条約の発効の日とする最大判昭和36年4月5日民集15巻4号657頁がある。

21) 江川＝山田＝早田・前掲注6) 230頁参照。

22) 在外台僑国籍処理弁法は、中国国籍の「回復」というが、蓮舫議員の父親が出生した時は、中国国籍ではなく日本国籍であったので、中国国籍の「取得」というべきであろう。

23) 民国18年（1929年）2月5日公布施行の旧国籍法1条1号参照。なお、民国89年（2000年）2月9日公布施行の現行国籍法2条1号は、父母両系血統主義を採用している。

24) 昭和59年改正前の国籍法2条1号参照。父系血統主義は、憲法24条の定める両性の平等に反する疑いがあったが、これを維持する理由としては、他の大多数の国も父系血統主義を採用し、その結果として、異国籍夫婦の子は父の国籍だけを取得し、重国籍を防止できることが挙げられていた。黒木忠正＝細川清『外事法・国籍法』（ぎょうせい、1988年）267頁参照。

日本人である蓮舫議員は、出生時には日本国籍を取得せず、中国国籍として外国人登録をしたと思われる[25]。

ところが、日本の国籍法が父母両系血統主義に改正された際に、特例措置が設けられた。すなわち、改正法の施行日（1985年1月1日）に20歳未満の者で、出生の時に日本人であった母が現在も日本人である場合は、3年以内に法務大臣に届け出ることによって、日本国籍を取得できるとされ、当時17歳の蓮舫議員は、国籍法施行後すぐに届出をして、日本国籍を取得した[26]。この届出に

25) 日本に居住する外国人は、戦後まず外国人登録令（昭和22年勅令第207号）、続いて外国人登録法（昭和27年法律第125号）により、外国人登録が義務づけられたが、その際に「大陸出身者も台湾出身者も一律に国籍は中国」とされていた。昭和28年5月29日第16回国会衆議院外務委員会議録第3号17頁参照。田村満（重見一崇＝山神進補訂）『外国人登録法逐条解説〔全訂版〕』（日本加除出版、2000年）99頁も参照。平成10年法律第57号による入管法改正では、政令で定める地域の権限のある機関が発行した渡航文書も、同法にいう旅券に含まれ（2条5号ロ）、そのような地域としては、台湾などが指定されたが（入管法施行令1条）、外国人登録では、国籍を記載することから、「台湾」という記載は認められなかった。しかし、平成21年法律第79号（平成24年7月9日施行）により外国人登録が廃止され、代わりに導入された在留カードおよび特別永住者証明書では、「台湾」という地域の名称を記載できるようになった（入管法19条の4第1項1号、入管特例法8条1項1号）。

26) 昭和59年改正法・前掲注6）附則5条参照。同条2項によれば、この届出は、本人が15歳未満である場合は、法定代理人が代わってするが、当時17歳であった蓮舫議員は、自ら届出をしたと思われる。なお、法務年鑑によれば、国籍取得届の件数は、1985年1万1271件、1986年7364件、1987年1万1918件であり、韓国・朝鮮人は50％前後、中国人は10％前後とされている。前述注2）のとおり、当時は、在日外国人の大部分がオールド・カマーであったから、ここでいう中国人とは、台湾出身者を意味するとみて差し支えないであろう。なお、この数字には、他の規定による国籍取得届（国籍法3条、17条）の件数が含まれているが、法務省民事局長の国会答弁によれば、「大部分が改正法附則5条の経過措置に基づくもの」とのことである（昭和62年9月16日第109回国会衆議院法務委員会議録第11号16頁）。また、法務局の担当課がこの規定による国籍取得届の相談や審査に追われ、他の業務に支障が出る事態となっていることを問題視する議員もいた（昭和60年2月26日第102回国会衆議院内閣委員会議録第4号

よる国籍取得は、帰化と異なり[27]、従来の国籍喪失が求められていなかったにもかかわらず、蓮舫議員は、中国国籍の喪失許可を得るために、父親とともに亜東関係協会（現・台湾日本関係協会）を訪れたようである。しかし、当時の中華民国の旧国籍法によれば、帰化や届出など、自己の意思で外国国籍を取得した場合も、20歳以上であって、中国法により行為能力を有する者でなければ、国籍喪失が許可されないとされていた[28]。したがって、国籍喪失許可は、申請すらできなかったはずであるが、蓮舫議員は、当時まだ中国語を全く理解できず、父親も亜東関係協会での面談結果を説明しなかったので、国籍喪失が許可されたと思い込んでいたようである[29]。

2．中国国籍の得喪と政府承認

ここで重要となるのは、蓮舫議員が出生した当時は、日本が中国の正統政府として中華民国を承認していたのに対し、届出により日本国籍を取得した当時は、1972年の日中国交正常化に伴い、日本が中華人民共和国を中国の正統政

27頁）。

27) 帰化は、法務大臣の自由裁量にもとづく許可によるが（国籍法4条2項）、帰化の申請者が「国籍を有せず、又は日本の国籍の取得によつてその国籍を失うべき」場合でなければ、法務大臣は、帰化を許可することができない（国籍法5条1項5号）。ただし、「外国人がその意思にかかわらずその国籍を失うことができない場合において、日本国民との親族関係又は境遇につき特別の事情があると認める」ときは、例外が認められている（同条2項）。

28) 中華民国の旧国籍法・前掲注22）11条参照。現行国籍法・前掲注24）11条2項によれば、父母が政府の許可により中国国籍を喪失する場合は、未婚で未成年の子も、同時に政府の許可を得て、中国国籍を喪失することができるとされているが、蓮舫議員のケースのように、未婚で未成年の子が単独で中国国籍を喪失することは、現行法上も認められていない。

29) 2016年9月13日付け産経ニュース〈https://www.sankei.com/politics/news/160913/plt1609130016-n1.html〉参照（2023年11月22日閲覧）。なお、この記事によれば、蓮舫議員は、「台湾籍」が残っていたというが、後述のとおり、問題は、中国国籍の有無であるから、戦前の台湾戸籍あるいは2012年以降の在留カードなどにおける「台湾」という記載を勘違いした疑いがある。

府として承認していたことである。それにもかかわらず、中華民国の国籍法を適用し、蓮舫議員が中国国籍を失っていないとするのは、中華人民共和国を中国の正統政府として承認した趣旨に反する[30]。

その中華人民共和国の国籍法によれば、外国に定住する中国国民が自己の意思で外国国籍を取得した場合は、法律上当然に中国国籍を失うとされている[31]。蓮舫議員は、出生の時から日本に居住し続け、自ら届出により日本国籍を取得したのであるから、その時に法律上当然に中国国籍を失っており、一度も重国籍にならなかったと考えるべきである。

従来の法務省の行政先例においても、このように正統政府として承認した政府の国籍法のみを適用するという立場が採用されている[32]。たとえば、日本の国籍法11条1項によれば、日本国民が自己の志望により外国国籍を取得した場合は、法律上当然に日本国籍を失うが、正統政府として承認した政府の国籍法による帰化などだけが、この規定にいう自己の志望による外国国籍の取得として認められる[33]。現に、日中国交回復後に中華民国に帰化したとして、中華

---

30) 奥田安弘『国籍法と国際親子法』（有斐閣、2004年）81頁以下では、日本政府による中華民国の国籍法の適用について、肯定的な見解を主張したが、本文のとおり説を改める。

31) 中華人民共和国国籍法（1980年9月10日公布施行）9条参照。

32) なお、日本への帰化については、前述注27）のとおり、日本国籍の取得によって、従前の国籍を失うことが許可の条件とされているが（重国籍防止条件）、実務では、日中国交回復後も台湾人に対し中華民国政府の国籍喪失許可証を求めているようである。しかし、これは、帰化の許可が法務大臣の自由裁量によるからである。すなわち、国籍法に規定された重国籍防止条件は、法務大臣が帰化を許可する最低条件にすぎない（最大判平成20年6月4日民集62巻6号1367頁）。中華人民共和国の国籍法により、法律上当然に中国国籍を失うから、その最低条件は具備しているが、法務大臣は、裁量権の範囲内において、その他の事情を考慮することが許される。台湾人については、国籍法に規定された重国籍防止条件に加えて、さらに中華民国政府の国籍喪失許可証を求めたとしても、裁量権の逸脱・濫用とはならないであろう。奥田（国際家族法）・前掲注6）107頁参照。

33) この点について、法務省民事局第五課国籍実務研究会編『国籍・帰化の実務相談』（日本加除出版、1993年）236頁は、別の理由を挙げる。すなわち、承認の

民国政府の発行した帰化証明書を添付してなされた国籍喪失届（戸籍法103条）は、これを受理することができないとした昭和49年12月26日民五第6674号回答（民月34巻4号21頁）がある。日中国交回復後は、中華人民共和国政府が中国の正統政府として承認されているから、中華民国政府の国籍法による帰化は、日本の国籍法11条1項にいう外国国籍（中国国籍）の取得とは認められず、日本国籍を喪失したとする報告的届出を受理することができないというのである。

また、中国残留孤児が中華人民共和国許可入籍証書を所持して帰国した事案において、「中国国籍取得の意思が真正なものであったと認められる限り、日中国交回復の日（昭和47年9月29日）をもって日本の国籍を喪失した」とする昭和49年10月11日民五第5623号回答（民月29巻12号99頁）があり、下級審判例でも、同様の見解を採用したものがある[34]。これらは、中華人民共和国政府の法令により帰化した時点では、同政府が未承認であるため、帰化の効力を認めることができなかったが、その後の政府承認によって帰化の効力が顕在化したとする解釈（帰化の顕在化論）によるものである[35]。

ない政府が発行した帰化証では、その信憑性を確認する方法がなく、これを正式な公文書として認めたら、その政府を承認したのと同じ結果となって、わが国の外交政策と矛盾することになるというのである。しかし、私法上の身分関係については、未承認政府の法も適用されるため、日中国交回復後の台湾で日本人と台湾人が婚姻、離婚、養子縁組などを成立させたことを証明する書類として、台湾地方法院の公証書を添付した報告的届出が受理されている。奥田（国籍法と国際親子法）・前掲注30) 88頁参照。また、前述注32) のとおり、帰化の実務では、中華民国政府の国籍喪失許可証を求めている。したがって、問題は、承認のない政府の発行した帰化証の信憑性ではなく、むしろ帰化の根拠法令にあると考えるべきである。

34) 東京地判平成4年5月27日民月48巻11号6頁、東京地判平成7年12月21日家月48巻5号84頁参照。ただし、これらの判決によれば、中国への帰化が自己の志望によるものであることについては、被告の国側が証明責任を負い、結局のところ、国側が証明責任を尽くしていないとして、日本国籍の確認請求が認容された。

35) 醍醐聰「中国残留邦人の国籍について」民月34巻4号20頁（1979年）、小林

このように正統政府として承認した政府の国籍法のみを適用することについては、幾つか検討すべき点がある。まず、国際私法の分野では、以前から行政実務および裁判実務のいずれにおいても、未承認政府の法の適用が認められてきた[36]。たとえば、日中国交回復後になされた台湾人と日本人との養子縁組届について、中華民国法の適用により、この届出を受理することができないとした昭和51年9月8日民二第4984号回答（民月31巻12号155頁）がある[37]。この回答は、日本人の養子となるべき台湾人が中華人民共和国と何ら接触がないことを理由として、中華民国法を本国法としたが、国籍の決定自体も中華民国の国籍法によったと見ることはできない。むしろこの台湾人が中国国籍を有するか否かは、中華人民共和国の国籍法により判断し、本国法としては、中華民国法を適用したと見るべきである[38]。

つぎに、上記の帰化の顕在化論によれば、中華人民共和国への帰化の効力がその後の政府承認によって顕在化したというが、逆に中華民国政府が中国の正統政府ではなくなったことにより、それ以前に中華民国に帰化した者について、日本国籍の回復を認めた例は見当たらない。しかし、この場合における中国国籍の取得は、その当時に中国の正統政府として承認されていた中華民国の

健二「中国からの帰国者に関する国籍法上の問題点について（上）」民月37巻4号10頁（1982年）、吉戒修一「国籍認定をめぐる問題点」岡垣學＝野田愛子編『講座・実務家事審判法5』（日本評論社、1990年）54頁参照。

36) 奥田（国際家族法）・前掲注6）46頁以下、同（国籍法と国際親子法）・前掲注31）82頁、山田鐐一『国際私法〔第3版〕』（有斐閣、2004年）76頁以下参照。

37) 平成元年改正前の法例19条1項は、養子縁組の成立について、各当事者の本国法を配分的結合的に適用しており、また中華民国民法1073条は、養親が養子よりも20歳以上年長であることを要件としていたが、本件の養子縁組は、この要件を満たさないとされた。

38) 奥田（国際家族法）・前掲注6）106頁参照。なお、中華人民共和国の国籍法によれば、父母の双方または一方が中国国民であることが国籍取得の要件（の一部）とされているが（4条、5条）、その前提となる親子関係の成立は、台湾人についても、中華人民共和国の国際私法が指定する準拠法によるべきである。なぜなら、その親子関係の成立は、専ら中国国籍の取得に関わる問題であるからである。

国籍法によったものである。したがって、日中国交回復によって、中国国籍の取得がなかったかのように、日本国籍を回復させるのは、かえって不当な結果となる[39]。

さらに、日本は、パレスチナを国家として承認していないが、行政実務では、パレスチナ国籍法の適用が認められている。すなわち、日本の国籍法2条3号によれば、父母がともに無国籍である子が日本で生まれた場合は、補充的生地主義により、日本国籍を取得するが、日本で生まれたパレスチナ人父母の子は、パレスチナ国籍を取得したものとする平成19年10月3日民一第2120号通知（民月62巻11号111頁）がある[40]。この通知は、中華民国には全く言及しておらず、また中華民国への帰化に関する先例を変更する旨の通達なども見当たらない。このようなパレスチナと中華民国の取扱いの違いは、矛盾するわけではない。国家承認の場合は、その地域（パレスチナ）の国籍法を適用しなかったら、無国籍となってしまうため、国家としての実態があり、国家承認の対象となり得る場合は、わが国がまだ承認していない国の国籍法も適用すべきである。しかし、政府承認の場合は、日本からみて、中国国籍は1つであり、それを2つの政府の国籍法により認定することはできないから、正統政府（中華人民共和国政府）の国籍法のみを適用すべきであり、国家承認の場合とは区別すべきである[41]。

以上のとおり、正統政府として承認した政府の国籍法のみを適用すること

---

39) 奥田（国際家族法）・前掲注6）107頁、同（家族と国籍）・前掲注6）56頁以下参照。

40) かつては、国際私法上も、パレスチナに属する者を無国籍とし、婚姻届の審査について、常居所地法である日本法を適用した先例があったが（平成13年1月29日民一第221号回答民月56巻5号209頁）、その後、パレスチナ人男と中国人女の創設的婚姻届について、夫となる者の本国法をパレスチナ法として審査した平成24年9月24日民一第2439号回答（民月68巻1号157頁）が発出されている。

41) 奥田（国際家族法）・前掲注6）107頁以下、同（家族と国籍）・前掲注6）64頁以下参照。

は、国際私法上の未承認政府法の適用、帰化の顕在化論、未承認国家の国籍法の適用のいずれとも矛盾するものではなく、法解釈論として合理的な根拠を有する。

3．蓮舫議員の事案

　以上によれば、蓮舫議員が出生の時に中国国籍を取得したか否かは、当時の承認政府である中華民国政府の国籍法により判断するが、届出により日本国籍を取得したことにより、中国国籍を失ったか否かは、その届出の時に日本が承認していた中華人民共和国の国籍法により判断すべきである。したがって、外国（日本）に定住している間に、自己の意思により外国国籍（日本国籍）を取得したのであるから、蓮舫議員は、法律上当然に中国国籍を失っており、一度も重国籍とはなっていない。

　ところが、蓮舫議員の国籍に関する法務省の対応は、不可解極まりないものであった。まず、蓮舫議員は、自らも重国籍者であると信じ、国籍選択義務を怠っているとの批判をかわすために、改めて中華民国政府に対し国籍喪失許可を申請し、その許可証を得たと公表した[42]。中華民国の現行国籍法によれば、外国人の配偶者となった者は、政府の許可により国籍を失うことができるから[43]、1993 年に日本人と婚姻したことを理由とするものであったと思われる。しかし、この国籍喪失許可証を添付して、外国国籍喪失届（戸籍法 106 条）を日本の区役所にしたところ、不受理処分を受けたようである[44]。蓮舫議員は、それではどうすればよいのかを法務省に相談したところ、日本国籍の選択宣言の届出をするよう強く指導され、それに従ったとのことである。後に、この選択宣言の届出は、（おそらく即日に）受理されていたことが明かされている[45]。

　42）　2016 年 9 月 23 日付け産経ニュース〈https://www.sankei.com/premium/news/160923/prm1609230010-n1.html〉参照（2023 年 11 月 22 日閲覧）。
　43）　中華民国の現行国籍法・前掲注 23）11 条 1 項 2 号参照。
　44）　2016 年 10 月 16 日付け産経ニュース〈https://www.sankei.com/politics/news/161016/plt1610160008-n1.html〉参照（2023 年 11 月 22 日閲覧）。

この外国国籍喪失届の不受理処分と選択宣言の届出の受理処分は、明らかに矛盾する。すなわち、外国国籍喪失届は、「外国の国籍を有する日本人」がするものであるから、すでに中華人民共和国の国籍法により中国国籍を失っていることを理由として、不受理処分をするのであれば、理解できる。しかし、選択宣言の届出も、「外国の国籍を有する日本国民」が日本国籍を選択する方法の1つとして行うものである（国籍法14条、戸籍法104条の2）。したがって、外国国籍喪失届について、不受理処分をするのであれば、選択宣言の届出をするよう指導したり、その届出を受理したりするのは、理屈に合わない。これに対し、法務省が従来の先例を改め、中華民国政府の国籍法を適用するのであれば、たしかに蓮舫議員は、一時的に重国籍の状態にあったが、その後、中華民国の国籍法により有効に国籍喪失許可を得たのであるから、この場合は、外国国籍喪失届を受理すべきであり、その結果、やはり選択宣言の届出を受理することはできないはずである。すなわち、いずれの政府の国籍法を適用したとしても、選択宣言の届出は、受理することができないにもかかわらず、その届出をするよう蓮舫議員を指導し、かつ区役所に受理を指示したのは、もはや合理的な法解釈ではなく、どうしても蓮舫議員を重国籍者にしておきたいという政治的な意図が窺われる。

　ところが、法務省は、新聞各紙の取材に対し、なぜか中華人民共和国の国籍法を適用しない旨だけを述べている[46]。また、2016年10月26日に開催された

---

45) 2017年7月18日の蓮舫代表の記者会見を報じる民進党のウェブサイト〈https://www.minshin.or.jp/article/112320〉参照（2023年11月22日閲覧）。記者会見では、選択宣言の日付が記載された戸籍を公開しており、それは、選択宣言の届出が適法なものとして受理されたことを意味する。ただし、戸籍法上、謄本等の請求権者が制限されていること（10条、10条の2）を考えれば、記者会見の場で戸籍を公開したことは、同法の趣旨に反する行為であったと思われる。

46) 2016年9月15日付け日本経済新聞朝刊、同月16日付け毎日新聞朝刊、同日付け朝日新聞朝刊参照。これらの記事では、「中国の法律を適用しない」とされているが、前後関係によれば、中華人民共和国の国籍法を意味すると解される。しかし、前述（Ⅰの2）のとおり、従来の法務省の先例によれば、中国の正統政府として、中華民国を承認していた時期には、その国籍法を適用し、1972年に

全国連合戸籍住民基本台帳事務協議会総会の記念講演において、当時の法務省民事局民事第 1 課長は、次のとおり述べている[47]。

　外国国籍につきましては、1 つ申し上げておく必要があるのは、その人について外国国籍があるかどうかを決めるのは、当たり前のことですけれども、その外国政府だということです。どんな法令を適用して、どんな事実認定をして、外国国籍があるかどうかを判断するのは外国政府ということになります。

これでは、あたかも日本政府は、自国の法律の適用上必要である場合も、外国の国籍法を一切適用しないかのような誤解を招きかねない。しかし、外国国籍喪失届（戸籍法 106 条）は、「外国の国籍を有する日本人」がするものであるから、当該日本人が外国国籍を有するのか否かを判断するためには、外国の国籍法を適用せざるを得ない。また選択宣言の届出も、「外国の国籍を有する日本国民」が日本国籍を選択する方法の 1 つとして行うものであるから（国籍法 14 条、戸籍法 104 条の 2）、当該日本国民が外国国籍を有するのか否かを判断するためには、外国の国籍法を適用せざるを得ない。それにもかかわらず、日本政府が外国の国籍法を一切適用しないとしたら、これらの外国国籍喪失届および選択宣言の届出が適法であるか否かは、どのようにして判断するのであろうか[48]。

　　中華人民共和国を承認した時から、その国籍法を適用するようになったことは明らかである。
47）　渡邊ゆり「戸籍行政をめぐる現下の諸問題について」戸籍 937 号 14 頁（2017 年）参照。
48）　これらの届出以外にも、日本の国籍法では、外国の国籍法を適用すべき場合が多数規定されている。たとえば、日本で生まれた子の「父母が……国籍を有しないとき」（同法 2 条 3 号）に該当するか否か、帰化の申請者が「国籍を有せず、又は日本の国籍の取得によってその国籍を失うべきこと」（同法 5 条 1 項 5 号）に該当するか否か、重国籍防止条件を免除する条件として、「外国人がその意思

仮に本当に外国の国籍法を適用することができないと信じ込んでいるとしたら、それは、1930年の国籍法の抵触についてのある種の問題に関する条約1条前段において、「何人が自国民であるかを自国の法令によって決定することは、各国の権限に属する」とされているのを誤解したのかもしれない。この規定は、各国が国籍取得の要件を独自に定めることができることを意味するだけであり[49]、日本の国籍法を適用する前提として、外国国籍の有無が問題となる場合に、当該外国の国籍法を適用するのを妨げるものではない。さらに、外国の国籍法の適用結果として、関係者が当該外国国籍を有するか否かという国籍認定についても、当該外国の公文書が有力な資料とはなるが、日本の行政・司法は、それに拘束されず、独自に認定することを妨げられない[50]。ただし、その認定の根拠は、あくまでも当該外国法に求められる。

　ちなみに、昭和59年11月1日民二第5500号通達（民月39巻10号79頁）第3の5(1)は、国籍選択届の審査方法を次のとおり定める。

　新国籍法第14条により、外国の国籍を有する日本人（以下「重国籍者」という。）は、一定期間内に国籍の選択をすべきこととされた。日本の国籍の選択の宣言をしようとする者は、市区町村長に対してその旨を届け出なけれ

にかかわらずその国籍を失うことができない場合」（同条2項）に該当するか否か、日本国籍の喪失原因として、「自己の志望によって外国の国籍を取得したとき」（同法11条1項）または「外国の法令によりその国の国籍を選択したとき」（同条2項）に該当するか否か、日本国籍を留保する要件として、「出生により外国の国籍を取得した日本国民」（同法12条）に該当するか否か、日本国籍を離脱する要件として、「外国の国籍を有する日本国民」（同法13条）に該当するか否かなどがある。

49)　同条約1条前段は、一般に国籍が国内管轄事項に属することを意味すると解されている。ただし、同条後段は、「この法令は、国籍に関する国際条約、国際慣習および一般に承認された法の原則に反しない限り、他国によって承認される」と定め、同条前段を制限している。詳細については、奥田（国籍法と国際親子法）・前掲注30) 57頁以下参照。

50)　江川＝山田＝早田・前掲注6) 51頁、黒木＝細川・前掲注24) 275頁参照。

ばならないが（法第104条の2）、その届出があつた場合には、明らかに外国の国籍を有しないものと認められるときを除き、届出を受理して差し支えない。

　ここで重要であるのは、「明らかに外国の国籍を有しないものと認められる」場合は、選択宣言の届出を受理できないことである。その具体例として、法務省関係者の解説は、「戸籍に外国国籍喪失の記載がされている場合、又は韓国人父から認知された後6月以内に日本国籍を喪失しないため、韓国の国籍が喪失しているときなど法令上明らかな場合（大韓民国国籍法3条2号、12条7号）」を挙げる[51]。後者は、1997年改正前の韓国国籍法により、韓国人父から認知を受けた日本人母の子は、法律上当然に韓国国籍を取得して、重国籍者となるが、6か月内に日本国籍の離脱（日本の国籍法13条）をしない限り、韓国国籍を失うという例を示したものである[52]。

　このような例が「明らかに外国の国籍を有しないものと認められる」場合として挙げられたのは、市町村の実務で広く使われている戸籍の専門六法において、韓国・中華人民共和国・中華民国・フィリピンの関係法令の日本語訳が掲載されているからである[53]。そうであれば、中華人民共和国の国籍法の内容も容易に知り得るところであり、それによれば、蓮舫議員は、自ら届出により日本国籍を取得した結果、法律上当然に中国国籍を失ったのであるから、「明らかに外国の国籍を有しないものと認められる」場合に該当することになる。

　さらに、上記の法務省関係者の解説は、「もし疑問のある場合には、監督法務局若しくは地方法務局又はその支局の長に受理伺い（現在は管轄法務局への受

---

51) 法務省民事局内法務研究会編『改正国籍法・戸籍法の解説』（金融財政事情研究会、1985年）223頁参照。

52) その後、認知による韓国国籍の取得は、届出を要件とすることになった。奥田安弘＝岡克彦＝姜成賢『韓国国籍法の逐条解説』（明石書店、2014年）40頁以下参照。

53) テイハン法令編纂部戸籍実務研究会編『戸籍六法』（テイハン）、日本加除出版法令編纂室編『戸籍実務六法』（日本加除出版）参照。

理照会・奥田注）をすることとなるであろう」とするから[54]、その他の外国国籍を有する者として、国籍選択届をした場合も、不受理処分を受ける可能性がある。たとえば、日本人子が米国人夫婦との特別養子縁組の成立後に渡米し、法定代理人である米国人養父母の申請により、米国国籍を取得した後、成年に達した養子が米国国籍取得の証明書を添付して、日本国籍の選択宣言の届出をした事案について、「自己の志望によつて外国の国籍を取得したとき」（国籍法11条1項）に該当するため、すでに日本国籍を失っており、選択宣言の届出を受理することはできないとした平成28年3月16日民一第280号回答（民月71巻7号137頁）がある[55]。

以上の行政先例にもかかわらず、法務省は、選択宣言の届出をするよう蓮舫議員を指導し、かつ区役所に受理を指示したのであるから、蓮舫議員を重国籍と認定した根拠をきちんと示すべきであった。ただし、中華人民共和国法および中華民国法のいずれを適用したとしても、そのような根拠を示すことはできないのであるから、速やかに誤りを認めて、受理処分を取り消すべきである。

4．日本の国籍法上の国籍選択

本稿の冒頭で述べたとおり、日本の国籍法は、1985年に父系血統主義から父母両系血統主義に改正され、日本人と外国人の夫婦から生まれた子は、父母のいずれが日本人であっても、日本国籍を取得するようになったが、重国籍の増加に対応するため、国籍選択制度が設けられた[56]。すなわち、「外国の国籍

---

54) 法務省民事局内法務研究会編・前掲注51) 223頁参照。
55) 奥田（国際家族法）・前掲注6) 418頁、同（家族と国籍）・前掲注6) 113頁以下参照。
56) 日本の国籍法における国籍選択制度の導入は、1977年5月27日の欧州評議会閣僚委員会の決議にならったものとされている。江川＝山田＝早田・前掲注6) 150頁参照。この決議によれば、22歳以上の重国籍者に対し、6か月以上の期間を定めて、いずれかの国籍を選択するよう催告し、これに従わない場合は、催告した国の国籍を当然に失う旨の規定を設けることが勧告されている。しかし、欧州評議会の構成国のうち、この決議に従ったのは、1983年のイタリア国籍法（法

を有する日本国民は、外国及び日本の国籍を有することとなつた時が20歳に達する以前であるときは22歳に達するまでに、その時が20歳に達した後であるときはその時から2年以内に、いずれかの国籍を選択しなければならない」とされた（国籍法14条1項）。そして、平成30年法律第59号により、民法の成年年齢が18歳に引き下げられたことに伴い、国籍法14条1項にいう「20歳」は「18歳」に、「22歳」は「20歳」に改められ、現在に至っている。

重国籍者がいずれの国籍を選択するのかは、本人の意思に委ねられているが、日本国籍を選択する方法としては、外国国籍の離脱以外に、戸籍法上の届出により、日本国籍を選択し、外国国籍を放棄する旨の宣言（選択の宣言）をすることが認められている（同条2項、戸籍法104条の2）[57]。なぜなら、仮に中華民国の国籍法が適用されるとしても、それによれば、中国国籍の離脱は制限されており、このように個人の意思により外国国籍を離脱できない例は、他にも多数見られるからである。

ただし、重国籍者が国籍法14条1項の期限内に日本国籍を選択しない場合も、法務大臣は、書面により国籍選択を催告することができるだけである（国籍法15条1項）。そして、重国籍者は、この催告を受け、1か月以内に日本国籍を選択しない場合に限り、日本国籍を失う（同条3項本文）。このように国籍法14条1項は、重国籍者に国籍選択の義務を負わせるが、その義務違反につ

　　　律第123号）を改正する1986年5月15日の法律第180号しか見当たらない。それによれば、父母の一方または双方がイタリア人である未成年の子（養子を含む）はイタリア国籍を取得する、と定めた第5条に第2項を加え、その子が重国籍である場合は、成年に達した後1年以内に一の国籍を選択しなければならないとされた。しかし、1992年の現行国籍法（法律第91号）では、この規定は廃止されている。奥田（国際家族法）・前掲注6）411頁以下参照。

57）これに対し、外国国籍の選択方法は、それとして規定されているわけではないが、外国の国籍法に同様の国籍選択制度がある場合は、その外国国籍を選択すること、または日本国籍の離脱届をすることにより、日本国籍を失うから（国籍法11条2項、13条）、外国国籍を選択したことになる。ただし、日本法と同様の国籍選択制度を設けている国は、少数に留まっている。江川＝山田＝早田・前掲注6）153頁参照。

いては、国籍法15条が国籍選択の催告を規定するだけである。しかも法務大臣は、「国籍の選択をすべきことを催告することができる」とされているだけであるから、催告の義務を負っているわけではない。

　蓮舫議員が外国国籍喪失届の不受理処分を受けた際に、選択宣言の届出をするよう指導したのは、この国籍法15条による催告とは異なるようである。なぜなら、1985年の改正国籍法の施行以来、国籍選択の催告がなされた例がないことは、国会において幾度も確認されてきたところであり[58]、それを何の予告もなしに始めるとは考えられないからである。また国籍法15条1項は、日本国籍を選択しない場合に、国籍選択を催告することができるとするが、前述のとおり、日本国籍を選択するのか、それとも外国国籍を選択するのかは、本人の意思に委ねられている。したがって、本当に法務省が日本国籍の選択宣言の届出を指導したのであれば、違法の疑いが強い[59]。

　実は、法務省は、当初から国籍法15条による国籍選択の催告に無理があると考えていたようである。現に、改正国籍法の施行のために各法務局あてに発出された昭和59年11月1日民五第5506号通達（民月39巻10号152頁）は、国籍法3条および17条ならびに附則5条による国籍取得届については、詳しく定めているが、国籍選択の催告に関する定めは、全く見当たらない。

　ただし、国籍法の改正に伴う戸籍法の改正では、市町村から法務局あてに国籍選択未了者の通知をするよう義務づける規定（戸籍法104条の3）が設けられた。すなわち、「市町村長は、戸籍事務の処理に際し、国籍法第14条第1項の

---

58) 比較的最近のものとしては、平成20年11月27日参議院法務委員会会議録第5号23頁、平成21年4月17日衆議院法務委員会会議録第6号4頁、平成21年5月12日衆議院法務委員会会議録第10号6頁参照。奥田（国際家族法）・前掲注6) 417頁、同（家族と国籍）・前掲注6) 78頁以下も参照。

59) たとえば、法務省が各市町村に宛てた平成11年11月11日民二・民五第2420号通知（民月54巻11号51頁）2(1)も、戸籍の届出に関する相談があった場合には、当該届出手続があることだけを説明するよう求めているから、法務省自身が選択宣言の届出をすべきであると指導したのであれば、自ら市町村あての通知に違反する行為をしたことになる。

規定により国籍の選択をすべき者が同項に定める期限内にその選択をしていないと思料するときは、その者の氏名、本籍その他法務省令で定める事項を管轄法務局又は地方法務局の長に通知しなければならない」とされた。

　しかし、「国籍の選択をすべき者」、すなわち、外国の国籍を有する日本国民であるのか否かを判断するためには、外国の国籍法の内容を正確に把握し、国籍取得の要件に該当する事実があるのか否か、親子関係の成立を要件とするのであれば、当該外国の国際私法が指定する準拠法により、法律上の親子関係が成立しているのか否かなどの調査を必要とする。しかるに、市町村の職員にそのような調査能力があるとは思えない。結局のところ、子の出生届から、父母の一方が外国人であるとか、外国で生まれたことなどが分かる程度であろう。それにもかかわらず、前述（Ⅰの3）の昭和59年11月1日民二第5500号通達は、市町村から法務局への国籍選択未了者の通知の詳細を定めている（同通達第3の7）。また、国籍選択の催告があった場合の戸籍処理も定めている（同通達第3の8）。

　さらに国会では、改正国籍法の施行から2年以上が経過した頃、催告の例や前提となる調査の有無に関する質問があり、当時の法務省民事局長は、次のとおり答弁している[60]。

○千種政府委員　ただいま仰せのとおり、催告をするということはちょっと時期的にまだようやくこれからというところでございまして、今まで催告をした事件はございません。ただ、催告につきまして、これは来年度ぐらいには始めなければなりませんので、内部ではいろいろと検討をしております。結局、催告をするといいましても、ただ期間が来たからどうだという催告ではなくて、趣旨の説明をし、果たして事実として二重国籍であるかどうかということも確認をしなければなりません。これもみんな出先でやることでございますから、出先に対してどういう通達を出して運用していくかというこ

---

60)　昭和62年9月16日第109回国会衆議院法務委員会議録第11号16頁参照。

とをいろいろ考えなければいけませんものですから、現在、その通達を準備するためのいろいろな検討をしているところでございます。仮に出すといたしましても、例えば二重国籍であった者がその国籍を放棄しておるということがこちらの役所の方には届け出がないとわかりませんから、形式的に二重国籍であろうかということで行ってみますと二重国籍でないこともあるわけで、この場合には催告をしても空振りになるわけでございますから、まずそういう事実調査の方から進めていかなければいけないということで、今いろいろと検討をしております。

　この答弁は、催告を検討中であるというが、誰が重国籍者であるのかを確認するのに苦慮していることが窺われる。ところが、答弁から間もなく、昭和62年11月20日民五第6206号通達（民月42巻12号145頁）が発出された。それによれば、法務局は、市町村からの国籍選択未了者の通知（戸籍法104条の3）、あるいは毎月送付される出生届などの届書（同施行規則48条2項）から、国籍選択の期限を徒過していると思われる者に対し、「国籍の選択をする必要があること及び国籍の選択をしなかつたときは法務大臣から催告がされ、日本の国籍を喪失する場合があることを通知する」とされている（同通達第2の1）。また、この通知に従わない者に対しては、「国籍の選択をする必要があるか否かを調査・確認し、その必要があることが判明したときは国籍選択制度の意義及び選択の必要性等を十分説明するとともに国籍の選択をするよう指導する」という（同通達第4の1）。さらに、この指導にも従わない者については、本省に報告し、本省が国籍選択の催告をすることになっている（同通達第5・第6）。ただし、実際に催告に至った例は見当たらない[61]。

---

61) 奥田（家族と国籍）・前掲注6) 80頁では、「国籍選択の催告を受けた」という人がいることを紹介し、これは、重国籍の子どもがインターナショナル・スクールに通うなど、他に就学の機会が確保されている場合に、日本の学校への就学義務が免除されることがあるとする昭和59年12月6日文初小第319号通知があるので、その旨の記載がある就学通知を誤解した可能性があるとしたが、これを撤

以上の通達の内容は、極めて姑息と言わざるを得ない。すなわち、前述のとおり、外国の国籍を有する日本国民であるのか否かを判断するためには、外国の国籍法の内容を正確に把握し、国籍取得の要件に該当する事実があるのか否か、親子関係の成立を要件とするのであれば、当該外国の国際私法が指定する準拠法により、法律上の親子関係が成立しているのか否かなどの調査が必要である。それは、市町村の職員だけでなく、法務局の職員にとっても無理である[62]。結局のところ、子の出生届により、父母の一方が外国人であるとか、外国で生まれたことなどを理由として、重国籍の疑いのある者に対し、法務局から通知や指導をさせようというのである。

しかし、その程度の情報で、重国籍の疑いをかけるのは、さすがに後ろめたかったのであろう。この通達から半年後の国会において、重国籍者の実態をどのように把握しているのかを問われ、法務省民事局長は、次のとおり答弁している[63]。

○政府委員（藤井正雄君）　市町村において、日常の事務処理の中で二重国箱を把握したような場合には、市長村長（ママ）が法務局の方に通知をするということにはなっております。しかし、特に二重国籍者を事改めて調査をするということにつきましては、先ほどの昭和59年の国籍法改正の際、国箱選択に関連して二重国籍者の把握が二重国籍者の差別につながらないか、つながらないようにすべきであるという議論もございましたような次第であり

　　　　　回する。むしろ昭和62年11月20日民五第6206号通達による法務局からの通知を誤解した可能性がある。
62)　たとえば、戸籍法上の届出に疑義が生じた場合は、市町村から法務局を経由して、法務大臣に指示を求めることができるが（戸籍法施行規則82条）、それが外国法の内容に関するものである場合は、法務局限りで回答するのではなく、本省まで照会することがおそらく通例であろう。さらに、本省でも直ちに回答することができず、外交経路を通じて当該外国政府に調査を嘱託することが多いようである。
63)　昭和63年5月12日第112回国会参議院法務委員会会議録第5号2頁参照。

まして、慎重に対応すべきものと考えておりまして、直ちにそのようなことはできるとは思っておりません。

この答弁は、戸籍法104条の3による市町村から法務局への国籍選択未了者の通知を挙げるだけであり、それ以上の調査は、重国籍者の差別につながるおそれがあるため、直ちにできるとは思っていないという。それでは、昭和62年11月20日民五第6206号通達により法務局が行う通知や指導は、重国籍者の差別とはならないのであろうか。このように重要な通達の存在を隠すのは、国会答弁として大いに問題である[64]。

5．重国籍者の国会議員資格

前述のとおり、蓮舫議員は、国籍選択義務を怠っているとの批判をかわすために、中華民国政府から国籍喪失許可証を得て、外国国籍喪失届（戸籍法106条）をしたが、これが不受理となったので、法務省の指導を受けて、日本国籍の選択宣言の届出をし、その事実を公表した[65]。ところが、当時の法務大臣は、閣議後の記者会見において、次のとおり「国籍法上の義務違反」の事実がまだ残っているとする[66]。

一般論で言いますと、法律の定める期限後に日本国籍の選択宣言の届出を行った場合、それまでの間、国籍法第14条第1項の国籍法上の国籍選択義務に違反していた事実がなくなるものではないものの、日本国籍の選択宣言

---

64) その後、昭和62年11月20日民五第6206号通達は、平成16年12月14日法務省民一第3545号通達によって廃止されたとの情報を得たが、この廃止通達は、『民事月報』などに掲載されていないため、参照できなかった。
65) 2016年10月16日付け産経ニュース・前掲注44）参照。
66) 2016年10月18日法務大臣閣議後記者会見要旨。周知のとおり、法務省のサイトでは、過去3年分しか掲載されないので、現在は削除されているが、この金田勝年法務大臣の記者会見に関する報道としては、翌日付け朝日新聞朝刊、読売新聞朝刊、日経新聞朝刊がある。

の届出は国籍選択義務の履行に当たると考えています。そして、台湾当局から国籍喪失許可証の発行を受けることは、国籍法第16条第1項の外国国籍の離脱の努力に当たると考えています。(中略)台湾出身の重国籍者については、法律の定める期限までに日本国籍の選択の宣言をし、これは国籍法第14条第1項、従前の外国国籍の離脱に努めなければならない、これは国籍法第16条第1項ということになります。期限後にこれらの義務を履行したとしても、それまでの間は、これらの国籍法上の義務に違反していたことになります。

　この会見では、「国籍法上の義務違反」ということが繰り返し述べられているが、日本の国籍法は、日本国民の要件、すなわち日本国籍の取得および喪失の要件を定めるだけである(国籍法1条)。国籍法14条1項は、一定期限内に「国籍を選択しなければならない」とするが、その期限を経過した後も、国籍選択をしない場合は、法務大臣から催告を受けて、日本国籍を失うことがあるだけであり(15条)、前述のとおり、これまで催告がなされたことはない。これに対し、外国で生まれた生来の重国籍者が一定期間内に戸籍法上の国籍留保届をしない場合は、出生の時にさかのぼって日本国籍を失う、という国籍法上の効果が法律上当然に生じる(国籍法12条、戸籍法104条)。ところが、国籍法14条1項の期限を徒過した場合は、法務大臣が催告をしなければ、日本国籍の喪失という国籍法上の効果が生じないのであるから、「国籍法上の義務違反」を問題とすることに実益があるとは思えない。

　また、選択宣言の届出をした者は、外国国籍の離脱に努めなければならないとされているが(国籍法16条1項)、その趣旨に反する外国の公務員職への就任があった場合に、法務大臣から日本国籍の喪失宣告を受けて、日本国籍を失うことがあるだけである(同条2項~5項)。これも、前例は見当たらない。法務大臣の記者会見は、国籍法16条1項が努力義務として規定されているにもかかわらず、あたかも外国国籍を離脱するための具体的な行為をする義務があるかのようにいう。しかし、外国の公務員職への就任および日本国籍の喪失宣告

がなければ、選択宣言の後に、外国国籍を離脱するための具体的な行為をしなくても、そのことから国籍法上の効果は生じるわけではない。

　以上のとおり、法律的には議論の実益がないにもかかわらず、法務大臣が「国籍法上の義務違反」という発言を繰り返したのは、あたかも蓮舫議員が国会議員や党の代表として不適格であることを暗示したかったからであろう。法務大臣は、この点について、コメントを差し控えるとしながらも、「事柄の性質上、この問題は御本人がしっかりと説明していくべきである」と説明責任を求めていることから、政治的な意図が窺われる。

　しかし、前述のとおり、本来は、法務省が蓮舫議員を重国籍と認定した根拠を説明すべきであり、蓮舫議員自身が説明責任を負うわけではない。すなわち、法務省は、従来の見解どおり、わが国が中国の正統政府として承認した中華人民共和国の国籍法を適用するのであれば、蓮舫議員を重国籍と認定したのは誤りであり、一度も重国籍となっていないのであるから、選択宣言の届出の受理処分は取り消すべきである。また従来の見解を変更し、中華民国の国籍法を適用するとしても、すでに中国国籍を離脱したのであるから、外国国籍喪失届を受理し、選択宣言の届出の受理処分は取り消すべきである。そのように誤った行政処分を放置しておきながら、蓮舫議員に説明責任を求めるのは、筋違いである。

　ちなみに、日本の現行法において、国会議員の資格がどのように定められているのかを確認すれば、「日本国民は、……被選挙権を有する」とされ（公職選挙法 10 条 1 項）、日本国民であることを証明するために、戸籍謄本または抄本の提出が求められるだけである（同施行令 88 条 4 項 2 号、88 条の 3 第 4 項 2 号、88 条の 5 第 4 項 2 号）。また、一定以上の刑に処せられたり、刑の執行の終了から一定期間を経過していなかったりする者などが除かれるが（公職選挙法 11 条、11 条の 2）、「国籍法上の義務違反」は、もちろん刑事罰が科されるわけではない[67]。

---

67) 戸籍法上の届出については、「正当な理由がなくて期間内にすべき届出又は申請をしない者は、5 万円以下の過料に処する」とされているが（戸籍法 135 条）、

経歴などを詐称した場合は、2年以下の禁錮または30万円以下の罰金に処せられるが（公職選挙法235条1項）、最判平成6年7月18日（刑集48巻5号50頁）によれば、そこでいう経歴とは、「公職の候補者又は候補者になろうとする者が過去に経験したことで、選挙人の公正な判断に影響を及ぼすおそれのあるものをいう」とされている。しかし、本章Ⅱのオーストラリアの例を見ても分かるとおり、重国籍であることが明らかに選挙人の公正な判断に影響を及ぼすおそれがあるとは言えない[68]。また前述のとおり、重国籍であると認定するためには、外国の国籍法の内容を正確に把握し、本当に国籍取得の要件に該当する事実があるのかなどの調査が必要であり、候補者がそのような調査を怠ったからといって、刑事罰を科すのは、社会通念に反する。

　これに対し、外務公務員は、重国籍であることが欠格事由とされているが（外務公務員法7条）、これは、外交官として外国に派遣された場合に、裁判権免除などの特権（外交特権）を受けることが理由とされている[69]。1961年の外交関係に関するウィーン条約（昭和39年条約第14号）でも、外交職員は、原則として、派遣国の国籍を有する者であり、かつ接受国の同意がない限り、その接

　　　これは、出生届（戸籍法49条）などの報告的届出について、速やかに戸籍に記載するため、届出期間を定め、その期間を徒過した届出義務者に（刑事罰ではなく）行政罰を科すものである。民事法務協会・民事法務研究所戸籍法務研究会編『新版・実務戸籍法』（民事法務協会、2001年）72頁参照。しかし、戸籍法104条の2の国籍選択届は、選択宣言の効果を生じる創設的届出である。加藤令造＝岡垣学『全訂戸籍法逐条解説』（日本加除出版、1985年）656頁参照。したがって、国籍法14条1項の期間を過ぎた後に、戸籍法104条の2の国籍選択届をしたからといって、過料の問題が生じる余地はない。

68）　日本の旧国籍法では、帰化による国籍取得者（帰化人）は、一定の公職に就くことが制限されていた。それは、これらの公職への就任を認めるのが危険と考えられていたからであった。しかし、現行国籍法の制定の際には、法の下の平等に反するとして、この規定は削除された。今回の蓮舫議員をめぐる騒動も、旧国籍法の発想と共通する面があると思われる。奥田（家族と国籍）・前掲注6）120頁以下参照。

69）　中江要介「外交再開に即応して外務公務員法の成立」旬刊時の法令解説59号31頁（1952年）参照。

受国の国籍を有する者の中から任命することはできないとされている（同条約8条1項・2項）。これは、接受国の国籍を有しながら、他の国民にはない特権を受けさせることに抵抗があるからであろう。それでは、第三国に派遣すればよいと思うかもしれないが、最初から派遣先が限定されている者を雇うことはできない。いずれにせよ、外務公務員は、このような特別の事情により、重国籍者が除外されているのであるから、その他の公務員や国会議員を直ちにこれと同視するわけにはいかない。

　以上によれば、将来においても、重国籍であることを国会議員の欠格事由とすることは、立法論として適切でないと思われる[70]。今回の蓮舫議員の事例およびオーストラリアの例を見ても分かるとおり、それは、政争の具とされるだけである。表面的に、父母の一方が外国人であるとか、生地主義とされている国で生まれたという程度の情報で、重国籍者であると決めつけるわけにはいかない。何度も繰り返すが、重国籍であると認定するためには、外国の国籍法の内容を正確に把握し、本当に国籍取得の要件に該当する事実があるのかを調査する必要があり[71]、しかもそれは、厳密に言えば、何世代も前までさかのぼって行う必要がある[72]。

---

70) それにもかかわらず、蓮舫議員の事案が大きく取り上げられた頃に、日本維新の会は、重国籍者の公務就任権を制限する法律案を提出した。それによれば、国籍法14条1項の期限を過ぎて、なお同条2項の選択宣言をしていない重国籍者は、被選挙権を有せず、また管理職の公務員に就任できないとされていた。公職選挙法の一部を改正する法律案（第192回国会参議院第11議案平成28年9月27日提出）、外国の国籍を有する国の行政機関の職員に係る欠格事由に関する特別措置法案（第192回国会参議院第12議案平成28年10月12日提出）。しかし、いずれの法律案も、審議未了のため廃案となった。

71) 出生による国籍取得（生来的国籍取得）だけを見ても、血統主義を原則としながら、生地主義的な要素を取り入れたり、生地主義を原則としながら、血統主義的な要素を取り入れたりする例が多い。それは、国により、また時代により異なるから、父母の国籍や出生地だけでなく、子の出生年月日などのあらゆる情報を総合的に考慮する必要がある。奥田（国際家族法）・前掲注6) 84頁以下、同（家族と国籍）・前掲注6) 25頁以下参照。

72) 極論を言えば、日本の国籍法は、親子の血統によって国籍を決定する血統主義

しかし、その結果、重国籍者であることが判明したとしても、それだけを理由として、国会議員の資格に欠けるとは言えないであろう。日本でも、今後さらに人の交流が活発化し、父母の一方が外国人であったり、外国で生まれたりした者が社会の様々な分野で活躍することになるが、それらの人々が重国籍であるという理由によって活躍の場を制限されるのは、日本社会にとって大きな損失となる。また、父母の一方が外国人であったり、出生地が外国であったりすることから、重国籍になっている場合に、いずれかの国籍を離脱するよう強制することは、その者のアイデンティティーを否定することになる。国籍選択を過大に主張する見解は、重国籍者が日本国籍を選択すると思い込んでいるようであるが、逆に日本国籍の離脱を促す結果を招きかねない[73]。それは、日本の未来にとって、むしろマイナスとなるであろう。

Ⅱ．オーストラリア法[74]

1．重国籍による連邦議員資格の剥奪

オーストラリアでは、2017年初頭に、ワン・ネイション党のRodney

　　を採用するが、戦前の旧国籍法にも、「元祖日本人」を定める規定がないから、現在日本国民とされている者全員がその日本国籍に疑いがある。奥田（家族と国籍）・前掲注6）27頁以下参照。

73) 特に蓮舫議員の国籍問題が大きく報じられた2016年・2017年以降は、日本国籍の離脱者が大幅に増えている。両年は、それぞれ613名・770名であったが、2018年〜2022年は、962名・945名・705名・805名・1376名となっている。2020年に減少したのは、コロナの影響で一時的に届出が困難になったからと推測されるが、2022年には大きく反転しており、今後さらに増えることが予想される。以上の数字については、法務省のサイト〈https://www.moj.go.jp/MINJI/toukei_t_minj03.html〉参照（2023年11月22日閲覧）。

74) 脚注におけるオーストラリアの判例集の引用については、以下の略語を使用する。HCA=High Court of Australia; CLR= Commonwealth Law Reports. 前者のHigh Court of Australia は、本文では、（オーストラリア）高等裁判所と訳すが、連邦憲法71条によれば、"a Federal Supreme Court, to be called the High Court of Australia"とされているとおり、連邦の最高裁判所である。また、主な法令

Culleton 上院議員が刑事裁判で有罪判決を受けたり、ファミリー・ファースト党の Bob Day 上院議員が国との契約により金銭的利益を得たりして、議員資格剥奪の嫌疑をかけられる事件が相次いだ[75]。これらの事件では、破産も議員資格剥奪の理由とされていた。これに対し、3 件目の嫌疑は、オーストラリア初の黒人議員であるファミリー・ファースト党の Lucy Gichuhi 上院議員の重国籍を理由とするものであった。この事件をきっかけとして、2017 年の後半には、重国籍を理由とする議員資格剥奪の嫌疑が多数浮上し、オーストラリアの政治は重大な危機に直面した。たとえば、Barnaby Joyce 副首相の議員資格剥奪、Stephen Parry 上院議長の辞職、さらに議席の均衡が一時的に崩れたことにより、下院をコントロールできなくなることを防ぐため、政府が補欠選挙まで一時的に連邦議会を閉会にせざるを得なくなるなどの出来事があった。加えて、Joyce と他の閣僚による閣議の有効性にさえ、疑念が生じた。

　当初、これらが少数政党の議員を標的としたものであったのは、偶然ではない。オーストラリアの有権者が多数派に嫌気を感じ始めたことにより、無所属議員や少数政党が躍進し、徐々に上下両院またはその一方においてキャスティングボードを握るようになった[76]。これらの議員は、自分の所属する上院ない

　　（英国法を含む）の題名は、日本語訳のみで引用するが、その原語は、次のとおりである（引用順）。1918 年連邦選挙法 = Commonwealth Electoral Act 1918 (Cth)、1975 年一般通報者（議員資格剥奪）法 = Common Informers (Parliamentary Disqualifications) Act 1975 (Cth)、1999 年公務員法 = Public Service Act 1999 (Cth)、1700 年王位継承法 = Act of Settlement 1700 (Imp)、1870 年帰化法 = Naturalisation Act 1870 (UK)、1991 年政見放送・政治情報公開法 = Political Broadcasts and Political Disclosures Act 1991 (Cth)。

75)　Re Culleton [No 2] [2017] HCA 4; Re Day [No 2] [2017] HCA 14. Culleton 議員は、この問題が解決するまで、ワン・ネイション党を離党すると発表した。

76)　本文で多数派というのは、2016 年の総選挙により、下院で 69 議席を獲得したオーストラリア労働党、および 45 議席を獲得したオーストラリア自由党を意味する。そのオーストラリア自由党は、少数政党である 21 議席のクイーンズランド自由国民党、10 議席のオーストラリア国民党などと保守連合を結成し、政権与党となった。野党の少数政党としては、各 1 議席のオーストラリア緑の党、ニック・ゼノフォン・チーム、カッター・オーストラリア党があり、無所属議員は

し下院の多数派によって、オーストラリア高等裁判所が務める選挙争訟裁判所（Court of Disputed Returns）に事件が付託されやすい[77]。他にも議員資格を争う方法としては、開票結果の公表から40日以内に、比較的緩やかな要件で他の候補者または選挙人が選挙の有効性に異議を申し立てることができる[78]。この期間が過ぎた後も、誰もが「一般通報者（common informer）」として裁判で議員資格を争うことができる。なぜなら、連邦憲法46条を若干修正した法律によれば、資格のない議員は、連邦議会に在職する間、原告となった者に制裁金を支払わなければならないからである[79]。

議員資格剥奪事件の付託は、連邦議会の議決によって行われるため、英国型の議員内閣制（ウェストミンスター方式）を採用する下院では、与党が事実上の拒否権を有する。重大事件の有罪判決や破産のように、疑いの余地のない憲法違反があった場合は、おそらく自ら辞職の途を選ぶであろう。あるいは、伝統的に与党議員が就任する上院議長は、欠員を宣言するかもしれないが、それが

2議席を獲得した。〈https://results.aec.gov.au/20499/Website/HouseDefault-20499.htm〉参照（2024年3月16日閲覧）。

77) オーストラリア高等裁判所は、選挙争訟裁判所として選挙の有効性や選挙結果に関する紛争を処理する権限を有する（1918年連邦選挙法354条1項）。そして、上院議員もしくは下院議員の資格または議会の欠員に関する事件は、その議員の所属する上院ないし下院の議決により、選挙争訟裁判所に付託される（同法376条）。なお、連邦憲法47条は、連邦議会の両院が議員資格の問題を自ら判断することを認めるが、この連邦選挙法376条があるため、それが機能する余地があるのかについては、争いがある。Sue v Hill (1999) 199 CLR 462, 480 (Gleeson CJ, Gummow, and Hayne JJ).

78) 1918年連邦選挙法353条、355条e号参照。なお、高等裁判所の多数意見は、この規定が連邦憲法44条の議員資格剥奪事由による嫌疑を含むとするから、連邦選挙法353条および同法376条は、いずれを適用することもできる。Sue v Hill (1999) CLR 462.

79) 1975年一般通報者（議員資格剥奪）法3条参照。金額は在職1日あたり200ドルであるが、12か月を上限とする。この規定は、原著の執筆時点において、裁判所の審理に付されている。Alley v Gillespie [2017] HCA Trans 196. 争点の1つは、当事者適格の問題である。なお、連邦憲法46条は、1日あたり100ポンドとするが、期間の上限を定めていない。

法的効力を有するのかは疑わしい。一人区優先順位記述式投票制（single-seat preferential voting system）を採用する下院と異なり、上院は、比例区優先順位記述式投票制（proportional preferential voting system）を採用するから[80]、与党のコントロールが及ばないことがよくあるが、上院議員の資格剥奪事件の付託は、多数派である自由党または労働党が政治的に有利であると判断した場合にのみ行われるようである。その結果、候補者の資格を調べる資金や経験が足りないこともあり、無所属議員や少数政党の議員が嫌疑をかけられやすく、それは、野党側が政府を揺さぶったり、与党側が議席を増やしたりするために、戦略的に行われる。

選挙への立候補の資格は、法律に規定されており、18歳に達したオーストラリア国民であり、現に下院の投票権があるか、または投票権を得る資格があり[81]、「健全な精神を有する（sound mind）」ことである[82]。また、連邦議会の議

---

80) オーストラリアの連邦議員選挙は、いずれも優先順位記述式投票制（preferential voting system）を採用するが、上院と下院とで若干異なる。まず下院議員の選挙では、1議席に対する複数の候補者について、有権者は優先順位を付けて投票する。そして、第1順位の付いた候補者の票を集計し、得票が過半数を超えた候補者がいる場合は、その候補者を当選者とするが、過半数を超えた候補者がいない場合は、最下位の候補者を除外し、その候補者を第1順位とした票は、同じ票において第2順位が付けられた候補者に分配される。これを繰り返して、最終的に得票が過半数を超えた候補者を当選者とする。つぎに上院議員の選挙は、各州に割り当てられた12議席、ならびに首都特別地域および北部準州に割り当てられた2議席について行われ、有権者は、政党別または候補者別に優先順位を付けて投票する。このように複数の議席について、政党別または候補者別のいずれかで投票するため、当選者の決定方法は、下院よりもはるかに複雑である。詳細については、オーストラリア選挙委員会（Australian Electoral Commission）のウェブサイト〈https://www.aec.gov.au/Voting/counting/senate_count.htm〉参照（2024年3月16日閲覧）。

81) 1918年連邦選挙法163条参照。実際に投票権を得るためには、選挙人名簿への登録（enrolment）が必要であるため、現に投票権がある者と投票権を得る資格がある者が区別されている。同法93条参照。

82) 1918年連邦選挙法93条参照。候補者が「健全な精神を有しない（unsound mind）」ことを証明する責任は、選挙人側にある。

員として「選出されるか、または在職すること (being chosen or of sitting)」の欠格事由は、連邦憲法44条に規定されている。それらは、大きく分けて、①破産（同条3号）や重罪での服役（同条2号）のように品性に関わるもの、②公務に服していること（同条4号）、あるいは（企業の出資者または経営者として）行政から金銭的利益を得ていること（同条5号）のような利害の衝突、そして③外国への忠誠であり、「外国に対して忠誠（allegiance, obedience, or adherence）を誓っていると認められる者、または外国の臣民もしくは国民であるか[83]、臣民もしくは国民としての権利もしくは特権を得る資格がある者」（同条1号）は、議員資格がないとされる。これに対し、オーストラリアの公務員（Australian Public Service）の資格については、重国籍者の任命、あるいは外国人の任命さえも、機関の長（Agency Head）の裁量により認められる[84]。

議員資格の剥奪のルールは、幾つかは法律により、また幾つかは判例により示されてきた。たとえば、指導的判例である Sykes v Cleary は、候補者指名の日から議員としての宣誓の日までに、欠格事由が存在する場合には、連邦憲法44条により議員資格が剥奪されるとする[85]。事後処理としては、有権者の意思に反しない限りで、特別に票が再集計される[86]。比例区優先順位記述式投票制

---

83) 「臣民（subject）」および「国民（citizen）」という用語は、今日のオーストラリアでは同義であるが、元々は君主制と共和制とで個人の地位が区別されていた時代の名残である。なお、〈citizen〉ないし〈citizenship〉は、市民ないし市民権と訳されることがあるが、本稿では、原則として国民ないし国籍と訳す。

84) 1999年公務員法22条参照。機関の長（Agency Head）とは、省の長官（Secretary of a Department）、執行機関の長（Head of an Executive Agency）、連邦法により設置された機関の長（Head of a Statutory Agency）を意味し、オーストラリアの公務員（Australian Public Service, APS）とは、これらの機関の長および被用者の双方を含む（同法7条、9条）。ただし、機密保持を要する職種については、オーストラリアの単一国籍者であることが求められるようである。オーストラリア公務員委員会（Australian Public Service Commission）のウェブサイト〈https://www.apsc.gov.au/working-aps/information-aps-employment/guidance-and-information-recruitment/citizenship-aps〉参照（2024年3月16日閲覧）。

85) Sykes v Cleary (1992) 176 CLR 77参照。ただし、投票結果の発表日を起算点とする少数意見がある。Deane J, in dissent at 120.

を採用する上院にとっては、これは優先順位の再集計となる。しかし、下院にとっては、「再集計は、有権者の意思に反する結果となるであろう。なぜなら、有権者は、より広い範囲の候補者の中で優先順位を付けるからである」[87]。

Free v Kelly は、これをもっと分かりやすく説明する。すなわち、「資格を剥奪された Cleary 議員の氏名が投票用紙に載っていなかったとしたら、有権者は、様々に優先順位を付けた可能性がある」というのである[88]。Mason 首席判事・Toohey 判事・McHugh 判事は、1918 年選挙法によれば、他にも両院の間に違いがあるとする。すなわち、上院の候補者が亡くなった場合は、優先順位が調整されるが、下院の候補者が亡くなった場合は、当該議席の選挙が無効となる[89]。しかし、実際の事後処理は、これとは異なる可能性がある。候補者が宣誓をした後（すなわち、「上院議員または下院議員」となった後）に、欠格事由が明らかとなった場合は、連邦憲法 45 条により、議席が空席となる。その結果、補欠選挙が行われるか、または上院で党の公認候補として当選した者が同じ党の候補者と交替する[90]。

これらの様々な帰結は、各主要政党が議員資格剥奪の嫌疑を支持するか否かを判断する際に重要となる。たとえば、Day 事件は、ファミリー・ファースト党の Bob Day 上院議員の破産によって起きたが、彼は、戦略的に上手い時期に議員を辞職し、空席を作り出して、同じ党の Lucy Gichuhi を就任させることに成功した。これに対し、労働党が望んでいたのは、Day が国との契約により金銭的利益を得ていたことを理由として、当選が無効となり、再集計によって、保守的なファミリー・ファースト党ではなく労働党の上院議員候補を当選させることであった[91]。高等裁判所は、Day の当選を無効とし、特別な再集計

---

86) Sykes v Cleary (1992) 176 CLR 77, 102 (Mason CJ, Toohey, McHugh JJ).
87) *Ibid*.
88) (1996) 185 CLR 296.
89) 1918 年選挙法 180 条 2 項、273 条 27 項参照。
90) これは、連邦憲法 15 条による。本条は、上院の空席が招いた 1975 年のオーストラリア憲法危機がきっかけとなり実施された国民投票によって修正された。
91) この戦略は、ファミリー・ファースト党が唯一の候補者を失うことにより、優

を認めたが、その結果、Gichuhi が議席を獲得したので[92]、いずれの党も当初に目論んだ筋書とは異なる結果となった。労働党は、もう 1 つの戦略として、重国籍を理由に Gichuhi の立候補資格を争ったが、高等裁判所は、手続上の理由から、これを退けた[93]。

議員資格の剝奪は、最近までは稀な出来事であり、そのため限られた法的分析しか行われていなかったが、近年の事件の急増により、高等裁判所は、この分野の法理を大いに発展させた。たとえば、Day 事件では、高等裁判所は、国との契約により金銭的利益を得たことを理由とする議員資格の剝奪について、数少ない従来の判例が想定していたよりも[94]、厳格な審査を行った[95]。また、有罪判決が後に再審により取り消された Culleton 事件の法理は、結論を左右するものではなかったが、示唆に富むものであった[96]。

2．Sykes v Cleary

Sykes 判決の傍論では、忠誠の抵触による議員資格の剝奪についても、オーストラリア法の解釈が示された[97]。本件では、被告のうち、Kardamitsis および

先順位を得るべき他の公認候補がいない、という主張による。
92) Re Day [No 2] [2017] HCA 14.
93) 　重要であるのは、弁護士の異議申立てが時機に遅れたことである。その後、Gichuhi は、ファミリー・ファースト党がオーストラリア保守党と合併した後に離党し、無所属になった。Gichuhi が候補者指名を受けた当時のケニア法は、ケニア国籍を留保できるとするだけであったから、いずれにせよ、異議申立ては上手くいかなかったであろう。裁判所に提出された証拠によれば、従来は、(1999 年にオーストラリア国民となった Gichuhi のように）外国に帰化をした者は、自動的にケニア国籍を失ったが、（選挙前の）2011 年にケニア法が改正され、重国籍が認められるようになった。ただし、Gichuhi の場合は、ケニア国籍の再取得の申請を必要とした。Re Day [2017] HCA Trans 86 (19 April 2017).
94) Re Webster (1975) 132 CLR 270.
95) Re Day [No 2] [2017] HCA 14.
96) Re Culleton [No 2] [2017] HCA 4.
97) (1992) 176 CLR 77. Mason 首席判事・Toohey 判事・McHugh 判事（102 頁）は、連邦憲法 44 条 4 号による 1 人目の被告の議員資格剝奪に伴って、2 人目お

第 7 章　重国籍者の国会議員資格　*217*

Delacretaz の両名が候補者指名の当時にそれぞれギリシャないしスイスとの重国籍であったことを理由として、高等裁判所の多数意見により欠格事由があるとされた。Sykes v Cleary において示された法理によれば、連邦議会選挙の候補者は、指名の前に、外国国籍を失うための「合理的な手段（reasonable steps）」を取らなければならないとされた。具体的に何が「合理的な手段」であるのかは、主に外国法の内容にかかっている[98]。

　この点は、事件の事実関係に表われている。Delacretaz は、1923 年にスイスで生まれ、生来のスイス国民であった。彼は、1951 年にオーストラリアに移住し、1960 年にオーストラリアに帰化した。当時は、その際にオーストラリアへの忠誠を誓い、他国への忠誠を放棄する宣誓も行われていた。1992 年当時のスイス法によれば、スイスに居住しない者が外国国籍を取得した場合は、スイス国籍の離脱が認められていた。多数意見は、Delacretaz がスイス当局に離脱の意思を伝える措置を取らなかったことから、「合理的な手段」を取らなかったと判示した。Kardamitsis は、1952 年にギリシャでギリシャ国民として生まれ、1969 年にオーストラリアに移住し、1975 年にオーストラリア国民となった。ギリシャ法によれば、ギリシャ国籍を離脱するためには、政府の許可が要件とされていたが、Kardamitsis は、その申請手続を取らなかったので、多数意見によれば、「合理的な手段」を取ったとは言えないとされた。

　多数意見は、一方において、忠誠の抵触を未然に防ぎ、他方において、国籍の離脱を認めないかもしれない外国法のせいで、立候補を断念せざるを得なくなる不正義を回避しようとして、両者の均衡を図った。多数意見によれば、「合理的な手段」の判断は、状況次第であり、「本人の事情、外国法の要件、臣

　　　よび 3 人目の被告が再選挙への立候補を希望する可能性があることを前提として、同条 1 号を審理した。Brennan 判事（109 頁）・Gaudron 判事（132 頁）・Dawson 判事（131 頁）は、これが裁判所に判断を求められた問題であることだけを理由として審理した。Deane 判事（126 頁）は、連邦憲法 44 条 4 号に関する多数意見に反対しながらも、この問題を審理した。

[98]　(1992) 176 CLR 77, 108 (Mason CJ, Toohey and McHugh JJ).

民または国民としての忠誠を誓う国と本人との関係の密接度」にかかっているとされる[99]。しかし、このような理由が本当に多数意見の結論を導いたのかは疑わしい。結局のところ、外国法上の離脱の要件が他の事情よりも優先されている。オーストラリアに移住した被告らは、いずれも出生地国と密接な関係を有しておらず、選挙や渡航文書などにおいて、外国国籍のメリットを得ようとはしなかった。多数意見も認めるように、被告らは、オーストラリアへの帰化の宣誓式に出席し、当時は外国への忠誠の放棄も宣誓したから、これによって出生地国との関係が絶たれたと信じても不思議ではない[100]。他の判事たちは、このような理由から結論を導き出した。Deane判事（反対意見）およびGaudron判事は、これを専らオーストラリア法により判断すべき問題とし、オーストラリアへの帰化の際に求められた放棄の宣誓こそが重要であるとする[101]。Gaudron判事は、候補者が外国国籍の放棄の宣誓をしなかった場合、または宣誓後に外国国籍を行使した場合にのみ、外国法の役割があるとする[102]。

連邦憲法44条1号は、重国籍の防止だけを目的とするのではない。「外国に対して忠誠を誓っていると認められる者」という文言は、同号における議員資格剥奪の第1段階の審査と見ることができる[103]。第2段階の審査は、前述のとおり、「外国の臣民もしくは国民であるか、臣民もしくは国民としての権利もしくは特権を得る資格がある者」であるか否かであり、この文言は、国民と同様の権利および特権を有する永住者または難民を含み得るとはいえ、より密接に国籍に関係し、第1段階の審査は、第2段階の審査よりも広い[104]。外国に対

---

99) *Ibid.*
100) (1992) 176 CLR 77, 109 (Mason CJ, Toohey and McHugh JJ).
101) (1992) 176 CLR 77, 125 (Dean J) and 136 (Gaudron J). 現在の宣誓文には、オーストラリアへの忠誠の宣誓は含まれているが、外国への忠誠の放棄は含まれていない。〈https://immi.homeaffairs.gov.au/citizenship/ceremony/what-is-the-pledge〉参照（2024年3月16日閲覧）。
102) (1992) 176 CLR 77, 139-140 (Gaudron J).
103) (1992) 176 CLR 77, 127 (Deane J) and 109-110 (Brennan J) 参照。
104) G. CARNEY, Foreign Allegiance: A Vexed Ground of Parliamentary

して忠誠を誓っていると認められる事実としては、外国旅券の申請またはそれを使った渡航[105]、兵役への従事[106]、自己の意思による忠誠の宣誓[107]、領事館への保護の要請[108]、公文書に外国国籍を記載するよう求めること[109]、これらが含まれるかもしれない。これに対し、外国の政策や友好国に対する抗議活動への参加[110]、外国からの勲章の授与や名誉領事への就任[111]、一時的な外国滞在から生じる忠誠[112]、これらは、明らかにそのような事実に含まれない。

　Deane 判事は、多数意見に反対し、目的論的解釈により、候補者の意思によらない行為は、連邦憲法 44 条 1 号のいずれの文言によっても、議員資格剥奪の根拠とされるべきではないとして、次のとおり判示する。

　　連邦憲法 44 条 1 号の目的は、全体として、外国への忠誠や義務を負う者がオーストラリアの連邦議員となることを防ぐことにある。本号の前段は、……本人による承諾または少なくとも黙認の要素を含む。……本号の目的によれば、その後段は、……私見では、同様に意思の要素を暗に含むと解するべきであり、その結果、本人が当該の地位、権利または特権を求めたか、承諾したか、行使したか、黙認した場合にのみ適用される[113]。

　Deane 判事は、後述の Canavan 事件のようなケースを想定し、議員が生ま

　　　　Disqualification, in: Bond Law Review 11 No. 2 (1999) 245, 247.
105) G. MOENS / J. TRONE, The Constitution of the Commonwealth of Australia Annotated (Chatswood, 8th ed., 2012) 93.
106) *Ibid.*
107) M. PRYLES, Nationality Qualifications for Members of Parliament, in: Monash University Law Review 8 No. 1 (1982) 163, 177.
108) *Ibid.* 174.
109) *Ibid.* 174.
110) Nile v Wood (1988) 167 CLR 133.
111) CARNEY, *supra note* 104) 247.
112) *Ibid.* 247.
113) Sykes v Cleary (1992) 176 CLR 77, 127 (Deane J).

れながらのオーストラリア国民であり、「外国との上記のような関係を築いたり、主張したり、承諾したり、黙認したりすること」がなかった場合も、同様に判断すべきであるとする[114]。

　連邦憲法44条の議員資格剥奪条項は、オーストラリアの国制および憲法の他の特異性にも関係する。第1に、「外国（foreign power）」という文言の意味は、時代により異なってきた。明確に時期を示すことはできないが、ある時から、連合王国は、連邦憲法44条1号にいう「外国」となった[115]。同様に、パプアニューギニア人は、同国がオーストラリアから独立した日を境に、外国国民となった[116]。第2に、オーストラリアは連邦国家であるから、各州は、州議会議員の資格剥奪事由を独自に定めている[117]。一般的に言えば、州と連邦との大きな違いは、州の資格剥奪条項が候補者ではなく現職の議員に対してのみ適用されることである。また現職議員の資格剥奪には、外国旅券の申請のように、自己の意思による行為が要件とされている。さらにビクトリア州および自治領では、外国への忠誠を理由とする議員資格剥奪条項が存在しない[118]。ある論者は、その理由として、外交問題や防衛問題を扱う国と比べ、州や自治領では、外国との利害の衝突リスクが低いことを挙げる[119]。第3に、オーストラリ

---

114)　*Ibid.*

115)　Sue v Hill (1999) 199 CLR 462. ただし、1984年1月以前にオーストラリアの選挙人名簿に登録されたイギリス臣民の投票権は、1918年連邦選挙法93条1項b号（ii）により例外的に認められている。

116)　その結果、パプアニューギニア人は、オーストラリア国籍を失った。P. M. McDermott, Australian Citizenship and the Independence of Papua New Guinea, in: University of New South Wales Law Journal 32 No. 1 (2005) 50, 58.

117)　ニューサウスウェールズ州の1902年憲法（Constitution Act 1902）13のA条b号、クイーンズランド州の1867年議会法（Legislative Assembly Act 1867）7条1項、南オーストラリア州の1934年憲法（Constitution Act 1934）17条1項b号・c号、31条1項b号・c号、タスマニア州の1934年憲法（Constitution Act 1934）32条b号・c号、西オーストラリア州の1899年憲法修正法（Constitution Acts Amendment Act 1899）38条f号参照。

118)　'Canberra's parliament is full of dual citizens (but you're looking the wrong way)', in: The Canberra Times (Canberra), 7 October 2017参照。

ア 憲法は、連邦議員として当選した重国籍者とは、どのような地位にあるものであるのかを具体的に規定しておらず、まさに国籍の概念自体について沈黙している。唯一の例外は、信教の自由を定める連邦憲法116条であり、それによれば、同法44条にいう「忠誠」とは、世俗の国家に対するものだけを意味すると解される。現に Crittenden v Anderson において、高等裁判所は、バチカン市国を「外国」とするのは、公務員に宗教を問うようなものであるとして、これを退けた[120]。

下院の常設法制憲法問題委員会（Standing Committee on Legal and Constitutional Affairs）の見解によれば、「連邦議員は、オーストラリアの連邦議会および国民にのみ忠誠を誓うのが当然である」とされ[121]、Sykes 判決は、これを反映したものである。同時に、Sykes v Cleary が図った均衡は、後述のとおり、すでに従来の改正論によって示されてきたところであり、それは、連邦憲法44条が候補者および議員に対して、外国政府に翻弄されるような不条理をもたらす要件を課さないことを確保しようとするものであった[122]。

しかし、このような Sykes 判決の妥協には、批判がある[123]。第1に、この審査は、合理的な手段を取ることができるよう、あらかじめ家族の経歴や外国法

---

119) CARNEY, *supra note* 104) 257.
120) Crittenden v Anderson (Unreported, High Court of Australia, Fullagar J, 23 August 1950), extracted in: An Unpublished Judgment on s 116 of the Constitution, in: Australian Law Journal 51 (1977) 171, 171.
121) HOUSE OF REPRESENTATIVES STANDING COMMITTEE ON LEGAL AND CONSTITUTIONAL AFFAIRS, Aspects of Section 44 of the Australian Constitution – Subsections 44(i) and (iv), Parl Paper No. 85 (1997) 2.114.
122) たとえば、SENATE STANDING COMMITTEE ON CONSTITUTIONAL AND LEGAL AFFAIRS, Report on the Constitutional Qualifications of Members of Parliament, Parl Paper 131 (1981) 2.16; COMMONWEALTH, Final Report of the Constitutional Commission, Parl Paper 229 (1988) 4.797 参照。この問題は、1983年および1985年のオーストラリア憲法協議会、1996年の下院常設法制憲法問題委員会、1998年の常設選挙問題合同委員会でも審議された。
123) CARNEY, *supra note* 104) 257.

を知っていることを前提とする[124]。その意味において、この審査もまた、これらの問題の調査を組織的に実施したことのない無所属議員を不利に扱うものである。第2に、この審査は、事案により異なること、および外国法の正確な情報を得る際の証拠収集に困難を伴うことから、Sykes 判決の少数意見のような簡明性、すなわち、連邦憲法にいう国籍は、たとえ国際法とまで言わなくても、オーストラリア法独自に判断すべきである、というような簡明性を欠いている。現にオーストラリア選挙委員会は、候補者にその資格について助言することを避け、憲法の専門家のところに行かせたがると言われている[125]。第3に、国籍以外にどのようなものが議員資格の剥奪につながる外国への忠誠となるのか、たとえば、人の国際移動が増加する現代において、外国政府から社会保障の受給資格を得ていることはどうなのかという点も、曖昧である。とはいえ、単にそのような権利を享有する資格があることが、国籍を含む何らかの身分を意味するものでないことは、明白と思われる[126]。

3．Re Canavan

　高等裁判所は、Canavan 事件において、どのように Sykes 判決の審査方法を適用すべきであるのかを明らかにする機会を得た。Culleton 事件および Day 事件の議員資格剥奪事由に注目が集まったことから、他の連邦議員の資格も調

---

[124]　*Ibid.* 254.

[125]　C. HULL, Bob Day and Rod Culleton's Parliamentary Eligibility Farce Should Have been Fixed 20 Years Ago, in: The Sydney Morning Herald (Sydney), 5 November 2016. 国籍法は、英米では、主に憲法や国際法の問題とされるが、日本やフランスでは、主に国際私法の問題とされる。これは、伝統的に見れば、英米の国籍法が生地主義、日本やフランスの国籍法が血統主義を原則とすることによる。なぜなら、生地主義のもとでは、自国の領域の範囲が問題となるが、血統主義のもとでは、父母の国際結婚の成立および子どもとの親子関係の成立が問題となるからである。ただし、各国の国籍法は、生地主義的な要素と血統主義的な要素の両方を考慮しているから、様々な法分野に関係し、それらを総合する能力を必要とする。

[126]　PRYLES, *supra note* 107) 179.

べられ、2017年7月14日にオーストラリア緑の党のScott Ludlum上院議員が辞職したのを皮切りに、さらに6名の議員が連邦憲法44条1号による資格剥奪に相当するか否かを審理するため、選挙争訟裁判所に事件が付託されたのである[127]。

　これらの議員は、それぞれに異なる事情を抱えていたが、国側は、2名（1974年に帰化したRoberts上院議員、および1989年に帰化したLudlum上院議員）を除く全員の事案をSykes判決の事案と区別すべきであるとし、オーストラリアに帰化した国民と生来の国民とで異なる判断を求めた。国側は、一般的な見解とは異なり、Sykes判決の審査方法を文字通り読むべきではなく、最も重要な問題は外国法の承認の範囲であると主張した[128]。国側は、忠誠の分裂の防止をこの問題の合目的的な指針とし、「自己の意思により取得したか、または留保した」外国国籍のみを連邦憲法44条1号の適用対象にすべきであると主張した。「外国国籍を有するという相当の疑いがあることを自覚した（すなわち、主観的に認識した）場合であり、……それを自覚した時から合理的な期間内に、国籍を離脱するための合理的な手段を取らない場合に限り」、ここでいう自己の意思による国籍留保があったとする[129]。したがって、外国国籍の可能性を見つけた時から遅滞なく行動を起こした被告らは、連邦議会に在職する資格を有していたことになる。

　この主張の最大の障害は、連邦憲法44条1号の当初の草案では、「外国の……臣民または国民となる行為をすること」が適用要件とされていたことである。最終的に「外国の……臣民または国民であること」という文言が採用され

---

127)　Re Canavan; Re Ludlam; Re Waters; Re Roberts [No 2]; Re Joyce; Re Nash; Re Xenophon [2017] HCA 45 (27 October 2017). 被告は、オーストラリア国民党の下院議員であり副首相であるBarnaby Joyce、同党の上院議員であるMatthew CanavanおよびFiona Nash、オーストラリア緑の党の上院議員であるLarissa WatersおよびScott Ludlum、ワン・ネイション党の上院議員であるMalcolm Roberts、ニック・ゼノフォン・チームの上院議員であるNick Xenophonの7名であった。

128)　国側の提出書面〈http://www.hcourt.gov.au/assets/cases/03-Canberra/c11-2017/AG_Submission-joint.pdf〉参照（2024年3月16日閲覧）。

たのは、連邦憲法の起草者が自己の意思によるという要件の加重を認めない趣旨であった、と解することができるであろう。しかし、国側は、この変更について、帰化など、外国国籍を取得する行為をした後に、イギリス国籍を再取得した候補者を保護するためであり、それは、イギリスの植民地省（Colonial Office）がニューサウスウェールズ州の Reid 首相に宛てた 1897 年の書簡によって証明できると主張した。起草過程において当初の草案を変更したのは、他の植民地の憲法も同じであったが、上記のような候補者の保護以外に、変更の理由を示す証拠は見当たらない。国側は、この主張を裏付けるために、生来の国民と帰化による国民との区別が長らく確立していたことを指摘する。このような区別は、現行のオーストラリア憲法でも、下院議員の資格要件について採用されているが[130]、その起源は、少なくとも 1700 年王位継承法にまでさかのぼることができる。この法律によって、1870 年帰化法の成立まで、帰化による国民が公職に就くことはできなかった。すなわち、生来のイギリス国民である重国籍者に限り、公務に従事することが認められ、これがオーストラリア憲法の起草の際に参照されたのである。国側は、さらに連邦憲法の他の規定、および外国の国籍法が様々であることに対する安定性の要請も主張した[131]。

　国側の主張に対する最も有力な反論は、無党派の元下院議員 Tony Windsor の意見書であった[132]。Windsor は、国側の主張が Sykes 判決における Deane 判事の少数意見を再現しようとするものであり、「明快基準（bright lines）」という同判決の客観的審査からの逸脱であると主張した。この審査が暗に認める

---

129) 国側の答弁書〈http://www.hcourt.gov.au/assets/cases/03-Canberra/c11-2017/Canavan_AGCth-Reply.pdf〉参照（2024 年 3 月 16 日閲覧）。

130) すなわち、連邦憲法 34 条によれば、下院議員は、生来の国民であるか、または帰化から 5 年を経過した国民であることが資格要件とされている。

131) 国側は、その審査方法が差別的であり、かつ法の不知を許さないという原則に反するという主張にも反対した（外国法は英米法系の裁判所では事実として扱われるのが通例である）。

132) 〈http://www.hcourt.gov.au/assets/cases/03-Canberra/c11-2017/Joyce_WindsorSubs.pdf〉参照（2024 年 3 月 16 日閲覧）。

例外は、候補者が合理的な手段を取ったにもかかわらず、外国国籍を離脱できないという事案を防ぐための緊急避難ないし公序良俗違反の場合に限られる。これに伴う政策課題は、候補者に対して外国への忠誠の可能性の調査を義務づけることであった。Windsor は、国側のいう自己の意思による行為の理論を退け、主観的審査が適切であるのは、Brennan 判事もいうように、「外国に対して忠誠を誓っていると認められる者」という連邦憲法 44 条 1 号前段についてのみであると付け加える。Windsor は、イギリスの植民地省のメモを単なる「個人の覚書または所感」にすぎないとして、連邦憲法の起草者に対する旧植民地憲法の影響を否定した。それよりもむしろ、旧植民地の憲法が候補者ではなく現職の議員に対して外国への忠誠を禁止する点において、現行のオーストラリア憲法とは異なることを重視する。

　かつて Owen Dixon は、高等裁判所の首席判事に就任するにあたり、政治的紛争に巻き込まれないために、「厳格かつ完全なリーガリズム」を信奉すると述べたが[133]、Windsor の主張は、これを採用すべきであるとする提案であり、高等裁判所は、全員一致で受け入れたように思われる。高等裁判所は、従来の判例により確立された憲法解釈の方法に従い[134]、条文および先例によって許される解釈は、連邦憲法 44 条 1 号によれば、「オーストラリア国民が連邦議会の

---

133) O. DIXON, Address upon Taking the Oath of Office in Sydney as Chief Justice of the High Court of Australia on 21st April 1952, in: WOINARSKI (ed), Jesting Pilate and Other Papers and Addresses (Melbourne, 1965) 247.

134) たとえば、Australian Capital Television v Commonwealth (1992) 177 CLR 106; Lange v Australian Broadcasting Corporation (1997) 189 CLR 520; Roach v Electoral Commissioner (2007) 233 CLR 162 参照。第 1 の判例は、憲法に明文で規定されていないが、政治コミュニケーションの自由が黙示的に認められるとして、1991 年政見放送・政治情報公開法の一部を無効とした。第 2 の判例は、政治コミュニケーションの自由を認めながらも、それが名誉毀損を正当化するものではないとした。第 3 の判例は、1918 年連邦選挙法が 2006 年に改正され、3 年以上の懲役刑に服する受刑者の選挙権の制限について、これをすべての受刑者に拡大したのは、不当に参政権を侵害するものであり、この改正を無効としたが、3 年以上の懲役刑に服する受刑者の選挙権の制限は有効とした。

両院いずれかの議員として選出される余地が救済可能性なく失われることになる外国法によって、連邦憲法の保障する国政への参加」を排除されることはない、ということだけであると判示した[135]。明らかにこの審査には、外国法の実際上の取扱いが関わっている。すなわち、「外国法に対処し難い場合だけでなく、外国法を調べることができない場合も、実際上、オーストラリア国民が連邦憲法により定められた国政への参加の途を閉ざされることになりかねないのであれば」、不知は免責事由となるであろう[136]。高等裁判所は、この外国法の調査の困難が理論上のものではなく実際上のものであることを重視し、「国籍の確認や離脱に必要な情報を提供する意思や能力のない外国政府があると思われること」を付け加えた[137]。高等裁判所は、この「救済可能性の欠如の排除 (non-irremediability)」という基準を適用し、Canavan 上院議員および Xenophon 上院議員は、2016 年の選挙で適法に選出されたが、Joyce、Nash、Waters、Roberts、Ludlum の 5 名は、明らかに連邦憲法 44 条 1 号の欠格事由があったと判断した。

しかし、Xenophon については、「救済可能性の欠如の排除」ではなく、むしろ政策上の理由から、結論が導き出されたように思われる。なぜなら、彼の父親は、キプロスで生まれたが、当時のキプロスは、イギリスの植民地であったからである。高等裁判所は、専門家の意見書に従い、「イギリス海外市民 (British overseas citizen)」というカテゴリーは、連合王国における居住権が認められなかったり、連合王国への忠誠を伴わなかったりするなど、いわば下位の地位にあるから、このような地位を有する者は、連邦憲法 44 条 1 号の適用上、連合王国の臣民または国民とは言えないとした。「救済可能性の欠如の排除」という審査方法が適切でないことは、Canavan 上院議員の事案が最も明瞭に示している。すなわち、2017 年 7 月、イタリアの領事館職員は、本人の了解が

---

135) Re Canavan; Re Ludlam; Re Waters; Re Roberts [No 2]; Re Joyce; Re Nash; Re Xenophon [2017] HCA 45 [44].
136) *Ibid.* [67].
137) *Ibid.*

ないとはいえ、母親が 2006 年に Canavan をいわゆる海外在住イタリア人登録簿（Register of Italians Resident Abroad）に登録したことを理由として、彼をイタリア国民と認めた。しかし、高等裁判所に提出された専門家の意見書によれば、1983 年のイタリア憲法裁判所の決定は、Canavan の母方の祖母のように、父母両系主義によりイタリア国籍が承継されると判示したのであるから、イタリア国籍は、これによるものである。通常、申立人は「国籍届（declaration of nationality）」により登録されるが、それは、海外在住イタリア人登録とは異なる。不確実性を伴うのは、登録が国籍取得の要件であるのか、それとも国籍の確認にすぎないのかという点であった。前者であるとしたら、Canavan は、単に国籍を取得する資格を有するだけであるから、前述のとおり、連邦憲法 44 条 1 号は適用されない。専門家の意見は、これを国籍取得の要件とする。高等裁判所は、さもなければ国籍が永遠かつ自動的に何世代にもわたり承継されるという事実を指摘して、この意見書を採用した。

　このような判決理由は、「救済可能性の欠如の排除」という基準とは必ずしも一致しない。国籍の永遠の承継自体は、国籍の離脱やオーストラリア政治への参加に対する実際上の障害ではない。それは、むしろ家族の経歴の調査可能性を含め、理論上または事実上不明な点があるため、外国法により外国国籍の有無を判断できない場合には、連邦憲法 44 条 1 号を適用しない、という高等裁判所の政策判断を促すものであったと思われる。家族の経歴の記録は、実際上の調査可能性の問題にすぎない、という反論があるかもしれないが、それでは、記録が容易に入手できた Canavan の事案では、その結論を説明できないであろう。上記のような政策判断が本当に存在したのであれば、連邦憲法 44 条 1 号が行為ではなく地位に基づく禁止規定となっているのは、歴史上の偶然の産物にすぎず、むしろ植民地時代の実務のように、外国国籍の取得を申請したり、外国の旅券で渡航したりするなど、外国への忠誠を客観的に確認できる場合にのみ、禁止規定を適用するという解釈のほうが良い、とする国側の主張を採用すべきであったと思われる。

　要するに、高等裁判所が公式化した審査方法は、連邦憲法 44 条 1 号の厳格

かつ文理に沿った解釈であると思われるが、実際に適用された審査方法は、忠誠の分裂の防止と政治参加の不合理な要件の回避の均衡を図るという Sykes 判決で示された政策の継続である。他方において、審査方法の細かな言い回しが重要であり、国側が Joyce 副首相のような人を擁護するために、主観的審査を主張せざるを得なかったのは、残念である。なぜなら、明らかに外国国籍であるにもかかわらず、それを知らなかったのは、客観的に見れば、どうにも擁護のしようがなかったからである。仮に高等裁判所が客観的審査に徹していれば、Canavan 上院議員への適用により直ちに破綻するような公式に陥ることはなかったであろう。将来の事件において、連邦憲法 44 条 1 号を適用する際に、この公式が道徳的または社会的価値はもとより合理性を産み出す余地は、皆無に近い。一例を挙げれば、Josh Frydenberg 下院議員は、高等裁判所に事件が付託されたとしたら、おそらくハンガリー国籍と判断されるであろうが、それは、Frydenberg 議員の母親のように、ユダヤ人迫害により無国籍となったハンガリー生まれの者に対して、ハンガリー政府が遡及的に国籍を与えることにより、過去の過ちを救済しようとしたからであった[138]。

4．諸々の法改正案

数人の政府関係者は、Canavan 事件によって、連邦憲法 44 条 1 号の運用が明らかになるとともに、それが引き起こした政治的混乱や納税者の不満を取り除く良い機会になると思っていた[139]。しかし、高等裁判所の判決が下された途端、現職議員に対する新たな疑惑が生まれた。特に注目すべきであるのは、Stephen Parry 上院議長、与党の John Alexander 下院議員、さらに Jacqui Lambie などの有力な無所属上院議員が含まれていたことである。数人の議員は辞職したが、その後継者に新たな資格の問題が生じることになった（主に連

---

[138] SENATE STANDING COMMITTEE ON CONSTITUTIONAL AND LEGAL AFFAIRS, *supra note* 122).

[139] F. HUNTER, Revealed: Taxpayers Foot $11.6 Million Bill for Parliament's Citizenship Fiasco, in: The Sydney Morning Herald (Sydney), 18 December 2017.

邦憲法44条4号にいう「国王のもとで有給の職にある」という理由による）[140]。政府にならって、野党も、強力な身元調査により政治的優位を得ようとしたが、ちょうどその頃、野党連合の重要なリーダーであるDavid Feeney下院議員が連合王国の国籍を有しているようであると告白した。2017年は、大量の疑わしい連邦議員の事件を付託する、という二大政党による「報復の脅し」の連鎖に終始した。

　手始めは、野党のKaty Gallagher上院議員であり、彼女は2016年に上院の（再）選挙で指名を受けた当時、イギリス国籍であった[141]。Gallagher議員側は、英国政府による国籍離脱申請の処理が遅れたことによるものであると主張した。この離脱申請は、候補者指名の41日前に提出されたものであった。高等裁判所は、Canavan判決の厳格な審査方法に従い、「Gallagher上院議員は、救済可能性なく候補者指名を妨げるようなイギリスの関連法令の内容を明らかにしていない」と判示した[142]。高等裁判所は、国籍の離脱について「合理的な努力」をしたことを証明するだけでは足りないことを確認した。むしろ「イギリス国籍の離脱を申請したオーストラリア国民がその目的を達成することを救済可能性なく妨げる」原因が外国法に存在しない限り、候補者指名を受けた者は、外国国籍を有してはならないというのである[143]。これは、まさに高い障壁であり、オーストラリアの連邦議員を目指す者に対して、十分に時間をかけた準備を求めるものであった。本判決が下された直後、同様の事情を抱える5人の下院議員が辞職したが、後に補欠選挙によって再選を果たした[144]。

　連邦憲法44条1号は、以前から問題が多いと考えられており、改正案は、少なくとも上院の常設法制憲法問題委員会の1981年報告書にまでさかのぼる

---

140)　連邦憲法44条4号にいう「国王のもとで有給の職にある」とは、公務に服していることを意味する。
141)　Re Gallagher [2018] HCA 17.
142)　Ibid. [37].
143)　Ibid. [39].
144)　Gallagherは、上院の議席を奪われたが、おそらく次回の選挙において再当選を果たすであろう。

ことができる。1997年に下院の常設法制憲法問題委員会が提案した解決策は、議員の資格剥奪要件を時代に合わせて修正する権限を連邦議会に与えるよう、憲法を改正するというものであった[145]。それにより連邦議会は、候補者指名の日に外国への忠誠（それが存在することを知っているか否かを問わず）を放棄する旨の宣言を求めるだけになるが、そのような宣言は、外国法上はともかく、オーストラリア法上の効果はある[146]。あるいは、連邦議会は、利害の衝突の管理という経営戦略を採用し、分かっている忠誠の開示により透明性を確保することもできるであろう。この戦略は、さらに刑事事件の有罪判決など、すべての欠格事由に適用し、有権者の判断に委ねるべきであるとする見解もある[147]。これらの戦略は、後に連邦議員が外国の国籍ないしそれよりも軽微な忠誠を選ぶ積極的な行動を取り、それが「外国国家に対する潜在的ではなく積極的な利害関係」を疑わせる場合には、追加的に議員資格剥奪の措置を取ることにも整合性を有するであろう[148]。また、今のところ懸念される抜け穴については、オーストラリア国籍を現職の連邦議員の資格要件としていることで十分に補えるであろう[149]。

　Canavan事件がきっかけとなり、Turnbull首相は、政府として、特に連邦憲法44条の改正の是非などの審議を常設選挙問題合同委員会に再度委ねると発表した。同委員会および他の委員会の従来の勧告は、連邦憲法128条による憲法改正の困難から[150]、いまだ実現には至っていない。さらに、このような憲

---

145) HOUSE OF REPRESENTATIVES STANDING COMMITTEE, *supra note* 121) 42.
146) *Ibid.* 42.
147) The reference to the submission of Sawer in: SENATE STANDING COMMITTEE ON CONSTITUTIONAL AND LEGAL AFFAIRS, *supra note* 122) 2.18. HULL, *supra note* 125) も、現行の欠格事由のすべてに批判的である。
148) CARNEY, *supra note* 104) 255.
149) *Ibid.* 255.
150) 連邦憲法128条によれば、憲法改正案は、原則として、上下両院で過半数の賛成を必要とし、さらに国民投票にかけられ、全国の有権者の過半数の賛成を得るだけでなく、過半数の州（6州のうち4州）において、その有権者の過半数の賛成を得る必要がある。

法改正の国民投票は政治家の私利私欲のためである、という意見の広まりが事態を悪化させている。

　二大政党は、政治課題の処理のため、早急な事態の収拾が求められるとし、激しい論争の末、現職の連邦議員全員に対して、連邦憲法44条1号に違反しないことの証明を求める、という前代未聞の措置を取ることで合意した[151]。2017年12月1日までに、すべての連邦議員は、重国籍でないこと、出生地および生年月日、出生時の国籍、（オーストラリアへの）帰化の場合はその年月日、父母および祖父母の出生地ならびに生年月日、本人の外国国籍保有歴、外国国籍の確認手段、国籍離脱の年月日および方法ならびにその証拠を申告するよう求められた。上院議員利害関係委員会（Committee of Senator's Interests）に提出された申告書は、一般に公開される国籍登録簿（Citizenship Register）に保管されることになっている。この現体制を維持するための決定に従わない場合は、それぞれ上下両院の議員特権委員会（Privileges Committee）に対して、議員資格の停止またはその他の懲戒処分に相当し得る重大な議会侮辱行為があったか否かの判断を求めることになる[152]。この制度の決定的な弱点は、これを完全に遵守したとしても、連邦議員が重国籍でないことを保証するものではないことである。その他に、候補者指名の日に一切の外国への忠誠（それが存在することを知っているか否かを問わず）を放棄する旨の宣言を求める案[153]、あるいは政治

151）〈https://www.aph.gov.au/Parliamentary_Business/Committees/Senate/Senators_Interests/establishment-citizenship-register〉参照（2024年3月16日閲覧）。

152）実際に議会侮辱行為があったとされるか否かは、別問題である。自由民主党のDavid Leyonhjelm上院議員は、次のとおり申告し、別の議会侮辱行為をもって、この決定に対決姿勢を示した。「私は、かつて私の父が本当の父親であるか否かを母に尋ねたことがあるが、母が気分を害したので、二度と尋ねなかった。いわゆる無原罪懐胎であったのかもしれない。……自分が共産党員でないこと、あるいは小児愛者でないことも証明しようとは思わない」。〈https://www.aph.gov.au/~/media/Committees/Senate/committee/interests_ctte/citizenship%20register/LeyonhjelmD_Cstat_171120.pdf?la=en〉参照（2024年3月16日閲覧）。

153）HOUSE OF REPRESENTATIVES STANDING COMMITTEE, *supra note* 121) 42.

的権利義務オンブズマンから助言を受けることを求める案についても[154]、同様のことが言える。

　問題を解決するヒントは、連邦憲法44条により無効とされた議席を取り戻すために、補欠選挙に出馬せざるを得なかった連邦議員たちに対して、有権者が罰を与えるのではなく、むしろ褒美を与える傾向にあることに見出される[155]。これは、有権者が必ずしも重国籍を忠誠の重複とは見ていないことを窺わせる。連邦憲法44条1号を廃止するか、または緩和するための国民投票は、多文化社会における有権者にとって選択の幅を広げることになり[156]、さらに異常に破滅的であり政治色の濃い法技術としか思えないような議員資格剥奪の嫌疑から、当選議員たちを守ることになるとして、超党派の支持を得れば、あるいは成功するかもしれない。

おわりに

　日本の事例とオーストラリアの事例は、一見したところ、大きく異なるが、共通点も多い。すなわち、日本の事例は、国籍法上の国籍選択制度に由来するものであり、直接的には国会議員の資格に関係しないが、それが政治的に利用され、法務省の不可解な対応につながったと言える。これに対し、オーストラリアの事例は、もともと重国籍を連邦議員の欠格事由とする規定が連邦憲法に

---

154)　〈http://www.abc.net.au/radionational/programs/lawreport/hca-ruling-on-dual-citizenship/9102320#transcript〉参照（2024年3月16日閲覧）。

155)　そのような例としては、Barnaby Joyce が挙げられ、さらに1996年のリンジー選挙区の補欠選挙で再当選した Jackie Kelly の例がある。'Barnaby rejoices as New England re-elects its deputy PM in a landslide', The Sydney Morning Herald (Sydney), 3 December 2017. また Phil Cleary も、Sykes 判決で連邦憲法44条4号により議員資格を剥奪されたが、後に過半数を超える票を得て再当選した。

156)　Graeme Orr のコメント〈http://www.abc.net.au/radionational/programs/lawreport/hca-ruling-on-dual-citizenship/9102320#transcript〉参照（2024年3月16日閲覧）。

設けられていたから、直接的に議員資格に関係するが、長らくの間、この規定が適用されたことはなく、最近に至って、政治的な思惑から重国籍の疑惑をかけられる議員が続出し、オーストラリア政治に混乱を招いた。これらの事例は、いずれも法律の規定が政治的に利用されたことに端を発し、かつそれにより関連法令の解釈上の問題点、特に重国籍の認定の困難を明らかにした点で共通する。さらに詳しく見れば、他にも両国に共通する点が多数ある。

　第1に、両国の関連法令は、他国の例や自国の過去の例にならったものである。すなわち、日本の国籍選択制度は、1985年の国籍法改正により導入されたが、それは、1977年の欧州評議会閣僚委員会の決議にならったものとされている[157]。当時の欧州評議会は、まだ1963年の重国籍の場合の減少および重国籍の場合の兵役義務に関する条約のもとで、可能な限り重国籍を防止するという立場であった。しかし、1963年条約を改正するための1993年の第二議定書は、出生による国籍取得の場合、および配偶者の国籍を取得した場合における重国籍を容認し、さらに1997年の欧州国籍条約は、これらの2つの場合における重国籍を許容する義務を課した[158]。それにもかかわらず、日本の国籍法は、過去の欧州における重国籍の防止をいまだに堅持している。

　一方、1900年のオーストラリア憲法が重国籍を連邦議員の欠格事由としたのは、若干の違いがあるとはいえ、一部の州憲法がすでに同様の規定を設けていたからであろう[159]。さらに、イギリスの1701年の王位継承法が帰化による国民の公務就任権を制限していたことの影響を示唆する見解もある[160]。しかし、

---

157) 前述注56)参照。これに対し、日本の国籍法にならって、国籍選択制度を導入した例としては、1997年改正の韓国国籍法を挙げることができるが、日本よりも厳しい制度を設けたために、韓国国籍の喪失者があまりに増え、その後の改正において、国籍選択の要件を緩和するとともに、帰化の許可条件などの面では、むしろ日本よりも広く重国籍を認めている。奥田＝岡＝姜・前掲注52) 19頁以下、22頁以下参照。

158) 奥田安弘編訳『国際私法・国籍法・家族法資料集――外国の立法と条約』（中央大学出版部、2006年）92頁以下、108頁以下参照。

159) 前掲注117)の州憲法における議員資格剥奪条項参照。

近年では、同様の立法例は、バングラデシュ、ガーナ、ジャマイカ、ラトビア、マラウイなどが挙げられるにすぎない[161]。このような状況において、重国籍者の議員資格の制限が世界的に広く認められているとは言えない。

第2に、重国籍者が国会議員として相応しくないという議論は、一見したところ分かりやすいが、両国の事例からは、その問題点が多数浮き彫りになった。すなわち、日本の事例では、自国の国籍法の適用において、重国籍であるか否かを認定するために、中国のいずれの政府の国籍法を適用すべきであるのかという問題に取り組む必要があったが、法務省は、蓮舫議員を重国籍と認定した理由の説明責任を果たさず、外国国籍喪失証明書を不受理にしておきながら、国籍選択届を受理するという矛盾した対応を取っている。また、オーストラリアの事例でも、自国の憲法の議員資格剥奪条項を解釈するにあたり、外国の国籍法の内容をどのように評価すべきであるのかを巡って、様々な議論があり、連邦高等裁判所に事件が付託された複数の被告のうち、一部は議員資格を失わないとする判断が下されたが、議員資格を失った他の被告との違いについて、整合性のある説明をすることは困難と思われる。

さらに、重国籍者が国会議員として相応しくないとする根拠自体に疑問がある。1つは、自国の国会議員であるにもかかわらず、外国の国民でもあるから、当該外国の利益を図るおそれがあるというが、実際にそのような行為があったとしたら、重国籍者であるか否かを問わず、国会議員として懲罰を受けたり[162]、少なくとも選挙で落選したりする結果となるであろう。もう1つは、外

---

160) PRYLES, *supra note* 107) 164.

161) P. J. SPIRO, Dual citizenship as human right, in: International Journal of Constitutional Law, 8 (2010) 111, 129; P. J. SPIRO, A New International Law of Citizenship, in: American Journal of International Law, 105 (2011) 694, 737.

162) 日本の国会法121条以下、オーストラリアの1987年議会特権法（Parliamentary Privileges Act 1987）7条参照。ただし、懲罰の内容は、両者の間で違いがある。またオーストラリアは、2018年に外国からの影響の透明性を確保するための法律（Foreign Influence Transparency Scheme Act 2018）を制定し、外国の政府などのために活動する者の登録制度を設けて、このような活動を登録なしに行った

国の国民であるから、当該外国政府から命令を受ける可能性があると考えられているのかもしれない。しかし、自国の国会議員であると同時に、外国の公務にも就任するという事態は考えにくいし、仮にそのようなことが実際にあったとしたら、同様に懲罰や落選という結果を招くであろう。そうであれば、単に外国の国籍を有するという以上の行為がなければ、単一国籍者と区別する意味はないと思われる。

　むしろ重国籍者の国会議員資格を制限することの弊害としては、外国国籍を一旦失ってしまったら、たとえそれが出生地国であったり、父母の一方または双方の国籍国であったりしても、当該外国国籍を再取得するためには、帰化の申請などの煩雑な手続が必要となり[163]、再取得を諦めざるを得ないことが挙げられる[164]。しかし、国会議員は、生涯その職に就いたままであるとは限らない。選挙で落選することもあれば、高齢のために引退することもある。さらに、仮

　　者は、罰金または懲役刑に処せられることになったが、むしろ連邦議員などは除外されている（同法25A条）。
[163]　日本の国籍法によれば、父母の一方が日本人であること、日本で生まれたこと、かつて日本国民であったことは、帰化の許可条件の緩和理由となるが（同法6条、8条）、一般に「簡易帰化」と呼ばれる印象とは異なり、帰化の申請の煩雑さは普通帰化の場合と同じであり、また必ず帰化が許可されるという保証があるわけではない。なぜなら、帰化は、あくまでも法務大臣の自由裁量による許可を要件とするからである（同法4条2項）。奥田（家族と国籍）・前掲注6）95頁、99頁以下参照。オーストラリアの2007年国籍法（Australian Citizenship Act 2007）でも、外国国籍の取得や保持などの事情によりオーストラリア国籍を離脱した者の帰化については、永住者としての1年以上の居住歴という条件が免除されるが、手数料を伴う申請手続および大臣（Minister for Home Affairs）の自由裁量による許可が要件とされている（同法29条、30条）。
[164]　2008年にノーベル賞を授与された南部陽一郎・シカゴ大学名誉教授は、すでに1970年の米国への帰化により日本国籍を失っていたが（国籍法11条1項）、その後、日本への帰化により日本国籍を再取得したという情報は見当たらない。それにもかかわらず、晩年は、日本で暮らして亡くなったとされる。2015年7月17日付け産経WEST〈https://www.sankei.com/west/news/150717/wst1507170114-n1.html〉参照（2023年11月23日閲覧）。

に重国籍者が国会議員として相応しくなく、選挙人の公正な判断に影響を及ぼすおそれがあるとしたら、立候補の段階で外国国籍の喪失を求めることになるであろう。しかし、その候補者が当選するとは限らない。このように重国籍者が国会議員として相応しくないという議論は、立候補の資格まで制限することになる。以上のとおり、重国籍であることだけを理由として、国会議員資格を制限するのは、多くの弊害を生むおそれがあり、立法論として妥当とは思えない。日本とオーストラリアの事例は、それを証明している。

第 8 章　若干の例に見る日本法への誤解
―― 比較法的観点から ――

奥 田 安 弘[*]

はじめに

　前章までの各論稿で分かるとおり、日本が欧米諸国の法を条文だけ取り入れても、当の欧米諸国とは全く異なって運用されたり、場合によっては、あまり機能していなかったりする例が見られる。これは、法体系や社会的背景の違いを十分に考えることなく、欧米諸国の立法をモデルにしたからではないか、という疑いがある。しかし、それでは、日本における欧米法研究が無駄であるのかと言えば、そうではない。法律およびその研究は、本来、ドメスティックなものであるが、双方向の比較研究を通じて、互いに刺激を受け合うことによってこそ、発展が期待できる。

　そこで以下では、幾つかの例を挙げて、一見したところ、欧米諸国の法と似ている日本法がどのように異なっているのかを考察し、日本法の現状と課題を明らかにしたい。まず前半は、家族法の分野から、離婚(I)・養子縁組(II)・戸籍(III)を取り上げ、制度自体は、欧米諸国の法と似ている面があるにもかかわらず、細部を見れば、日本法の独自性が表れており、その結果、どのような問題が生じているのかを考察する。つぎに後半は、法科大学院（IV）および大学の研究環境（V）に関する国の政策上の問題点を取り上げる。すなわち、前者については、日本法と米国法の違いを無視して、米国のロー・スクール制度を

---

[*]　本稿は、前章までの各論稿を踏まえ、奥田が本書のために単独で書き下ろしたものである。

真似たと思われること、後者については、憲法上の学問の自由を侵害し、学会や大学に無意味な負担を求めていることを指摘する。

最後に、日本法と欧米法の双方向の研究が求められることを確認するとともに、違憲状態を解消するために、官主導の制度を改めるべきであることを主張し、本稿を締め括る。

I．離　婚

1．日本では離婚が容易であるのか？

かつて本稿の著者がドイツやスイスを訪問した際に、「日本は離婚の容易な国」と思い込んでいる人が多いのに驚かされることがあった。しかし、日本人と結婚して、日本に住む外国人は、そのように思っていないようである。

たとえば、日本在住のオーストラリア人夫が同じく日本在住の日本人妻と離婚するために、わざわざ母国で離婚判決を得た例がある[1]。オーストラリア人夫が判決謄本を添付した届出を日本の市役所に提出したところ（戸籍法77条1項、63条）、それが受理され、日本人妻の戸籍に離婚の記載がなされたが、日本人妻は、これを不服として、日本の家庭裁判所に離婚無効確認の訴えを提起した[2]。

本件について、東京家判平成19年9月11日家月60巻1号108頁は、夫婦

---

1) それ以前にも、沖縄在住の米軍軍属の夫が米国のネット業者を通じてドミニカの裁判所で離婚判決を得たのに対し、同じく沖縄在住の日本人妻が判決の無効確認訴訟を提起したという事件が報じられている。2000年2月8日付け朝日新聞朝刊参照。

2) この届出が容易に受理されたのは、戸籍事務を管掌する市区町村長（戸籍法1条1項、4条）が形式審査しか行わないことによる。すなわち、原則として書面審査を行うだけであるから、日本語訳を添付した判決謄本が提出された場合には、明らかな無効原因がない限り、届出を受理することになる。奥田安弘『国際家族法〔第2版〕』（明石書店、2020年）114頁以下参照。これに対し、外国の離婚判決の効力を争う者が実質審査を望む場合には、離婚無効確認の裁判を申し立てる必要がある。同書57頁以下参照。

の双方がオーストラリアではなく日本に住所を有していたことから、オーストラリアの裁判所の間接管轄を否定し（民事訴訟法118条1号）、かつオーストラリア判決が婚姻の破綻を認定し、離婚を認めたことについても、改めて事実関係を詳しく認定し、婚姻が修復可能であるか、または仮に修復不能であったとしても、その原因は夫の行動にあり、有責配偶者からの離婚請求は信義誠実の原則に反するため、同判決を公序違反（同条3号）として、離婚無効確認請求を認容した。

　国際私法の観点からは、日本の裁判所が事実関係を詳しく認定しなおし、オーストラリア判決を公序違反としたのは、実質的再審査（révision au fond）の禁止に違反する疑いがある[3]。また外国判決は、民事訴訟法118条各号の要件をすべて満たす場合にのみ、日本において効力を有するのであるから、本来は、間接管轄の要件を欠くことを認定するだけで足りるが、本判決が公序違反にも言及したのは、専ら当事者の主張に答えるためであったと思われる。

　しかし、本稿では、むしろ事件の背景に注目したい。すなわち、夫婦がいずれも日本に住所を有していながら、なぜオーストラリア人夫は、母国で離婚訴訟を提起したのかである。

　仮にオーストラリア人夫が日本で離婚を求めるとしたら、夫婦の一方が日本に常居所を有する日本人であるため、法の適用に関する通則法（以下「通則法」という）27条ただし書により、日本法が準拠法とされる。日本法では、協議離婚が認められているが（民法763条）、夫婦の一方が離婚を拒否している以上、これによることはできない。そこで、裁判離婚によるが、日本の手続法上は、いきなり離婚訴訟を提起することはできず、まず家庭裁判所に調停の申立てをしなければならない（家事事件手続法257条1項）。いわゆる「調停前置主義」である。ただし、調停は、当事者間に合意が成立し、これを調書に記載したときに成立するから（同法268条1項）、本件のような事案では、調停離婚の成立も見込めない。調停が成立しない場合には、家庭裁判所が職権で調停に代わる審

　3）　奥田（国際家族法）・前掲注2）209頁以下参照。

判をすることがあるが（同法284条1項）、仮に審判が下されても、当事者は、異議の申立てによって、その効力を失わせることができる（同法286条5項前段）。このように調停が成立せず、調停に代わる審判にも、異議の申立てがなされた場合は、同じく家庭裁判所に離婚の訴えを提起することができる[4]。本件でも、オーストラリア人夫は、反訴として離婚を請求しており、当事者が双方とも日本に住所を有するから、条理により、本訴反訴ともに、わが国の国際的裁判管轄が肯定されている[5]。

ところが、裁判上の離婚原因は、限定的に列挙され、「その他婚姻を継続し難い重大な事由があるとき」（民法770条1項5号）という離婚原因も制限的に解釈されている[6]。すなわち、戦後間もない最判昭和27年2月19日民集6巻2号110頁は、夫の不貞行為が原因となって、妻との婚姻関係の継続が困難になった場合には、夫が民法770条1項5号により離婚を請求することが許されないとする。この判決をきっかけとして、有責配偶者からの離婚請求が認められるか否かは、大きな議論を呼び起こしたが、その後、最大判昭和62年9月民集41巻6号1423頁は、有責配偶者からの離婚請求であっても、夫婦の別居が相当の長期間に及び、かつ未成熟の子が存在しない場合には、相手方配偶者が離婚により精神的・社会的・経済的に極めて苛酷な状態におかれるなど、著

---

4) 当事者が家庭裁判所から調停不成立の通知を受け、2週間以内に訴えを提起した場合は、調停の申立ての時に訴えが提起されたものとみなされる（家事事件手続法272条3項）。また、調停に代わる審判に対する異議の申立てがなされた場合も、当事者がその旨の通知を受けた日から2週間以内に訴えを提起したときは、調停の申立時に訴えが提起されたものとみなされる（同法286条6項）。

5) 本件後には、人事訴訟法が改正され（平成30年法律第20号）、新たに国際的裁判管轄に関する規定が設けられたが、それによっても、被告の住所が管轄原因とされている（同法3条の2第1号）。詳細については、奥田（国際家族法）・前掲注2）179頁以下参照。

6) その他の離婚原因としては、「配偶者に不貞な行為があったとき」、「配偶者から悪意で遺棄されたとき」、「配偶者の生死が3年以上明らかでないとき」、「配偶者が強度の精神病にかかり、回復の見込みがないとき」が挙げられている（民法770条1項1号〜4号）。

しく社会正義に反する特段の事情がない限り、有責配偶者からの請求であるとの一事をもって許されないとすることはできないとし、判例を変更した。

以上のとおり、民法770条1項5号の解釈は、若干緩められたが、それでも有責配偶者からの離婚請求である場合には、裁判所は、請求を認容することにより、不合理な状況が起きないか否かを慎重に検討することになる[7]。そのため、オーストラリア人夫は、日本で離婚訴訟を提起したとしても、勝訴の見込みがないと考え、オーストラリアで離婚判決を得たものと思われる。

2．EU 諸国の離婚法との比較

諸外国の離婚法を網羅的に調べることは不可能であるから、本稿では、2012年に出版された欧州私法エンサイクロペディアによりながら[8]、その後の動きを含め、EU 諸国の法を概観しておく。

エンサイクロペディアによれば、近年に至るまで、多くの国の法は、離婚に消極的であったが、今日では、すべての EU 諸国において、離婚が可能とされる[9]。これらの国の多くは、裁判離婚のみを認めるが、近年は、裁判所が全く関与しない離婚を認める国もある。たとえば、フランスでは、2016年11月18日の法律により、裁判所が全く関与しない協議離婚が導入された（民法229条の1～229条の4）。とはいえ、夫婦それぞれに弁護士をつける必要があるなど、

---

[7] 有責配偶者からの離婚請求に関する判例の変遷および学説については、島津一郎＝阿部徹編『新版注釈民法（22）親族(2)』（有斐閣、2008年）393頁以下〔阿部徹〕参照。

[8] Dieter MARTINY, in: The Max Planck Encyclopedia of European Private Law (2012) 493–496 =〈https://max-eup2012.mpipriv.de/index.php/Divorce〉参照（2023年11月25日閲覧）。

[9] MARTINY, *supra* note 8) 493 は、マルタを例外として挙げるが、その後、民法第16章に第4節が追加され、離婚を認める規定が設けられた（同法66条のA～66条のN）。同法の英語正文については、〈https://www.ilo.org/dyn/natlex/docs/ELECTRONIC/75318/78312/F1710705054/MLT75318.pdf〉；〈https://www.global-regulation.com/law/malta/3022442/civil-code.html〉参照（2023年11月25日閲覧）。

わが国の協議離婚とは大きく異なる要件が定められている[10]。

一方で、裁判離婚については、一定期間の別居などを要件とする客観的破綻主義に向かう傾向がある。エンサイクロペディアは、特に英国法・ドイツ法・オーストリア法を概観しているが[11]、さらに詳しく調べたところ、次のとおり規定されていることが判明した。

まず英国法では、婚姻が修復し難いほどに破綻していることを理由として、離婚判決を求めることができる（1973年婚姻関係事件法1条1項）[12]。またドイツ法でも、婚姻が修復し難いほどに破綻していることが離婚原因とされるが、別居が1年未満である場合は、婚姻の継続が期待できないほどに過酷（unzumutbare Härte）であるときにのみ、離婚が認められる（民法1565条）。一方で、夫婦の双方が離婚を申し立てるか、または同意がある場合には、1年以上の別居、その他の場合にも、3年以上の別居によって、婚姻が破綻しているとみなされる（同法1566条）[13]。さらにオーストリア法では、夫婦の婚姻共同体（häusliche Gemeinschaft der Ehegatten）が3年以上停止している場合は、一方が他方に離婚を請求できるが（婚姻法55条1項前段）、夫婦間に離婚の合意がある

---

10) 〈https://www.legifrance.gouv.fr/codes/texte_lc/LEGITEXT000006070721〉参照（2023年11月26日閲覧）。わが国の戸籍実務でも、日本人同士の夫婦がフランスで協議離婚を成立させた旨の証明書、および日本国内に常居所を有する日本人女がイタリア人男とイタリアで協議離婚を成立させた旨の証明書について、いずれも外国の方式による証書の謄本（戸籍法41条）として受理して差し支えないとした平成29年10月11日民一第1161号回答民月73巻5号81頁および平成31年1月11日民一第57号回答民月74巻4号212頁がある。

11) MARTINY, *supra* note 8) 495. 同書によれば、さらにイタリア法では3年の別居、アイルランド法では4年の別居が要件とされる。フィンランド法およびスウェーデン法では、別居期間は要件とされないが、離婚後6か月の再考期間が設けられている。スペイン法では、婚姻から3か月以上経過していることが要件とされる。

12) 〈https://www.legislation.gov.uk/ukpga/1973/18〉参照（2023年11月26日閲覧）。

13) 以上については、〈https://www.buzer.de/gesetz/6597/b17977.htm〉参照（2023年11月26日閲覧）。

場合は、1年以上の停止で足りる（同法55条のa第1項）[14]。

日本の民法770条1項5号は、離婚原因として、「その他婚姻を継続し難い重大な事由があるとき」と規定するだけであるから、一見したところ、破綻主義を認めているかのようであるが、判例がこれをEU諸国の法と同様に解釈するようになるとは思えない。原告が有責配偶者であるのか否か、相手方配偶者の保護が必要であるのか否かなどは、日本法独自の要件として、今後も考慮され続けるであろう。これは、有責配偶者からの離婚請求を不道徳とする日本国民の感情を考慮したものと見ることができる。同時に、女性の社会進出が増えたとはいえ、まだ日本では、離婚によって女性が経済的な困窮に陥る可能性が高いことも反映している。このように民法770条1項5号は、日本の文化および社会的背景のもとで解釈されている例として、比較法的に興味深い。

II．養子縁組

1．日本の養子縁組法の特徴

欧州私法エンサイクロペディアによれば、養子縁組は、私的な行為ではなく、公的機関の命令によって認められるべきものであり、原則として実親子関係を消滅させるものと考えられている[15]。これに対し、日本法では、当事者間の合意により成立し（契約型）、実親子関係を存続させる普通養子縁組（非断絶型）、および家庭裁判所の審判により成立し（決定型）、実親子関係を消滅させる特別養子縁組（断絶型）がある。このように契約型・非断絶型と決定型・断絶型を併存させていることは、日本の養子縁組法の大きな特徴である[16]。

---

14) 〈https://www.ris.bka.gv.at/GeltendeFassung.wxe?Abfrage=Bundesnormen&Gesetzesnummer=10001871〉参照（2023年11月26日閲覧）。

15) Joseph FERRER I RIBA, in: The Max Planck Encyclopedia of European Private Law (2012) 24, 27 =〈https://max-eup2012.mpipriv.de/index.php/Adoption〉参照（2024年1月13日閲覧）。ただし、同書によれば、完全養子（full or plenary adoption）と単純養子（simple adoption）の両方を認める国があり、後者の場合は、実親子関係を消滅させず、養親子関係も、その親族間には及ばない。

詳しく見れば、普通養子縁組は、養親となる者が20歳以上とされるが（民法792条）、養子となる者は、養親の尊属（父母、祖父母など）または年長者でなければ、特に年齢制限はない（同法793条）。親子らしい年齢差であることも要件とされないから、養親と養子の年齢差が極めて小さい場合、または極端に大きい場合も、普通養子縁組は成立し得る[17]。未成年者を養子とする場合には、原則として夫婦共同縁組を要するが（同法795条本文）[18]、養子が成年に達している場合には、夫婦の一方のみが養親となることができる。また、未成年者を養子とする場合には、家庭裁判所の許可を要するが、自己または配偶者の直系卑属（子、孫など）を養子とする場合は除かれる（同法798条）。婚姻届に関する規定（同法739条）が準用されているから（同法799条）、普通養子縁組は、当事者間の合意による戸籍法上の届出によって成立する。「契約型」といわれるゆえんである。ただし、養子が15歳未満である場合には、法定代理人（通常は実父母）が縁組の承諾をする（同法797条1項）。いわゆる「代諾養子」である。養子縁組の効力は、養子が養親の嫡出子となることである（同法809条）。実親との関係は、特別養子縁組と異なり消滅しない。「非断絶型」といわれるゆえんである。その成立が婚姻に準ずるように、離縁も離婚と同様に、協議離縁（同法811条）および裁判離縁（同法814条）の両方が認められる[19]。

---

16) 養子縁組をその成立要件および効力に応じて、契約型・非断絶型、決定型・断絶型などに分類するのは、通則法31条による養子縁組の準拠法の決定にとっても重要である。奥田（国際家族法）・前掲注2) 273頁以下参照。

17) これに対し、2008年の欧州養子縁組条約（European Convention on the Adoption of Children）9条によれば、子の最善の利益を考慮して、適切な年齢差が求められ、原則として、16歳以上の年齢差があることが推奨される。同条約の英語の正文については、〈https://rm.coe.int/1680084823〉参照（2024年1月22日閲覧）。

18) 例外としては、配偶者の嫡出子を養子とする場合、および配偶者が心神喪失などのため意思表示ができない場合が挙げられている（民法795条ただし書）。

19) 法務省民事局が特定地域の普通養子縁組について調査した結果によれば、2021年10月に提出された届出のうち、縁組届が1601通に対し、離縁届が709通とのことである。すなわち、半数近くが離縁していることになる。寺下征司＝大和田

以上の普通養子縁組は、様々な目的で利用される。たとえば、家業を継がせるために成年者を養子にしたり、相続税対策として孫を養子にしたりする例は多い[20]。これらの養子縁組では、家庭裁判所の許可は不要であり、戸籍法上の届出のみで成立させることができる。また濫用事例としては、借金から逃れるために、養子縁組を繰り返した事件、成年者が他人の養子となった後に、養親を殺害し、生命保険金を詐取しようとした事件などが起きている[21]。

　これに対し、特別養子縁組は、家庭裁判所の審判によって成立する（民法817条の2）。「決定型」といわれるゆえんである。養親となる者は、夫婦であり（同法817条の3第1項）、原則として25歳以上でなければならない（同法817条の4）。養子となる者は、請求の時に15歳未満であるか、または特別養子縁組が成立するまでに、18歳未満であることを要する（同法817条の5第1項）。特別養子縁組の成立には、実父母の同意があること（同法817条の6本文）、子の利益のための特別の必要性があること（同法817条の7）、原則として6か月以上の試験監護が行われたこと（同法817条の8）が要件とされる。特別養子縁組が成立した場合は、実親子関係が終了する（同法817条の9）。「断絶型」といわれるゆえんである。その成立後は、裁判離縁のみが認められ、離縁の原因も厳しく制限されている[22]。

　　　準「普通養子縁組制度の利用実態について」民事月報78巻1号10頁（2023年）参照。
[20]　相続税は、様々な控除制度があるとはいえ、最大で55パーセントに及ぶので（相続税法16条）、孫を養子にする節税効果は大きい。なお、最判平成29年1月31日民集71巻1号48頁は、専ら相続税対策を目的として、孫を養子にしたからというだけで、縁組の無効原因である「当事者間に縁組をする意思がないとき」（民法802条1号）に当たるわけではないとする。
[21]　2010年9月16日付け日本経済新聞〈https://www.nikkei.com/article/DGXNASHC1503I_V10C10A9AC8000/〉、2022年8月25日付け産経新聞〈https://www.sankei.com/article/20220825-JFQYZ3M7UZJQ7CJQM6UEMPYDEQ/〉参照（2023年11月27日閲覧）。養子縁組の効力として、養子は養親の氏を称するため（民法810条）、それ以前とは異なる氏となり、別の名前で借金を重ねることが可能となる。

2．特別養子縁組が増えない理由

　以上のとおり、特別養子縁組は、養子となる未成年者の利益を最大限に考慮するものであるが、その件数は伸び悩んでいる。民法に特別養子縁組を導入する改正法（昭和 62 年法律第 101 号）が 1988 年に施行された直後は、普通養子縁組からの切替需要があり、1200 件を超えることもあったが、その後は、800 件以下であり、300 件を下回る年もある[23]。これに対し、日本の特別養子縁組と同様に決定型・断絶型を原則とするドイツでは、毎年 3700 件から 4000 件の養子縁組が成立している[24]。日本で特別養子縁組が増えない理由については、様々な指摘がなされているが[25]、本稿の観点からは、次のような問題点を挙げることができる。

　第 1 に、欧州諸国では、養子縁組（adoption）と里親委託（foster care）は区別すべきものとされているが[26]、わが国では、これらが明確に区別されず、漠然と他人の子どもを育てる際に、2 つの方法があると考えられているようであ

22）　すなわち、「養親による虐待、悪意の遺棄その他養子の利益を著しく害する事由があること」、および「実父母が相当の監護をすることができること」の両方の要件を満たすだけでなく、養子の利益のために特に必要があると認める場合に限り、家庭裁判所は、離縁の裁判をすることができる。（民法 817 条の 10）。特別養子縁組の離縁の裁判は、2017 年度に新受件数 1 件・既済件数 1 件（却下）があったが、翌年度から 2022 年 1 月までは、いずれも 0 件であった。〈https://www.saiensu.co.jp/book_support/978-4-88384-306-0/00.pdf〉参照（2024 年 1 月 12 日閲覧）。

23）　北山智子「社会的養護のこれから (2)」〈https://www.sompo-ri.co.jp/2023/02/28/6924/〉参照（2023 年 11 月 28 日閲覧）。

24）　最近 10 年間の数字について、連邦統計局のサイト〈https://www.destatis.de/DE/Themen/Gesellschaft-Umwelt/Soziales/Adoptionen/_inhalt.html〉参照（2023 年 11 月 28 日閲覧）。

25）　厚生労働省「特別養子縁組制度の利用促進の在り方について」（平成 29 年 6 月 30 日）〈https://www.mhlw.go.jp/stf/shingi2/0000169541.html〉参照（2023 年 11 月 28 日閲覧）。

26）　Ferrer i Riba, *supra* note (15) 24.

る。たしかに、児童福祉法では、里親委託は、乳児院や児童養護施設などへの入所と同じく、要保護児童の保護措置の1つとされ（同法6条の3第8項、27条1項3号）、いわゆる行政処分に属する。何よりも里親委託は、親子関係を成立させるものではないから、養子縁組とは明らかに異なる。ところが、同じ児童福祉法において、「養子縁組里親」という制度が設けられ（同法6条の4第2号）、混乱を招いている。特に実務上、養育里親および専門里親については[27]、研修を実施し、手当を支給するが、養子縁組里親については、研修を必ずしも実施するわけではなく、手当も支給しないため、要保護児童の保護措置であることに疑問を抱かせる[28]。

このように児童福祉法上も里親委託と養子縁組の境界が曖昧であることが、（特別）養子縁組が増えない理由の1つと考えられる。すなわち、他人の子どもを養育しようとする者は、養育里親または専門里親であれば、手当などが支給されるため、それに引き付けられる可能性がある。自治体によって異なるが、ある調査によれば、里親手当（月額）として、養育里親の場合は9万円、専門里親の場合は14万1000円、食費・被服費などの生活費（月額）として、乳児の場合は6万110円、乳児以外の場合は5万2130円、その他の費用として、幼稚園費・教育費・入進学支度金・就職支度費・大学進学等支度費・医療費・通院費などが支給される[29]。

一方で、児童相談所の職員にとっては、里親委託の研修を実施し、委託の期間中は、里親を監督する必要があるため、むしろ乳児院や児童養護施設への入

---

27) 専門里親は、養育里親の一種であり、特に虐待を受けた子どもなどを養育するものをいう（児童福祉法施行規則第1条の36）。

28) これに対する批判として、奥田安弘『国際私法と隣接法分野の研究・続編』（中央大学出版部、2022年）158頁以下参照。

29) これらの金額については、〈https://one-love.jp/guidebook/support/20220414-01.html〉参照（2024年1月9日閲覧）。児童福祉法の適用を受けるのは、原則として18歳未満の「児童」であるから（同法4条1項）、途中で措置が解除されたり、里親委託が取り消されたりしない限り、里親は、子どもが18歳に達するまで、これらを受け取ることができる。

所のほうが対処しやすいと感じる可能性がある。現に里親委託数は、施設入所者数よりも圧倒的に少ない[30]。また里親登録者数と比べ、実際に委託される子どもの数は、かなり少ない[31]。すなわち、実親が養育できない子どもは、（特別）養子縁組どころか、里親委託さえなされず、大部分が乳児院や児童養護施設に入所したままの状況にある。

　このような状況を打開する方法としては、まず養育里親および専門里親に支払われる金銭を実費に限定し、手当を廃止するなど、子どもの養育が金銭目的とならないように工夫をすることが考えられる。そして、ある意味で逆説的ではあるが、むしろ一定の年数が経過した後は、このような実費の支給も打ち切り、養子縁組への転換を促すことが考えられる。これによって、児童相談所の職員の負担も軽減される可能性がある。

　第2に、養子縁組によって法律上の親子関係が生じることは、わが国では、それ自体が障害となり得る。まず、養子縁組の成立によって、養子は養親の嫡出子の身分を取得し（民法809条）、扶養請求権（同法877条1項）および相続権（同法900条）を取得する。特に相続権については、すでに実子がいる場合には、その実子の相続分が減り、兄弟姉妹なども法定相続人としての地位を失うおそれがある[32]。日本法上は、これらの者が養子縁組に対する同意権を有するわけではないが、事実上反対する可能性が考えられないわけではない[33]。

---

30)　〈https://npojcsa.com/foster_parents/index.html〉（2024年1月9日閲覧）によれば、里親委託は22.8％に対し、施設への入所は77.2％とされる。

31)　こども家庭庁支援局家庭福祉課「社会的養育の推進に向けて」（2023年4月5日）〈https://www.cfa.go.jp/assets/contents/node/basic_page/field_ref_resources/8aba23f3-abb8-4f95-8202-f0fd487fbe16/e979bd1e/20230401_policies_shakaiteki-yougo_67.pdf〉（2024年1月12日閲覧）によれば、登録里親数が1万5607世帯に対し、委託里親数4844世帯、委託児童数が6080名にすぎない。

32)　法定相続分は、子および配偶者が相続人である場合には、各2分の1であるが（民法900条1号）、子は、それを人数に応じて按分するから、子の数が増えれば、一人あたりの相続分が減少する。また、子や直系尊属がいない場合には、配偶者および兄弟姉妹が法定相続人となるが（同条3号）、養子縁組をすることにより、兄弟姉妹が法定相続人から除外される。

一方、実父母にとっても、養子は、養親の親権に服するとされ（民法818条2項）、特別養子縁組では、前述のとおり、実親子関係が断絶される（同法817条の9）。そのため、普通養子縁組でも、養子が15歳未満である場合には、法定代理人（通常は父母）が縁組の承諾をし（同法797条1項）、特別養子縁組では、原則として父母の同意が要件とされる（同法817条の6本文）。しかし、実父母は、ひとたび養子縁組に承諾・同意をした場合には、子を取り戻すことが困難となるため、慎重とならざるを得ない。また普通養子縁組の場合には、離婚と同様に、協議離縁および裁判離縁の両方が可能であるが、特別養子縁組の場合には、裁判離縁のみであり、しかも離縁の原因が厳しく制限されている[34]。

これに対し、里親委託の措置は、原則として親権者の意に反して採ることができず（児童福祉法27条4項）、例外として児童虐待などがあった場合に、家庭裁判所の承認を得て認められることがあるが（同法28条1項）、実親が再び子を養育できる状況になれば、措置が解除されるであろう。その意味では、実親にとって、里親委託などの保護措置のほうが同意しやすいと言える。また、子どもを養育する側も、特別養子縁組の場合には、離縁が困難であるため、万が一養育に失敗したり、子どもに病気や障害があると分かったりすることを恐れ、里親委託によって、やり直しの機会が与えられることをメリットと感じる可能性がある。

これらの不安を取り除くためには、後述のとおり、プロのあっせん事業者が介入し、法的な養子縁組の成立前に、実父母や養親希望者などの相談に応ずるカウンセリング、子どもと養親希望者の相性を判断し、両者を引き合わせるマッチング、法的な養子縁組の成立後も、実質的な親子関係の構築をサポートす

---

33) フィリピンの国内養子縁組法9条は、養子縁組に対する同意権者として、養親および養子の10歳以上の嫡出子および養子、ならびに養親の10歳以上の非嫡出子で、養親およびその配偶者と同居する者を挙げる。これは、相続への影響を考慮したものとされる。奥田安弘『フィリピン家族法の逐条解説』（明石書店、2021年）298頁以下参照。

34) そのため、普通養子縁組では、半数近くが離縁しているのに対し、特別養子縁組では、離縁の申立てさえ皆無に近い。前述注19)・22)参照。

るポスト・アドプション・サービスといった業務を提供することが必要不可欠である。しかし、現状は、この点が不十分と思われる。

　すなわち、第3に、他人の子どもを養子にしようする場合には、それをあっせんする事業者を必要とする。そのため、2016年に「民間あっせん機関による養子縁組のあっせんに係る児童の保護等に関する法律」（以下「養子縁組あっせん法」という）が制定されたが[35]、同法によりあっせん業務の許可を得たのは、大都市圏を中心として、全国で24の事業者にすぎない[36]。しかも政府の定める範囲内とはいえ、あっせんに必要となる様々な費用は、養親となることを希望する者（養親希望者）の負担となる（同法9条）。

　これに対し、「養子縁組里親」という制度があることからも分かるように、児童相談所が事実上養子縁組のあっせんをする可能性がないわけではないが[37]、もちろん手数料などを徴収することはない。「愛知方式」と称して、愛知県の児童相談所が生後間もない子どもの養子縁組をあっせんし[38]、それが全国に広まっているとする報道があるが[39]、多くの児童相談所にとっては、無料奉仕で養子縁組あっせんをする余裕はないと思われる[40]。現に、前述のとおり、

35）　養子縁組あっせん法の成立の経緯については、奥田（国際私法と隣接法分野の研究続編）・前掲注28）161頁以下参照。

36）　この2023年4月1日現在の数については、子ども家庭庁のサイト〈https://www.cfa.go.jp/assets/contents/node/basic_page/field_ref_resources/f33696fb-1ccf-416e-9eff-0724df1bab11/356f792a/20230401_policies_shakaiteki-yougo_tokubetsu-youshi-engumi_25.pdf〉参照（2024年1月12日閲覧）。

37）　ただし、児童福祉法には、児童相談所に養子縁組あっせんの権限を与えていると断言できるような規定は見当たらない。奥田（国際私法と隣接法分野の研究続編）・前掲注28）153頁以下参照。

38）　愛知方式は、出生後間もない子どもについて、養子縁組を前提として里親に引き渡し、これを「赤ちゃん縁組」と称して推奨するが、前述のとおり、実父母にとっては、子どもの取戻しが困難となることから、本来は、十分な熟慮期間を設けるべきである。その問題点については、奥田（国際私法と隣接法分野の研究続編）・前掲注28）210頁以下参照。

39）　2022年5月28日付け中日新聞〈https://www.chunichi.co.jp/article/476833/3?rct=anatodo〉参照（2024年1月13日閲覧）。

実親が養育できない子どもは、養子縁組どころか、里親委託さえもなされず、大部分が乳児院や児童養護施設に入所したままの状況にある。

養親となることを希望する者（養親希望者）にとっては、多額の費用を要する民間事業者のあっせんを申し込むよりも、無料の児童相談所によるあっせんのほうが有難いであろう。しかし、何よりも養子縁組あっせんの質を向上させることが先決である。すなわち、法的な養子縁組の成立前に、実父母や養親希望者などの相談に応ずるカウンセリング、子どもと養親希望者の相性を判断し、両者を引き合わせるマッチングが必要であり、また法的な養子縁組の成立後も、実質的な親子関係の構築をサポートするポスト・アドプション・サービスが必要である[41]。

そのため、2016 年に養子縁組あっせん法が制定されたが、不十分な点が多い。たとえば、①養親希望者の欠格事由を規定するだけであり（同法 26 条）、子どもとの相性を判断するマッチングについて規定していないこと、②養親希望者と児童との面会および縁組成立前養育に対する実父母などの同意について、子どもの出生後とするだけであり（同法 27 条 4 項・5 項・7 項・8 項）、養親希望者の選定に対する同意に至っては、子どもの出生後であることさえ要件としていないこと（同条 1 項・2 項）、③ポスト・アドプション・サービスを単なる努力義務としていること（同法 33 条）などが挙げられる[42]。

特に②については、実父母に十分な熟慮期間を与えておらず、出生前にカウンセリングを行ったことを理由として、出生後直ちに同意を求めるおそれが

---

40) 若干古い数字ではあるが、2013 年度に特別養子縁組のあっせんを実施した児童相談所は、全体の 6 割弱に留まり、その成立件数は 267 件にすぎない。2015 年 9 月 24 日付け日本経済新聞〈https://www.nikkei.com/article/DGXLASDG24H0H_U5A920C1000000/〉参照（2024 年 1 月 13 日閲覧）。

41) これらの業務の具体的な内容については、奥田安弘ほか『養子縁組あっせん』（日本加除出版、2012 年）151 頁以下〔セイラ・ゲルステンザンク＝マドライン・フロインドリッヒ〕参照。

42) これらの問題点については、奥田（国際私法と隣接法分野の研究続編）・前掲注 28）165 頁以下参照。

ある。たしかに、同意の撤回は可能とされているが（養子縁組あっせん法27条12項）、ひとたび養親希望者の選定に同意したら、その後の同意を拒否したり、撤回したりすることは困難であろう[43]。したがって、養子縁組あっせん法は改正の必要がある。一方で、児童相談所によって事実上行われる養子縁組あっせんには、この法律が適用されないことも大きな問題である。すなわち、児童福祉法を改正し、児童相談所に対し養子縁組あっせんの権限を認め、その業務については、原則として養子縁組あっせん法を適用する旨の明文の規定を設けるべきである。

　これらの立法措置によって、子ども・実父母・養親希望者という三者が満足できる養子縁組あっせんの実務が確立しなければ、特別養子縁組の件数が増えることはないであろう。すなわち、EU諸国のように、子どもの利益を最優先とする決定型・断絶型の特別養子縁組の制度を設けるだけでは不十分であり、それが機能するように、児童福祉法や養子縁組あっせん法のような関連法令を改正する必要がある。

Ⅲ．戸　籍

1．身分登録の機能の限界

　欧州私法エンサイクロペディアによれば、身分登録（civil status registration）

---

43)　これは、養子縁組自体の同意を含む。すなわち、ひとたび養子縁組あっせんに対する同意をした場合には、特別養子縁組に対する同意も拒否しづらくなる可能性がある。ドイツにおいても、同様の危惧があることについては、奥田（国際私法と隣接法分野の研究続編）・前掲注28）201頁以下参照。家事事件手続法上は、子どもの出生の日から2か月を経過した後になされた同意であり、かつ裁判所における審問の期日等でした同意については、原則として撤回できないとするが（同法164条の2第5項）、これは、同意がいつ撤回されるか分からないまま試験養育をする養親希望者の不安に配慮したものであり、撤回が制限されない同意がなされた場合であっても、民法817条の6による同意の要件は満たすと解されている。山口敦士＝倉重龍輔編著『一問一答令和元年民法等改正――特別養子制度の見直し』（商事法務、2020年）75頁以下参照。

は、国家が国民の身分を効率的に登録し、それに対応する証明書を発行することを可能にするものとされる[44]。しかし、日本の戸籍は、日本国民の基本台帳であることを優先するため、必ずしも身分登録簿としての機能を完全に果たしているわけではない。

すなわち、日本人同士が婚姻した場合には、夫婦について新戸籍を編製し（戸籍法16条1項本文）、父母の氏を称する子は、その父母の戸籍に入籍するから（同法18条1項）、戸籍は、夫婦およびこれと氏を同じくする子ごとに編製される（同法6条本文）。ところが、日本人と外国人が婚姻した場合には、その日本人について新戸籍を編製し（同法16条3項本文）、日本人親の氏を称する日本人子は、その日本人親の戸籍に入籍するが（同法18条2項）、外国人配偶者や日本国籍を取得しなかった子は含まれず、戸籍は、日本人配偶者および日本人子によってのみ編製される（同法6条ただし書）。

たしかに、外国人の配偶者や子は、日本人の配偶者や親との間に身分行為や裁判があった場合には、日本人の配偶者や親の戸籍の身分事項欄に記載される。たとえば、日本人と外国人との間で、婚姻や離婚があった場合には、日本人配偶者の戸籍の身分事項欄に外国人配偶者が記載される（戸籍法施行規則35条4号）。また、日本人父が外国人子を認知した場合、あるいは日本人夫婦が外国人子を養子にした場合には、日本人の父ないし養親の戸籍の身分事項欄に外国人子が記載される（同条2号〜3号の2）。

しかし、父母が国際結婚であったり、出生地主義の国で生まれたりしたことにより、日本人子が外国国籍も取得し、かつ外国で生まれた場合には、出生から3か月以内に日本国籍の留保届をしなければ、出生の時にさかのぼって日本国籍を失う（国籍法12条、戸籍法104条）[45]。すなわち、日本人との間に親子関係

---

44) Walter PINTENS, in: The Max Planck Encyclopedia of European Private Law (2012) 198 =〈https://max-eup2012.mpipriv.de/index.php/Civil_Status_Registration〉参照（2024年1月15日閲覧）。

45) 天災その他、父母などの責めに帰することができない事由により、3か月以内に届出をすることができない場合には、届出をすることができるようになった時

があるにもかかわらず、日本人親の戸籍には全く記載されない。これは、日本の戸籍が日本人のみを登載すること、および日本人との間に認知や養子縁組などの身分行為や裁判があったわけではないことから、現行の戸籍法上は、やむを得ない取扱いであるが、日本人との親子関係が戸籍の記載によって分からないのであるから、身分登録という面では、重大な欠陥がある[46]。したがって、出生による親子関係の成立などの事実も、戸籍の身分事項欄に記載されるよう、法令を改正する必要がある。

ただし、これは、むしろ国籍留保制度の問題とも言える。すなわち、日本法上は、出生から僅か3か月以内に国籍留保届をしなければ、国籍を失うが、スイスの国籍法では、25歳までに国籍留保届がなかった場合に限り、国籍を失わせ、しかも出生の時にさかのぼるわけではない（同法7条）[47]。おそらく日本の立法者は、外国で生まれた国民について、政府がその存在を知らない期間を短くするために、出生から3か月という短い届出期間を定め、その期間中も保護を怠ったと非難されることのないように、国籍喪失を出生の時にさかのぼらせたのであろう。しかし、これは、日本政府が自国民の把握に神経質になりすぎていることを示している。親子関係が戸籍に記載されないことの重大性を考えれば、このような立法は速やかに改めるべきである[48]。

2．外国の方式による夫婦別氏婚？

戸籍の記載は届出などによるが（戸籍法15条）、届出の目的に応じて、身分関係を成立させる「創設的届出」、およびすでに成立した身分関係の「報告的

　　　から14日まで届出期間が延長されるが（戸籍法104条3項）、期間の延長が認められるのは、極めて例外的な場合に限られる。奥田（国際家族法）・前掲注2）405頁以下参照。

46）　子にとっても、扶養請求権や相続権などの証明に不便が生じる。奥田（国際家族法）・前掲注2）407頁参照。

47）　スイス国籍法のドイツ語の正文については、〈https://www.fedlex.admin.ch/eli/cc/2016/404/de〉参照（2024年1月18日閲覧）。

48）　奥田（国際家族法）・前掲注2）410頁以下参照。

届出」が区別されている[49]。

　たとえば、婚姻届、協議離婚届、認知届、普通養子縁組届などは、創設的届出であるから、これらの届出をしなければ、そもそも婚姻などは成立しない（民法739条、781条1項、799条など）。また、日本の裁判所において離婚、認知、特別養子縁組などを成立させた場合には、裁判所から本籍地の市区町村長に通知がなされるから（人事訴訟規則17条、家事事件手続規則94条など）、たとえ当事者が報告的届出を怠ったとしても、職権記載がなされるであろう（戸籍法44条）。しかし、外国の裁判によって離婚、認知、養子縁組などが成立した場合、あるいは出生や死亡などの事実を報告すべき場合には、当事者が届出を懈怠することによって、戸籍への記載ができないことになる。このような報告的届出は、届出期間が経過した後であっても、受理されるが（戸籍法46条）、市区町村長から簡易裁判所に失期通知がなされ（同法施行規則65条）、5万円以下の過料に処せられる（戸籍法137条）。もっとも、これは、間接的な強制の効力を有するにすぎない。

　一方、裁判ではなく、外国の方式で身分行為が成立し、証書の謄本を作らせた場合は、3か月以内にそれを提出しなければならない（戸籍法41条）。提出先は、原則として、その国に駐在する日本の大使、公使または領事であるが（同条1項）、これらの者がその国に駐在しない場合は、証書の謄本を作らせた者が自ら本籍地の市区町村長に送付しなければならない（同条2項）。実務上は、その際に届書も提出させ、婚姻の場合には、婚姻後の夫婦の称する氏（日本人同士の場合）や新本籍地を定める旨の届出をさせる[50]。さもなければ、新戸籍を編製し、そこに婚姻の成立を記載することができないからである。ただし、戸籍法41条は、「証書の謄本を提出しなければならない」と規定するのみであるから、失期通知はなされない[51]。すなわち、3か月の期間を経過しても、過料

---

49) 創設的届出と報告的届出の区別については、奥田（国際家族法）・前掲注2)110頁以下参照。
50) 昭和25年1月23日民事甲第145号回答参照。この回答は、民事月報5巻2号27頁と同巻3号21頁に重複掲載されている。

の対象とはならず、間接的な強制さえ行われない。

これを逆手にとったような事件が起きている。すなわち、ニューヨーク州在住の日本人同士がニューヨーク州の方式により夫婦別氏婚を成立させたというのである。同州の法律によれば、夫婦は生来の氏を引き続き称することができるとされていた。そこで、この夫婦は、千代田区長にニューヨーク州の婚姻証書の謄本を提出する際にも、夫婦の氏を夫の氏および妻の氏の両方とする旨の届出をしたのである。しかし、夫婦は、夫または妻の氏の一方を夫婦の氏と定め（民法750条）、それを婚姻届に記載する必要があるため（戸籍法74条1号）、千代田区長は届出を不受理とする処分をした。これに対し、この夫婦は、国を被告として、戸籍への記載によって婚姻関係の公証を受ける地位にあることの確認などを求める訴えを提起した。

東京地判令和3年4月21日判時2521号87頁は、戸籍法上の届出の不受理処分については、家庭裁判所に不服申立てをすべきであり（同法122条）、戸籍への記載によって婚姻関係の公証を受ける地位にあることの確認などを国に求める訴えは、不適法として却下した。ただし、それに先立ち、婚姻自体は、挙行地法の方式によるものであるから、有効に成立している旨を述べる。すなわち、民法750条は、婚姻の効力を定めた規定であるが、通則法24条2項は、外国に在る日本人が夫婦の称する氏を定めることなく婚姻することを許容しており、そのような場合も、婚姻はわが国において有効に成立しているとする。

本判決の結論は妥当であるが、傍論については、疑問がある。本判決は、夫婦の氏に関する民法750条を「婚姻の効力を定めた規定」とするが、それは、実質法である民法において、婚姻の効力として規定されていることをいうにすぎない。仮に国際私法上も、これが婚姻の効力の問題であるとすれば、通則法25条により、その準拠法を決定することになる。本件では、夫婦の双方が日本人であるから、同一本国法である日本法によるが、夫婦の本国法が異なる場合は、同一常居所地法による。したがって、本判決の論理によれば、夫婦の称

---

51) 平成10年7月24日民二第1374号通知民月53巻7号99頁参照。

する氏は、日本人と外国人の夫婦が日本に常居所を有する場合には、日本法によるが、外国に常居所を有する場合には、外国法によることになる。

しかし、外国人との婚姻を成立させた日本人は、前述のとおり、新戸籍を編製し（戸籍法16条3項本文）、その際には、生来の氏を称したままである。外国人配偶者の称する氏に変更しようとする場合において、婚姻から6か月以内であるときは、家庭裁判所の許可を得ないで、氏変更届をすることができるが（同法107条2項）、婚姻から6か月を経過したとき、あるいは日本人配偶者の身分事項欄に記載された外国人配偶者の氏と異なる氏に変更したいときは、家庭裁判所の許可を要する（同条1項）[52]。一方で、外国人配偶者の氏名は、婚姻届の際に、氏・名の順に片仮名で記載するのが原則であり、日本人配偶者の戸籍の身分事項欄には、婚姻届に記載した氏名がそのまま記載される。ただし、婚姻後に日本人配偶者から申出があり、かつ本国における氏変更の証明書が添付されている場合には、戸籍の身分事項欄などの更正が認められる[53]。

これらは、夫婦の同一常居所が日本にあるのか、それとも外国にあるのかによって、左右されない。すなわち、わが国の戸籍において、日本人配偶者および外国人配偶者の氏をどのように記載するのかは、公法上の問題である。これを一般に「氏名公法説」という[54]。本件では、夫婦がともに日本人であるため、民法750条が適用されるが、日本人と外国人の夫婦は、日本に同一常居所を有していても、この規定の適用を受けず[55]、また外国に同一常居所を有していて

---

[52] 戸籍法107条1項により氏変更届を許可した例としては、自己の婚姻前の氏を配偶者の氏と結合させる結合氏に変更することを認めた東京家審平成2年6月20日家月42巻12号56頁および神戸家明石支審平成6年1月26日家月47巻6号78頁、配偶者がオールドカマー（特別永住者）であり、その通称（日本名）に変更することを認めた大阪高決平成9年5月1日家月49巻10号93頁および福岡高決平成22年10月25日家月63巻8号64頁、中国系カナダ人の夫の氏への変更について、鄭という漢字表記を認めた徳島家審昭和62年3月4日家月39巻7号64頁などがある。

[53] 昭和55年8月27日民二第5218号通達参照。奥田（国際家族法）・前掲注2)517頁も参照。

[54] 奥田（国際家族法）・前掲注2) 518頁以下参照。

も、当該外国法の氏に関する規定の適用を受けるわけではない。日本人同士が夫婦の一方の氏を夫婦の氏とすることが求められるのも、夫婦の称する氏を定めなければ、新戸籍を編製できないという公法上の要請による。

そもそも日本人同士が日本の方式により婚姻する場合には、夫婦の称する氏を定めない届出は不受理となり、婚姻を成立させることができない[56]。これに対し、外国の方式により、夫婦がともに生来の氏のままで婚姻を成立させた場合には、わが国からみても、当該婚姻は有効に成立したものとされる。ただし、戸籍法41条により婚姻証書の謄本を提出する際に、夫婦の称する氏を定めなければ、新戸籍を編製することができないから、届出を不受理とするしかない。この場合の届出は、すでに外国において成立した婚姻を届け出るという意味では、報告的届出であるが、夫婦の称する氏を定めるという意味では、創設的届出である。

本判決は、通則法24条2項により、夫婦の氏を定めない婚姻が許容されているというが、それは、正確さを欠いている。むしろ夫婦の氏が戸籍の編製に関わる公法上の問題であるから、婚姻の有効な成立後も、婚姻証書の謄本を提出する際には、夫婦の称する氏を定める届出が求められる。ただし、民法750条によれば、当事者が夫婦の氏を定めない限り、夫婦の氏を職権により定めることはできないので、届出を不受理とするしかない。そして、外国の方式で成立した婚姻は、婚姻証書の謄本の提出が求められるだけであるから、過料の制裁さえもなく、夫婦の新戸籍の編製がないまま放置するしかない。本来は、戸籍法を改正し、同法41条による証書の謄本についても、せめて過料の制裁く

---

55) 昭和26年12月28日民事甲第2424号回答民月7巻2号55頁、昭和40年4月12日民事甲第838号回答民月20巻5号67頁参照。

56) そのような事件としては、日本人男女が夫婦の氏を定めないで、日本法上の創設的婚姻届をしたところ、荒川区長から不受理処分を受けたので、民法750条が憲法および女子差別撤廃条約に違反すると主張して、行政事件訴訟法上の取消訴訟を提起したものがある。東京高判平成23年11月24日訟月59巻10号2719頁は、本判決と同様に、戸籍法上の届出の不受理処分については、家庭裁判所に不服申立てをすべきであるとして、訴えを却下した原判決を支持した。

らいはできるようにすべきであろう。

　なお、本判決を報じる新聞報道によれば、原告は、敗訴したにもかかわらず、婚姻の有効な成立が認められたとして、「実質的な勝訴」であるというコメントをしたそうである[57]。しかし、そこには、若干の誤解があるように思われる。本件は、行政事件訴訟法上の当事者訴訟であるから、判決の効力は、訴訟の当事者間にしか及ばない。同法41条1項は、取消訴訟に関する規定を準用するが、第三者への判決の効力を認める同法32条は含まれない。したがって、婚姻の成立について、訴訟当事者間（夫婦と国の間）では、何らかの形で判決の効力が及ぶとしても（争点効など）、たとえば夫婦の一方が亡くなった場合には、親族が相続の前提問題として婚姻の成立を争うことができる。その際には、結局のところ、本判決ではなく、ニューヨーク州の婚姻証書の謄本などによって、婚姻の成立を証明するしかない。これに対し、夫婦の称する氏を定める届出が受理され、婚姻の成立が戸籍に記載された場合には、その記載が公証力を有し、婚姻の成立を争う者の側が証明責任を負うから、その差は歴然としている。すなわち、婚姻の成立が戸籍に記載されないことの不利益は、原告夫婦が負うことになる。訴訟代理人である弁護士は、それを原告夫婦にきちんと説明すべきであったと思われる。

3．夫婦別氏の戸籍上の問題点

　夫婦別氏が認められないのは、憲法の平等原則などに反するとして、夫婦の氏を定めない婚姻届の不受理処分に対する不服申立て（戸籍法122条）をした事件について、最大決令和3年6月23日集民266号1頁は、民法750条および戸籍法74条1号を合憲と判断し、特別抗告を棄却したが[58]、数名の裁判官

---

57)　2021年4月22日付け日本経済新聞朝刊、同日付け毎日新聞東京朝刊参照。
58)　戸籍法上の届出は、原則として形式審査がなされるだけであるから、夫婦の氏を定めない婚姻届の不受理処分に対する不服申立ては、戸籍法74条1号が違憲無効とされない限り、当然に却下される。戸籍の形式審査については、奥田（国際家族法）・前掲注2）114頁以下参照。

による反対意見がある。しかし、憲法上の問題点には、深入りしないが、戸籍の編製に関わる箇所には、重大な疑問がある。

　すなわち、ある反対意見は、「子の氏や戸籍の取扱いなどの関連事項の改正も含めて立法作業を速やかに行う必要があるが、既に述べたように、外国においては夫婦同氏を義務付ける制度を採用している国は見当たらないのであるから、夫婦同氏に加えて夫婦別氏も認める法制度は世界中に多数存在するはずであること、平成8年には法務省において必要な外国の制度調査を行い、法制審議会の検討も終えて、夫婦同氏制の改正の方向を示す法律案の要綱も答申されたことを勘案すると、国会が夫婦別氏を希望する者の婚姻を認める改正を行うに際して、子の氏の決定方法を含めて関連する事項の法改正を速やかに実施することが不可能であるとは考え難い」とする（裁判官宮崎裕子、同宇賀克也）。また別の反対意見は、「選択的夫婦別氏制の実施を円滑に行うためには戸籍法の規定に改正を加えることが必要であり、その内容については法技術的に詰めるべき部分が残されている。しかしながら、選択的夫婦別氏制の導入に伴い上記改正がされたとしても、戸籍制度が国民の福利のために果たしている諸機能（親族的身分関係の登録・公証機能、日本国民であることの登録・公証機能等）に支障が生ずることはない」とする（裁判官草野耕一）。

　しかし、仮に夫婦別氏が認められたとしたら、現行の戸籍制度を根本的に変更する必要がある。なぜなら、戸籍は、夫婦およびこれと氏を同じくする子ごとに編製され（戸籍法6条本文）、その筆頭者の氏名および本籍で表示されるからである（同法9条前段）。すなわち、同じ氏を称する者だけで、戸籍を編製することが大前提となっている。現に戸籍ないし戸籍証明書（電算化後）では、筆頭者の氏名および本籍に続き、戸籍内の夫婦および子は、名だけが記載される（戸籍法施行規則33条1項・73条6項前段、附録第6号・第24号）。

　わが国では、すでに戸籍の電算化が済んでいるから、戸籍（戸籍証明書）の記載を変更するくらいは、簡単なことのように思うかもしれない。しかし、そもそも戸籍の電算化には、四半世紀の時間を要している。すなわち、1994年の戸籍法改正（平成6年法律第67号）により、「電子情報処理組織による戸籍事

務の取扱いに関する特例」という章が設けられたのが始まりである[59]。ただし、実際に戸籍の電算化を実施するためには、戸籍事務の管掌者である市区町村長の申出により、法務大臣が「使用する電子情報処理組織が戸籍事務を適正かつ確実に取り扱うことができるものであること」などの確認をしたうえで告示をしなければならない（戸籍法118条2項、戸籍法施行規則70条2項）[60]。そのためもあり、すべての市区町村において戸籍の電算化が完了したのは、2020年のことであった[61]。

　選択的夫婦別氏を採用するとしたら、この現行の制度を再び大きく変更する必要がある。1つの案としては、現在の戸籍の編製をなるべく維持するため、戸籍筆頭者だけは、夫婦の協議で定め、氏の異なる夫婦も同じ戸籍にフルネームで記載することが考えられる。たとえば、かつて韓国は、夫婦別姓でありながら[62]、戦前の日本の戸主制度をモデルにした戸籍法を制定していた（1960年法律第535号）。それによれば、戸籍は、戸主を規準として、家ごとに編製され（同法8条）、戸主および家族は、姓名がフルネームで記載され（同法15条4号）、婚姻届があった場合には、原則として、夫を戸主として新戸籍が編製された（同法19条の2第1項）[63]。これに対し、わが国では、戸籍筆頭者を原則として夫

---

[59]　平成6年法律第67号は、これを第5章の2としていたが、平成19年法律第35号により第6章と改め、令和元年法律第17号により、「特例」が「特例等」と改められた。

[60]　平成6年法律第67号は、これを117条の2としていたが、平成19年法律第35号により118条と改め、令和元年法律第17号により、一部の文言が修正された。

[61]　最後に戸籍の電算化が完了したのは、東京都御蔵島村であった。『広報みくら』362号2頁（令和2年9月号）〈https://www.vill.mikurasima.tokyo.jp/data/koho/362.pdf〉（2024年3月18日閲覧）、令和2年9月9日法務省告示第162号参照。戸籍の電算化を請け負った業者は、もちろん自治体ごとに異なるから、全国統一的なシステムとは言えないであろう。

[62]　法律的には、「氏」は、日本人固有のものであるため、外国人については、「姓」というのが一般的である。ただし、氏変更届に関する戸籍法107条は、便宜上、外国人についても「氏」という用語を使っている。奥田（国際家族法）・前掲注2）513頁参照。

[63]　韓国の戸籍法19条の2第1項は、1962年法律第1237号により民法が改正さ

とすることなど、およそ無理であるし、また夫婦の協議でいずれかを戸籍筆頭者に定めるとしても、反対に遭うことが予想される。さらに、夫婦間に生まれた子どもは、戸籍筆頭者と同じ氏を称することになるであろうが、不公平感が残る可能性は否めない。何よりも同じ戸籍に入る者をすべてフルネームで記載するよう、戸籍を書き換えることなど、除籍された者を除くとしても、大変な作業になることが予想される。

　もう1つの案としては、個人別登録を採用する方法が考えられる。再び韓国の例を挙げれば、2007年の民法改正により戸主制度が廃止されたことに伴って、戸籍法が廃止され、代わりに家族関係の登録等に関する法律（2007年法律第8435号）が制定された。それによれば、出生などにより初めて登録をする際には、登録基準地を定めて届け出る（同法10条1項）。そして、登録簿は、登録事項に関する電算情報資料を登録基準地により個人別に区分して作成される（同法9条1項）。わが国においても、夫婦別氏に対応するためには、戸籍を全面的に廃止して、このように個人別登録にすることが最も適切であろう。しかし、現行の戸籍を個人別登録に変更するとしたら、最初の案以上に困難が予想される。たとえば、夫婦間に生まれた子どもがいずれの氏を称するのかを決める必要があるが、夫婦の協議で決めるにしても、あらかじめ婚姻届の時に決めておくのか、その都度、子どもの出生届の時に決めるのか、という問題が起きる可能性がある。何よりもシステムのエラーにより、トラブルが発生するのは必然である。すなわち、現在の戸籍を変更する際には、最終的に市区町村の職員や本人が正しく登録されているのかを確認する必要がある。

　ここで注意すべきであるのは、人口の違いである。わが国は、1898年の戸籍法（明治31年法律第12号）および1914年の戸籍法（大正3年法律第26号）では、家の氏を称する戸主およびその家族ごとに戸籍を編製していたが、1947年の戸籍法（昭和22年法律第224号）からは、夫婦および氏を同じする子ごと

　　　れ、婚姻により当然に分家する法定分家の制度（同法789条）が設けられたことに伴うものである。すなわち、同時に法律第1238号により戸籍法も改正され、法定分家に伴う新戸籍編製のために、同法19条の2が設けられた。

第8章　若干の例に見る日本法への誤解　　263

に戸籍を編製することになった[64]。その年の国勢調査によれば、日本の人口は約7800万人であるが、戸籍の電算化に関する戸籍法改正の翌年（1995年）の国勢調査では約1億2500万人、戸籍の電算化が完了した2020年も、ほぼ同数となっている[65]。これに対し、韓国の人口は、2022年の時点でも、約5000万人であり、日本の現行戸籍法の制定時（1947年）さえも大きく下回る[66]。したがって、韓国に出来たことが日本においても可能であるとするのは、かなり無理がある。

たしかに、諸外国（特に欧米）では、選択的夫婦別姓が多数を占め、夫婦同姓（同氏）を強いるのは、憲法上の問題がないとは言えない。しかし、夫婦および氏を同じくする子ごとに戸籍を編製するようになってから、すでに80年以上が経過している。その戸籍制度を根本的に改めることがどれほど困難であるのか、反対意見を述べた裁判官は考えたことがあるのだろうか。

4．同性婚の戸籍上の問題点

あるイタリア人研究者によれば、同性婚を認める場合も、西欧諸国を見る限

---

64)　以上の戸籍法の変遷については、奥田（国際家族法）・前掲注2）117頁以下参照。1947年の戸籍法128条（平成19年法律第35号により附則3条に修正）によれば、旧法による戸籍は、当面は新法による戸籍とみなされるが、新法施行後10年を経過したときは、改製を要するとされていたところ、1957年に改製を実施するための省令が制定され（昭和32年法務省令第27号）、第1次改製と第2次改製の2段階に分けて実施され、ようやく1966年3月末に事実上完了した。民事法務協会・民事法務研究所戸籍法務研究会編『新版実務戸籍法』（民事法務協会、2001年）13頁参照。

65)　1947年および1995年の国勢調査の結果については、〈https://www.stat.go.jp/data/kokusei/2015/kouhou/ayumi.html〉、2020年の国勢調査の結果については、〈https://www.stat.go.jp/data/kokusei/2020/kekka/pdf/outline.pdf〉参照（2024年3月18日閲覧）。

66)　韓国統計庁は、この数字が半世紀後の2072年には約30パーセント減の3622万人になるとの推計を公表している。2023年12月16日付け日本経済新聞〈https://www.nikkei.com/article/DGXZQOCB162ON0W3A211C2000000/〉参照（2024年3月18日閲覧）。

り、異性間の法律婚とは別に登録パートナーシップ制度を設けるのが一般的であり、さらに異性カップルにも登録を認めるのか、それとも同性カップルに限定するのか、同性カップルに対し、養子縁組を認めるか否か、連れ子養子のみを認めるのか、等々の点で異なっている[67]。またクロアチアの研究者によれば、同国でも、2003年に同性パートナーシップに関する特別法が制定され、扶養請求権や夫婦財産制などが認められたが、互いの法定相続権は否定されている[68]。

このように各国において同性婚が法律上認められているとはいえ、これを日本法に導入するとしたら、様々な問題が生じる。まず、同性婚について、新たに登録パートナーシップ制度を設けるとしたら、いわゆる内縁関係の異性カップルにも登録を認めるべきである、という意見が出るであろう。すなわち、新しい登録制度の対象を同性カップルに限定するのか、それとも異性カップルにも登録を認めるのかという問題が生じ、大きく紛糾することが予想される。また、異性婚と全く同じ効力を認めるのか、それとも養子縁組の可否や相続権などを制限するのかについても、様々な意見が出るであろう。

何よりも戸籍との関係をどのようにするのかは、困難な問題である。すなわち、長年の間、日本人の身分関係は、原則として戸籍に記載され、その記載に公証力が認められてきたのであるから、異性婚に準ずる効力を認める場合に、

---

67) ジャンパオロ・ロマーノ（奥田安弘＝トレバー・ライアン訳）「ヨーロッパ法における非婚家族」比較法雑誌42巻2号49頁以下、53頁、62頁以下（2008年）参照。これは、2007年4月23日に中央大学で開催された講演原稿を訳したものであり、その当時、著者は、スイス比較法研究所（ローザンヌ）の研究員であったが、後にジュネーブ大学教授となった。〈https://www.unige.ch/droit/index.php?cID=1036〉参照（2024年6月25日閲覧）。

68) タチアナ・ヨシポヴィッチ「EU法の諸原則と国内私法の発展——2013年7月1日に28番目の加盟国となったクロアチア」奥田安弘＝マルティン・シャウアー編（奥田安弘訳）『中東欧地域における私法の根源と近年の変革』（中央大学出版部、2014年）71頁参照。著者は、ザグレブ大学教授であり、クロアチアのEU加盟の責任者を務めた。〈https://www.pravo.unizg.hr/en/tatjana.josipovic〉参照（2024年6月25日閲覧）。

戸籍に何も記載しないわけにはいかない。しかし、新しい登録制度を整備するだけでなく、戸籍にも新しい記載を義務づけるとしたら、そのための時間・費用・労力は、膨大なものになることが予想される。一方、戸籍とは別に新しい登録制度を認めるのではなく、同性婚を戸籍法上も法律婚として認めるとしたら、戸籍法および戸籍自体を全面的に改める必要がある。特に同性婚の効力（養子縁組の可否や相続権など）に制限を設けるとしたら、それをどのように戸籍の記載に反映させるのか、という問題が生じるであろう。

　前述のイタリア人研究者は、法律の中の「夫」および「妻」という文言を「配偶者」に置き変えるだけであるというが[69]、少なくとも日本法上は、それほど単純な問題ではない。たとえば、養子縁組を認めるとしたら、法律に規定された「父母」という文言をすべて「親」などに置き換える必要があるし、夫婦（夫妻）や父母などの文言を使っている法律は、さしあたり思い浮かぶ限りでも、民法や戸籍法だけでなく、通則法、国籍法、人事訴訟法、家事事件手続法など、重要法令が目白押しであり、枚挙に暇がない。同性婚を主張する人たちは、憲法上の問題とは別に、以上の様々な立法論上の問題についても、明確な解決策を示す責任がある[70]。

---

69) ロマーノ・前掲注67) 54頁参照。
70) 日本各地の自治体では、同性婚の証明書を発行する例が多いようである。〈https://www.marriageforall.jp/marriage-equality/japan/〉参照（2024年5月22日閲覧）。また住民票についても、異性の内縁関係に準じて、男性同士の場合は「世帯主」と「夫（未届）」、女性同士の場合は「世帯主」と「妻（未届）」と記載する動きが広まり始めている。2024年5月29日付け毎日新聞〈https://mainichi.jp/articles/20240529/k00/00m/040/245000c〉参照（2024年5月30日閲覧）。しかし、国が法律を改正して、同性婚に法的効力を認め、全国一律の登録制度を設けるのは、全く次元が異なる。

Ⅳ．法科大学院

1．創設 20 年目の検証

わが国において、法科大学院が設立されるようになったのは、2004 年からである。それに先立ち、2001 年 6 月 12 日付けで「司法制度改革審議会意見書――21 世紀の日本を支える司法制度」(以下「意見書」という) が公表され[71]、これが法科大学院制度の基礎となっている。本稿の執筆時点では、ちょうど法科大学院創設から 20 年目を迎えるため、改めて意見書に記載された目標が達成されたのか否かを検証したい[72]。

---

71) 〈https://www.nichibenren.or.jp/library/pdf/document/symposium/jinken_taikai/65th_keynote_report2_dl02.pdf〉参照（2024 年 3 月 19 日閲覧）。

72) 第 1 章のバウム教授の論稿 (Ⅰ) で紹介された『日本法雑誌』においても、日本の法科大学院に関する寄稿が多数掲載されている。L. NOTTAGE, The Futures of Legal Education in Japan, in: ZJapanR/J.Japan.L. 42 (2016) 31-35; A. R. J. WATSON, Changes in Japanese Legal Education, in: ZJapanR/J.Japan.L. 41 (2016) 1-54; S. STEELE, Japan's National Bar Examination: Results from 2015 and Impact of the Preliminary Qualifying Examination, in: ZJapanR/J.Japan.L. 41 (2016) 55-75; G. P. MCALINN, Japanese Law Schools: "A Glass Half Full", in: ZJapanR/J.Japan.L. 30 (2010) 225-237; C. P. A. JONES, Japan's New Law Schools: The Story So Far, in: ZJapanR/J.Japan.L. 27 (2009) 248-256; M. KELLNER, Legal Education in Japan, Germany and the United States: Recent Developments and Future Perspectives, in: ZJapanR/J.Japan.L. 23 (2007) 195-205; K. ROKUMOTO, Overhauling the Judicial System: Japan's Response to the Globalizing World, in: ZJapanR/J.Japan.L. 20 (2005) 7-38; M. OMURA, S. OSANAI, M. SMITH, Japan's New Legal Education System: Towards International Legal Education?, in: ZJapanR/J.Japan.L. 20 (2005) 39-54; K.-W. CHAN, Foreign Law Firms: Implications for Professional Legal Education in Japan, in: ZJapanR/J.Japan.L. 20 (2005) 55-79; P. LAWLEY, The Post-'Law School' Future of Japanese Undergraduate Legal Education A Personal Perspective Comparison with Australia, in: ZJapanR/J.Japan.L. 20 (2005) 81-100; M. SAEGUSA, J. DIERKES, Integrating Alternative Dispute Resolution into Japanese Legal Education, in: ZJapanR/J.Japan.L. 20 (2005) 101-114; K. NISHIDA, Challenging New Law School Education at

意見書57頁以下は、まず日本と米英独仏の法曹人口を比較し、絶対数が少ないこと、法曹一人あたりの国民の数が多いこと、年間の新規法曹資格の取得者数が少ないことを明らかにする。そして、法科大学院を創設するなど、法曹養成制度の整備を図り、2010年頃には、司法試験の合格者数を少なくとも年間3000人にすることを目指すという。司法試験の合格者数を増やす理由としては、法曹需要の量的増大および質的多様化・高度化があり、その要因として、専門的知見を要する法的紛争の増加、弁護士人口の地域的偏在を是正する必要性、国民の社会生活上の医師としての法曹の役割の増大などが挙げられている。

しかし、周知のとおり、司法試験の合格者数は、現在も年間3000人に届いていない。法科大学院が全国各地に設立され、2006年からその修了生たちが受験するようになって、一時期は、司法試験合格者が2000人を上回ったが、やがて法科大学院が学生の募集停止により減少したことなどから、最近の数年間は1500人を下回っていた。2023年度からは、後述の在学中受験（一定の履修条件を満たした法科大学院3年生の受験）が始まったが、司法試験合格者は、1781人に留まる[73]。

とはいえ、日本の場合は、弁護士以外にも、法律サービスを提供する士業が多数あり（司法書士・弁理士・税理士・社会保険労務士・行政書士・土地家屋調査士）、

Okayama University Graduate Law School — We Will Survive —, in: ZJapanR/J.Japan.L. 20 (2005) 115-122; J. O. HALEY, Heisei Renewal or Heisei Transformation: Are Legal Reforms Really Changing Japan ?, in: ZJapanR/J.Japan.L. 19 (2005) 5-18; K. NAKATA, Die große Reform des juristischen Ausbildungssystems in Japan: Die Einführung der Law School nach US-amerikanischem Vorbild, in: ZJapanR/J.Japan.L. 18 (2004) 147-160; N. KASHIWAGI, New Graduate Law Schools in Japan and Practical Legal Education, in: ZJapanR/J.Japan.L. 12 (2001) 60-68; L. NOTTAGE, Reformist Conservatism and Failures of Imagination in Japanese Legal Education, in: ZJapanR/J.Japan.L. 9 (2000) 23-47. しかし、本稿では、これらに関する論評は差し控える。

73) 以上の数字については、弁護士白書2023年版41頁〈https://www.nichibenren.or.jp/library/pdf/document/statistics/2023/1-3-2.pdf〉参照（2024年4月5日閲覧）。

それらを含めれば、日本の法曹人口が米英独仏より圧倒的に少ないのかは、疑問となる[74]。これらの弁護士以外の士業は、行政手続の代理をするだけでなく、一定の範囲で裁判手続の代理や補助的な業務を行うことができる[75]。

　また、司法試験の合格者数を増やしただけで、弁護士の地域的偏在を是正できるのかは、疑問である。現に弁護士全体の数は、2004年の2万224名から2023年は4万4916名と倍以上に増えたが[76]、東京都の弁護士数が2万2102名、人口1万人あたりの弁護士数が15.74であるのに対し、秋田県の弁護士数は77名、人口1万人あたりの弁護士数は0.83にすぎず、弁護士偏在の状況は全く改善されていない[77]。その要因は、様々であろうが、1つには、弁護士事務所の規模の問題を挙げることができる[78]。弁護士白書によれば、上位9位までは、東京の事務所であり、弁護士数は、650名から179名である。これに対し、地方では、5名以下の事務所が多く、1名または2名の事務所が大部分を

---

[74]　弁護士白書2023年版50頁は、これら6つの士業に公認会計士を含め、隣接士業とし、弁護士数と合算して、30万6598名になるとする。同48頁によれば、これは、米国の弁護士数と比べれば、かなり少ないが、英独仏の弁護士数を大きく上回る。〈https://www.nichibenren.or.jp/library/pdf/document/statistics/2023/1-3-6.pdf〉;〈https://www.nichibenren.or.jp/library/pdf/document/statistics/2023/1-3-7.pdf〉参照（2024年4月5日閲覧）。

[75]　司法書士法3条、弁理士法4条〜6条の2、税理士法2条・2条の2、社会保険労務士法2条・2条の2、行政書士法1条の2・1条の3、土地家屋調査士法3条参照。

[76]　弁護士白書2023年版24頁〈https://www.nichibenren.or.jp/library/pdf/document/statistics/2023/1-1-1.pdf〉参照（2024年4月5日閲覧）。

[77]　これらの数字については、弁護士白書2023年版36頁〈https://www.nichibenren.or.jp/library/pdf/document/statistics/2023/1-2-1.pdf〉参照（2024年4月5日閲覧）。

[78]　他にも、大企業の本社が東京に集中し、企業法務の需要が大きいことが挙げられる。たとえば、上場企業の本社の所在地を都道府県別に比較した調査によれば、東京は、2001年の1591社から2021年の2029社に増えたが、他の道府県は、ほとんど変わらない。〈https://shikiho.toyokeizai.net/news/0/405137〉参照（2024年3月22日閲覧）。

占める[79]。すなわち、地方の弁護士事務所は、いわば個人営業であり、最初の数年は給与に相当する収入を挙げることのできない新人弁護士を雇う余裕はない。1つの打開策としては、そのような弁護士収入を補填する仕組みを地方限定で導入することが考えられる。

さらに、弁護士の数が増えたとしても、裁判官の数が増えるわけではない[80]。現に、弁護士の数は倍以上に増えたが、裁判官の数は、2004年の2385名から2023年の2770名への微増に留まる[81]。その要因の1つとしては、転勤が挙げられる。すなわち、裁判官は、一般に3年前後で日本全国いずれかの裁判所への転勤を命じられるため、特に任官後10年未満の判事補の減少が著しいとされる[82]。たとえば、本人の同意がない限り、一定の地域外への転勤を制限するなどの対応が求められる[83]。

司法制度改革審議会の意見書61頁以下は、法科大学院の教育内容について

---

79) 以上の数字については、弁護士白書2023年版53頁・55頁〈https://www.nichibenren.or.jp/library/pdf/document/statistics/2023/1-4-1.pdf〉参照（2024年4月5日閲覧）。そのような地方は、北海道・東北・中国・四国・九州に及ぶ。すなわち、関東・中部・近畿以外の弁護士会では、小規模事務所が大勢を占める。

80) 第1章のバウム教授の論稿において紹介されたヘイリー教授の見解（Ⅱの 5）も、同旨である。

81) 弁護士白書2023年版45頁〈https://www.nichibenren.or.jp/library/pdf/document/statistics/2023/1-3-4.pdf〉参照（2024年4月5日閲覧）。

82) 2024年2月19日付け朝日新聞朝刊参照。それによれば、判事補の数は、2013年末には848名であったが、2023年末には676名に減っている。弁護士白書2023年版32頁〈https://www.nichibenren.or.jp/library/pdf/document/statistics/2023/1-1-4.pdf〉（2024年4月5日閲覧）によっても、裁判官が弁護士に転職する数は、かなり多い。たしかに、2004年の法科大学院創設の頃は、まだ裁判官（および検察官）のステイタスが高いとされていたが、その後の家族観の変化や家族生活の重視を考えれば、3年ごとの転勤は、もはや時代にそぐわないと思われる。それは、他の職業にも当てはまるであろう。

83) ドイツの裁判官法（Deutsches Richtergesetz）30条によれば、原則として、本人の同意なく転勤を命じることはできないとされる。〈https://www.gesetze-im-internet.de/drig/__30.html〉参照（2024年4月6日閲覧）。

も、様々な提言を行っている。まず従来の学部教育は、法曹養成の役割を果たしてきたとは言い難く、司法試験の競争激化により、学生が受験予備校に依存する傾向が著しくなっているとする。これを打開するために、法科大学院を創設すべきであるというが、学部教育の廃止を提言しているわけではない。そして、意見書65頁は、法科大学院の修業年限を標準で3年とし、入学試験により基礎知識を有するとされる者については、2年での修了を認める。

しかし、各法科大学院の学生定員を見れば、現在は、むしろ修業年限を2年とする「既修者コース」のほうが原則であり、これを3年とする「未修者コース」は例外的な扱いとなっている[84]。2004年の法科大学院の発足当初は、未修者コースを中心とする例も見られたが、司法試験の合格率は、未修者が既修者よりも圧倒的に低いため[85]、未修者コースを中心とする法科大学院は廃止されたり、既修者コースを中心にしたりするなど、転換を余儀なくされている。

意見書が修業年限3年の未修者コースをあたかも原則であるかのようにいうのは、米国のロー・スクール制度を真似た疑いがあるが、そうであれば、大きな誤解による。たしかに、米国の学生は、学部教育（undergraduate studies）において法律以外の分野を専攻し、その後にロー・スクールへ進学するが、周知のとおり、米国は判例法国であり、日本は成文法国である。すなわち、日本の学生は、法律を体系的に学習する必要がある。

既修者コースは、必ずしも法学部卒業を要件としているわけではないが、法科大学院への入学の際には、六法科目（憲法・民法・刑法・商法・民事訴訟法・刑事訴訟法）を中心とする試験に合格する必要があるから、法律を体系的に学習したことを前提とする。これに対し、未修者コースでは、法律試験を課すこと

---

84) 文部科学省の法科大学院等特別委員会配布資料〈https://www.mext.go.jp/content/20231106-mxt_senmon02-000030546_7-4.pdf〉参照（2024年1月20日閲覧）。

85) 既修者の合格率が30％台から40％台であるのに対し、未修者の合格率は、概ね10％台で推移している。弁護士白書2023年版42頁〈https://www.nichibenren.or.jp/library/pdf/document/statistics/2023/1-3-2.pdf〉参照（2024年4月5日閲覧）。

ができないので、小論文などの方法で入学選抜を行う。そして、入学後は、僅か1年で既修者と同じレベルに到達したとして、2年次に進級させる。山に喩えれば、既修者が5合目から登り始めるのに対し、未修者は、麓から登り始め、僅か1年で既修者に追いつくという設定になっている。しかし、未修者が2年次に進級したとしても、実際には、もっと下のほうで彷徨っている可能性がある。司法試験の合格という頂上に辿り着く者がゼロではないが、既修者より大幅に合格率が低いことを考えれば、未修者コースは、直ちに廃止すべきであろう[86]。

　司法制度改革審議会の意見書は、教員組織についても、実務法曹や実務経験者などを採用し、実務との密接な連携を図ること（64頁）、および授業は双方向的で密度の濃いものにすることなどを提言する（67頁）。これらも、米国のロー・スクール制度を真似た疑いがあるが、日本では、法科大学院の廃止が相次ぎ、残った法科大学院でも、入学定員を大幅に減らしていること[87]、さらに定員充足率も大幅に悪化していることから[88]、学生の法科大学院離れが進んでいることは明らかである。そのため、既修者についてさえ、入学選抜の基準が緩められていると推測され、意見書が提言する高度な法科大学院教育を消化で

---

[86] 未修者教育については、改善を提言する報告書が作成されたり、シンポジウムが開催されたりしている〈https://www.mext.go.jp/b_menu/shingi/chukyo/chukyo4/012/siryo/__icsFiles/afieldfile/2016/08/02/1374903_05.pdf〉；〈https://www.mext.go.jp/content/20220609-mxt_daigakuc03-000023237_01.pdf〉；〈https://www.lskyokai.jp/symposium_0611/〉参照（2024年1月21日閲覧）。しかし、制度の前提自体に誤りがある以上、その存続を前提とした議論に賛成することはできない。

[87] 法科大学院の発足当初から2018年までの法科大学院の廃止および入学定員の削減については、〈https://www.mext.go.jp/b_menu/shingi/chukyo/chukyo4/041/siryo/__icsFiles/afieldfile/2018/11/13/1411055_002.pdf〉参照（2024年1月21日閲覧）。

[88] 2016年から2020年までの各法科大学院の定員充足率については、〈https://www.mext.go.jp/content/20201021-senmon02-1421098_00005_07.pdf〉参照（2024年1月21日閲覧）。

きるだけの基礎体力を備えているのかは、疑問である。すなわち、法科大学院は、学部の授業科目を再教育する場となっている可能性がある。

　そもそも学部であれ、法科大学院であれ、大学教育は、教員による研究の蓄積を前提とする。なぜなら、小中高と異なり、学習指導要領があるわけではなく、教員が入念な外国法研究をベースとして、担当科目の全体について体系的な理解を獲得し、かつ法改正や新しい判例などの変化にも対応できる能力を必要とするからである[89]。実務家教員は、裁判所や検察庁から一時的に派遣されたり、弁護士が本業を続けながら授業を担当したりするなど、十分な研究時間を確保しているとは言えない。したがって、法科大学院では、実務家教員は、補助的な役割を担うだけであり、むしろ研究者教員を中心とすべきである[90]。

　なお、2004年の法科大学院創設時には、91名の大学教授等が弁護士登録をし、前後の数年間も相当な数に上るが、2010年以降は激減し、2022年は2名にすぎない[91]。かつては、研究者教員にも弁護士登録を勧める風潮があったが、今は、両者の仕事が全く異なることが（ようやく）認識されるようになったからと推測される[92]。

---

89)　小中高の学習指導要領も、誰が作成しているのかを考える必要がある。文科省のサイトによれば、中央教育審議会への諮問があり、その答申に基づいて作成されるが、たとえば、初等中等教育分科会の委員名簿によれば、各界の専門家とともに、大学教授の名が並んでいる。〈https://www.mext.go.jp/a_menu/shotou/new-cs/idea/1304373.htm〉；〈https://www.mext.go.jp/b_menu/shingi/chukyo/chukyo3/meibo/1421854_00004.htm〉参照（2024年5月25日閲覧）。

90)　現在の法科大学院では、専任教員でも実務家が相当の比率を占めており、兼任・非常勤教員に至っては、半分以上を占める。弁護士白書2023年版136頁以下〈https://www.nichibenren.or.jp/library/pdf/document/statistics/2023/4-8.pdf〉参照（2024年4月5日閲覧）。

91)　弁護士白書2023年版32頁〈https://www.nichibenren.or.jp/library/pdf/document/statistics/2023/1-1-4.pdf〉参照（2024年4月5日閲覧）。

92)　その他の要因としては、弁護士法を改正する平成16年法律第9号附則3条2項により、同年3月31日までに法律研究科の大学院またはそのような大学院のある学部等で教授または準教授の在職期間が5年に達した者は、司法試験に合格しなくても、弁護士登録が可能とされ、また平成20年3月31日までに、同様の

2．在学中受験と早期入学

　学生の法科大学院離れを防ぐために、2023年度から法曹コースおよび在学中受験の制度が始まった。すなわち、従来の制度では、既修者コースを前提とした場合に、法学部の卒業まで4年、法科大学院の修了まで2年、修了後に司法試験を受けて、合格後に司法修習を開始するとしたら、修習期間が1年に減らされたとはいえ、法曹になるまでに、トータルで約8年を要していた。しかし、法学部などに法曹コースを設け、原則3年で早期卒業し、法科大学院入学後も、在学中の3年前期に司法試験を受けて合格し、法科大学院修了後直ちに司法修習を開始すれば、約6年で法曹になれるというのである[93]。

　しかし、この数字に惑わされてはならない。なぜなら、法科大学院では、留年率が極めて高いからである。2019年の数字ではあるが、既修者コースの学生でも、平均20パーセント以上が留年している[94]。せっかく学部を早期卒業しても、法科大学院で留年をしたら、1年の短縮はなくなる。また、在学中受験をするためには、司法試験科目を中心とした一定の単位の修得などが要件とされている[95]。したがって、この要件を満たさなければ、在学中受験もできない。また、在学中受験によって受験機会を得ても、肝心の司法試験に合格しなければ、法科大学院修了後直ちに司法修習を開始することはできない。したが

　　要件を満たした者は、研修の受講および法務大臣の認定を受けることによって、弁護士登録が可能とされていたが、これらに該当する者が減少したことも影響している可能性がある。この弁護士登録の特例については、法務省のサイト〈https://www.moj.go.jp/housei/gaiben/housei07_00004.html〉参照（2024年4月10日閲覧）。

93）　このような新旧の制度の比較については、〈https://www.mext.go.jp/a_menu/koutou/houka/mext_00949.html〉参照（2024年3月19日閲覧）。

94）　〈https://note.com/namayoukan/n/n8fa0553c3618〉参照。各法科大学院別ではあるが、2021年度の留年率については、〈https://www.mext.go.jp/a_menu/koutou/houka/mext_00004.html〉参照（以上、2024年3月19日閲覧）。

95）　在学中受験の資格に関するQ&Aとして、〈https://www.moj.go.jp/jinji/shihoushiken/jinji08_00097.html〉参照（2024年3月19日閲覧）。

って、これらの制度によって、法曹になるまでの期間を短縮できるのは、一部の学生に限定されるであろう[96]。

　在学中受験の制度は、法科大学院教育を歪める点でも疑問である。学生は、2年次（既習者コース1年目）には、在学中受験の資格を得るために、その要件とされる科目を中心に履修し、また3年次（既習者コース2年目）の前期も、在学中受験に心を奪われ、選択科目やゼミなどの履修を避けるおそれがある[97]。これは、法科大学院において、幅広い分野の勉強を勧め、多様な法曹を養成するという目的に反する。3年次の後期には、司法試験合格を確信している者は、就職活動や司法修習（および司法修習生考試、いわゆる二回試験）に備えるであろうし、合格に自信のない者は、翌年の受験に備えるであろう。以前から法科大学院は、司法試験の予備校化の傾向にあったが、それが一段と強まるおそれがある。しかし、それで法曹の質を保つことができるのかは、大いに疑問である。

　同様の問題は、司法試験の予備試験制度にもある[98]。この制度は、本来は、経済的事情などにより、法科大学院への入学が困難な者を救済するために設けられたが、見聞する限り、すでに法科大学院に在学中の学生が予備試験を受けるのは当然とされている。予備試験合格者は、司法試験の合格率が高いことも

---

[96]　現に2022年度と2023年度を比較しても、受験者は3082名から3928名、合格者は1403名から1781名の増加に留まる。〈https://www.moj.go.jp/content/001400852.pdf〉参照（2024年3月19日閲覧）。

[97]　司法試験の日程も変更され、従来は、法科大学院修了後の5月に実施されていたところ、2023年からは、在学生も受験できるようにするため、7月に実施されるようになった。〈https://www.moj.go.jp/content/001370185.pdf〉参照（2024年3月21日閲覧）。これは、法科大学院の授業スケジュールにも、影響を及ぼしている。現に中央大学法科大学院の学年暦によれば、7月の司法試験期間中は休講となり、翌週以降に前期の授業の残りや期末試験が実施される。〈https://www.chuo-u.ac.jp/aboutus/overview/college_calendar/2024_05/〉参照（2024年5月10日閲覧）。

[98]　予備試験制度の詳細については、〈https://www.moj.go.jp/jinji/shihoushiken/shikaku_saiyo_index.html〉参照（2024年3月19日閲覧）。

あり、一般に能力が高いという評価が下され、就職でも優遇される傾向があると聞く。その結果、予備試験合格者で司法試験に合格した者が頂上にいて、在学中受験で合格した者がそれに続き、法科大学院修了後に合格した者が底辺にいるというヒエラルキーの存在が窺われる[99]。すなわち、制度自体が法科大学院教育を自己否定しているようなものであり、かつ短い期間で司法試験に合格した者が優秀であるという風潮を生み出しかねない。しかし、司法試験の合格は、法曹への途の第一歩にすぎず、その後の司法修習や法曹実務家としてのパフォーマンス（一般に5年以上の経験を積まなければ一人前とされない）などの検証を必要とする。本当に高度な法曹養成を目指すのであれば、時間を要することを知るべきである。

Ⅴ．大学の研究環境

1．学術会議の協力団体

学術会議自体は、1948年の日本学術会議法により設立され、長い歴史を有しており、本稿では、その存在意義に深入りすることは差し控える。しかし、2005年に日本学術会議協力学術研究団体（以下「協力団体」という）の認定制度が設けられたことによって（日本学術会議会則36条）、わが国の学会の様相は大きく変わってしまった。すなわち、協力団体の認定要件として、学術研究活動をしていることは当然とはいえ、会員数が100名以上であること（かつ研究者

---

[99] 試しに、2023年度の受験予定者数と合格者数を比較したところ、以下の事実が判明した。<https://www.moj.go.jp/content/001396897.pdf>; <https://www.moj.go.jp/content/001400852.pdf> 参照（2024年7月15日閲覧）。すなわち、受験予定者数は、法科大学院修了者2693名、在学中受験者1114名、予備試験合格者358名であるのに対し、司法試験合格者数は、法科大学院修了者817名（約30％）、在学中受験者637名（約57％）、予備試験合格者327名（約91％）であった（パーセンテージは奥田の計算による）。なお、実際の受験者数も公表されているが、受験資格による分類はなされていない。<https://www.moj.go.jp/content/001400832.pdf> 参照（同上）。

の割合が半数以上であること)、および学会誌を発行していること(電子発行を含む)が挙げられている[100]。

　理系にとっては、これらの要件を満たすことは容易であるのかもしれないが、本稿の著者が専門とする国際私法は、法律学の中でも特殊であり、法学部や法科大学院でさえ、専任教員がいる所は少ない。1949年に国際私法学会が設立された当時の名簿によれば、会員は9名にすぎず[101]、今でも、本来の国際私法の研究者に限れば、それほど増えているとは思えない。それにもかかわらず、2023年6月現在で国際私法学会の会員数が248名に達するのは[102]、他の科目を担当しながら、国際私法に関わっている研究者、あるいは弁護士や裁判官などの実務家(法科大学院の実務家教員を含む)が入会しているからと思われる。たしかに他の分野の研究者や実務家と交流するのは、必要不可欠であるが、そのような場として学会が相応しいのかは、少なくとも国際私法の分野については疑問である[103]。

　また国際私法学会は、もともと学会誌を発行しておらず、学会報告は、基本的に、各研究者が所属する大学の紀要に論文として掲載されていた。大学紀要は、1つの号に掲載する原稿の字数が制限されることはあっても、一般に連載が認められ、年に数回発行されるため、字数制限は事実上ないようなものであった。しかし、日本学術会議が学会誌の発行を協力団体の認定要件とすること

---

[100] 〈https://www.scj.go.jp/ja/group/dantai/index.html〉参照(2024年3月19日閲覧)。以前から、広報協力団体および登録団体という制度があったが、これらが2005年に一本化され、協力団体という制度が設けられたようである。〈http://hij-n.com/introduction/group.html〉;〈http://www.tsfs.jp/Object/science_council.html〉参照(2024年5月28日閲覧)。

[101] 〈http://www.pilaj.jp/FOUNDATION/f_members.pdf〉参照(2024年3月27日閲覧)。

[102] 〈http://www.pilaj.jp/ind01_j.html〉参照(2024年3月27日閲覧)。

[103] たとえば、最高裁判決でさえも、国際私法の分野については、理論的に多くの疑問点がある。奥田安弘『国際財産法〔第2版〕』(明石書店、2024年)90頁以下、121頁、149頁以下、284頁以下、327頁以下、340頁以下、346頁以下、392頁以下参照。

第 8 章　若干の例に見る日本法への誤解　277

を見越して、1999 年に『国際私法年報』と称する学会誌が創刊された[104]。その執筆要領によれば、原稿は、200 字詰め原稿用紙に換算して 120 枚程度であるから[105]、2 万 4000 字にすぎない。学会報告は、原則として、この国際私法年報に掲載されるが、報告の準備のために、せっかく詳しく調べても、掲載誌の字数が制限されているのでは、学会報告に対する心構えが異なってくるであろう[106]。すなわち、協力団体の認定要件は、研究論文のスタイルが法律学と理系とで全く異なることを無視しており、学問の発展を大きく阻害する要因の 1 つと言える。どうしても学会誌が必要であるというのであれば、「電子発行」も認められるのであるから、オンラインジャーナルに切り替えるべきであろう。これによって、報告者は、報告の要旨だけを学会誌に掲載し、詳細な論文を所属大学の紀要に掲載したりするなど、柔軟な運用が可能になると思われる[107]。

---

[104]　国際私法年報は、1999 年の創刊号から 1 年前の号まで PDF でダウンロードできる。〈http://www.pilaj.jp/yearbook/year_index-j.html〉参照（2024 年 3 月 20 日閲覧）。

[105]　〈http://www.pilaj.jp/yearbook/RULE_3.pdf〉参照（2024 年 3 月 20 日閲覧）。

[106]　学会報告のレベルの維持には、様々な問題点があるが、学会の乱立も、その一因と考えられる。かつて国際私法研究者が所属する学会は、国際法学会と国際私法学会くらいであったが、その後、日本国際経済法学会（1991 年）〈https://www.jaiel.or.jp/overview/〉、仲裁 ADR 法学会（2004 年）〈https://sites.google.com/site/arbitrationadrlaw/〉、アジア国際法学会日本協会（2007 年）〈https://asiansil-jp.org/category/about/introduction_asiansil_japan_chapter/〉、国際取引法学会（2014 年）〈https://www.asas.or.jp/jaibl/outline/index.html〉などが設立されている（2024 年 3 月 20 日閲覧）。その結果、学会報告を依頼される頻度が増え、1 つの報告に費やす準備が疎かになるおそれがある。

[107]　たとえば、日本私法学会や比較法学会の個別報告は、それぞれの学会誌である『私法』および『比較法研究』において、要旨だけが掲載されている。ただし、いずれも紙媒体で出版されており、前者は、J-STAGE から全文をダウンロードできるが、後者は、目次のみ学会のサイトに掲載されている。<https://www.jstage.jst.go.jp/browse/shiho/list/-char/ja>; <https://www.asas.or.jp/jscl/info/mediia.html> 参照（2024 年 7 月 10 日閲覧）。

なお、協力団体の認定要件に問題があるのであれば、認定を申請しなければ良いという意見があるかもしれないが、協力団体として認定された場合には、日本学術会議から各種会議開催に関するニュースメールなどの配信、会議の共催や後援などを受けることができる[108]。また、国から「公的学会」として認められたという受け止めもある[109]。しかし、だからといって、協力団体の認定要件を満たすために、会員数を増やしたり、学会誌を発行したりするのは、本末転倒と言われても仕方ないであろう。

2．認証評価制度

以前から大学や学部などを新設する際には、文科省の設置基準に合致しているか否かの審査が実施されていたが、2002 年に学校教育法が改正され（平成 14 年法律第 118 号）、新たに認証評価制度が設けられ（同法 109 条以下）、継続的な審査が行われることになった。この認証評価制度は、2004 年から実施され、大学などは 7 年以内ごとに、また法科大学院などの専門職大学院は 5 年以内ごとに認証評価を受けることが義務づけられている[110]。以下では、法科大学院の認証評価機関のうち、日弁連法務研究財団による認証評価について、その内容を考察する[111]。

日弁連法務研究財団の法科大学院評価基準（2020 年 9 月 23 日改定）およびその解説によれば（2022 年 4 月 1 日改定）[112]、まず教育内容・教育方法の改善に向

---

108) 前掲注 100) のサイト参照。
109) 〈https://www.scj.go.jp/ja/group/dantai/index.html〉；〈https://www.kensyu.jp/case/1201〉参照（2024 年 3 月 26 日閲覧）。さらに、協力団体に指定される前は、学会誌に投稿しても業績になりにくかった、という声も伝えられている。〈http://www.jscn.gr.jp/data/kenkyudantaishitei.pdf〉参照（2024 年 5 月 28 日閲覧）。
110) 〈https://www.shigaku.go.jp/p_dic_c008.htm〉参照（2024 年 3 月 20 日閲覧）。
111) 法科大学院の認証評価機関としては、他に大学評価・学位授与機構および大学基準協会がある。〈https://www.mext.go.jp/a_menu/koutou/houka/1366313.htm〉参照（2024 年 3 月 20 日閲覧）。
112) 〈https://www.jlf.or.jp/wp-content/uploads/2021/01/kijun_202009.pdf〉；〈https://www.jlf.or.jp/wp-content/uploads/2022/04/kijun_kaisetsu_202204.pdf〉

けた組織的取り組みとして、FD 活動および学生評価（アンケート）の実施が評価項目として挙げられている（基準 15 頁、解説 60 頁以下）。しかし、周知のとおり、憲法 23 条は、学問の自由を保障しており、それには、研究の自由および教育の自由の両方が含まれる[113]。しかるに、文科省の委託を受けた認証評価機関が細かな評価項目を作成し、法科大学院に対し、その遵守を求めるのは、違憲の疑いがある。

　そもそも FD 活動は、米国の Faculty Development をモデルとして、1990 年代以降、政府主導で日本に持ち込まれたものとされる[114]。たしかに、教育の質を高めるためには、教育方法の工夫が必要であると思われる。しかし、前述（Ⅳの 1）のとおり、大学教育は、何よりも個々の教員による研究の蓄積を必要とする。喩えて言えば、大学研究者の仕事は、白鳥の泳ぎのようなものである。すなわち、水面上は優雅に泳いでいるように見えるが、水面下は必死で足を動かしている[115]。世間的には、大学の授業や会議、さらには学外活動などで活躍している人が優秀な研究者と思われているようであるが[116]、大学を所管す

　　　参照（2024 年 3 月 20 日閲覧）。
[113]　いわゆる東大ポポロ事件に関する最大判昭和 38 年 5 月 22 日刑集 17 巻 4 号 370 頁参照。それによれば、「大学の学問の自由と自治は、大学が学術の中心として深く真理を探求し、専門の学芸を教授研究することを本質とすることに基づくから、直接には教授その他の研究者の研究、その結果の発表、研究結果の教授の自由とこれらを保障するための自治とを意味する……」。
[114]　安藤幸一「FD（Faculty Development）を考える──日本型 FD の問題点と方向性」大手前大学論集 10 号 21 頁（2009 年）参照。
[115]　ただし、実際の白鳥は、足を動かさずに浮いてるだけであるとされる。〈https://www.personalballet.com/blog/post-3022〉参照（2024 年 3 月 20 日閲覧）。
[116]　さらに言えば、学長や学部長などの管理職に就いている人が優秀な研究者と思われているようであるが、そこには一部誤解がある。過去に立派な研究業績を残した人も多いが、管理職に就いている間は、研究時間など全くない。授業でさえも、全部または一部が免除されるようである。かつてマックスプランク外国私法国際私法研究所（ハンブルク）の所長を務めていたユルゲン・バゼドウ（Jürgen Basedow）教授から聞いた話によれば、1979 年以降、3 人の教授が交代で所長を務めるようになったのは、1 年のみ管理職の仕事に専念し、他の 2 年は研究時

る文科省の職員が同じような認識では困る。一般の目からは見えない大学の研究室あるいは自宅などで、黙々と外国語文献を読んで、本や論文の執筆に膨大な時間を費やすという地道な活動があってこそ、教育などをすることができるのである。しかるに、FD活動と称して、教員に会議への参加を義務づけるのは、その貴重な研究時間を削る以外の何物でもない。

また学生による授業評価アンケートも、米国をモデルにしたようであるが[117]、学生が教員の授業を正当に評価できるのであれば、そもそも授業など必要ないのではないかという疑いがある。認証評価が研究を妨げる例は、他にもある。たとえば、かねてより前期・後期の試験ごとに出題趣旨・採点の講評・採点基準を書面で提出するよう求められていたが、最近では、答案ごとに丁寧な添削を行い、受験者本人に返却するよう求められている。しかし、学生数が減少傾向にあるとはいえ、必須科目では、相当な枚数を添削することになり、採点の締切りに間に合わせるため、膨大な労力と時間を必要とする。それは、研究時間を奪うだけでなく、法科大学院の予備校化を一層進めることになるであろう。

つぎに、日弁連法務研究財団の評価基準によれば、法科大学院の規模に応じて、教育に必要な能力を有する専任教員がいることが求められ、その解説によれば、最近5年間の研究業績が審査される（基準13頁以下、解説39頁以下）。しかし、率直に言って、日弁連法務研究財団が法科大学院の専任教員の研究業績を本当に評価できるのかは、疑わしい。結局のところ、各法科大学院の紀要などに何本の論説が掲載されたのか、どのようなテーマが扱われているのかをチェックするくらいであろう。

これに対し、このような審査がなければ、特に教授に昇進した教員は、研究業績が全くなくても、その身分が保証されることになりかねない、という批判

　　　間を確保するためとのことである。これによれば、1年以上の管理職は、研究者への復帰を困難にしかねない。
117）　押木利英子「『授業評価』とは何か——その背景と課題について」新潟リハビリテーション大学紀要5巻1号4頁参照。

があるかもしれない。しかし、一部の大学は、認証評価の実施以前から、教員の研究・教育活動を報告書として公表し、これによって、大学の自治を守りつつ、自己規律を図っている[118]。さらに参考となるのは、ハンガリーのブダペスト大学の例であり、そこでは、教員の研究業績に関する講評会が開催されている[119]。この講評会は、各学期（夏学期・冬学期）に開催され、教授会構成員の主要著作を全員に紹介することを目的とする。各教授の専門に近い者（多くの場合は、法学部の構成員であるが、他学部の構成員であることも多い）が評者の役割を担う。講評会は、1つの著作について、約20分である。コロナ禍の最中は、オンライン開催も行われなかったが、2023年6月末から再び対面で開催されている。

このように大学の自治を守りながら、教授会の自己規律によって、専任教員の研究の質を確保する方法は幾らでもある。しかるに、各専門分野の研究成果を正当に評価できるとは思えない認証評価制度のために、大学に膨大な資料の作成を義務づけ、教員の貴重な研究時間を奪うのは、わが国の学問の未来を脅かす可能性がある。

---

118) たとえば、『東京大学法学部研究・教育年報』は、1971年から1年おきに刊行されている。〈https://www.j.u-tokyo.ac.jp/about/history/〉参照（2024年3月20日閲覧）。

119) この講評会は、本稿の著者がかつてブダペスト大学、正確にはエトヴェシュ・ロラーンド大学（Eötvös Loránd Tudományegyetem, ELTE）のラヨシュ・ヴェーカーシュ（Lajos Vékás）教授（現・名誉教授）の招待により、ブダペストを訪問した際に、同席させてもらったことから知った。その後、本稿のために問い合わせたところ、2024年1月8日付けのメールで返信があり、概要を教えてもらった。以下は、そのドイツ語メールの日本語訳（意訳）である。ヴェーカーシュ教授の論文の日本語訳としては、ラヨシュ・ヴェーカーシュ「遅れてきた私法法典化——新しいハンガリー民法典」奥田＝シャウアー編・前掲注68）1頁～23頁があり、その原著は、Lajos VÉKÁS, Erfahrungen mit einer verspäteten Privatrechtskodifikation: das neue ungarische Zivilgesetzbuch, in: Yasuhiro OKUDA / Martin SCHAUER, Geschichtliche Wurzeln und Reformen in mittel- und osteuropäischen Privatrechtsordnungen (MANZ'sche Wien 2014) 1-18 である。同書のタイトルは、ヴェーカーシュ教授の命名による。

おわりに

　まず、本稿の前半では、離婚・養子縁組・戸籍という家族法の分野を取り上げたので、日本法と欧米法の違いが大きいのは、当然と思われるかもしれない。しかし、家族法の分野においても、欧米法研究が無意味であるわけではない。むしろ伝統や習慣、社会的背景などが異なることを十分に認識したうえで、欧米の家族法を研究することは有益であり、その点は、財産法と異ならない。財産法の分野も、伝統や習慣、社会的背景などを無視して、欧米法の導入一辺倒に陥ったら、わが国において定着するはずがない。すなわち、冒頭で述べたとおり、法律は、本来的にドメスティックなものであり、その点は、家族法と財産法とで異なるわけではない。

　これは、第1章のバウム教授の論稿からも分かる。すなわち、日本人研究者の中には、普遍主義の立場から、日本法を欧米法の一部とする見解があるが、欧米の研究者は、むしろ日本法の独自性に着目し、たとえ条文上は、欧米法と同様であっても、その解釈適用に大きな違いがあることに日本法研究の意義を見出している。その意味では、日本法に独自性があること自体は、今さら言うまでもないことであり、むしろ双方向の比較によって、具体的な違いを明らかにし、そのメリットとデメリットを掘り下げることが求められる。すなわち、欧米法の研究と日本法の研究は、同時並行的に行われる必要があり、いずれか一方に偏った研究は説得力を有しない。

　つぎに、本稿の後半で指摘したとおり、日本の法科大学院制度は、スタートラインにおいて、米国のロー・スクールをモデルにした疑いがあり、判例法国と成文法国の違いを無視した非現実的なものになっている。その誤りを認めることなく、単に法科大学院入学者や司法試験合格者を増やすことだけを目的として、小手先で制度をいじったのでは、ますます歪みが大きくなるであろう。日本の学生は体系的に法律を学習する必要があり、教員は研究なくして十分な教育を提供できない。しかし、その研究環境は、現在、危機的状況に陥ってい

る。日本学術会議は、理系と文系の違いを無視して、協力団体の認定制度を設け、また文科省の認証評価制度は、大学の自治を犯して、教育内容に介入し、かつ正当な評価ができるのかに疑問があるにもかかわらず、形式的な審査によって、教員の研究時間を奪っている。

　注意すべきであるのは、米国のロー・スクール制度が政府主導で導入されたわけではないことである[120]。これに対し、日本の法科大学院制度は、国が導入を決定し、各大学は、それに応じる形で法科大学院を設立し、その後も、国の厳しい管理下にある。これは、日本の認証評価制度にも当てはまり、米国のFaculty Development が各大学の自主的な活動によるのとは対照的である[121]。このような日本の管理体制は、第1章のバウム教授の論稿において紹介されたヘイリー教授の見解（Ⅱの5）でも指摘されているし、第3章のバウム教授とシュヴィテック弁護士の論稿でも、あっせん事業者の認証がドイツでは事業者団体の自主管理に任されているのに対し、日本では、法務大臣の認証や監督によっていることなどからも分かる。大学教育については、日本国憲法は、欧米諸国と同様に、大学の自治を規定しているが、実際に違憲状態が生じているにもかかわらず、それを問題視する声は、法律関係者から聞こえてこない[122]。欧

---

120) 米国におけるロー・スクールの歴史については、加毛明「共和政初期アメリカにおける法学教育——リッチフィールド・ロー・スクールを中心として」東京大学法科大学院ローレビュー10号（2015年）80頁〜102頁〈http://www.sllr.j.u-tokyo.ac.jp/10/papers/v10part06(kamo).pdf〉、同「19世紀アメリカにおける大学附属ロー・スクール——イェール・ロー・スクールを中心として」東京大学法科大学院ローレビュー11号（2016年）236頁〜267頁〈http://www.sllr.j.u-tokyo.ac.jp/11/papers/v11part09(kamo).pdf〉参照（2024年7月2日閲覧）。

121) 安藤・前掲注114) 21頁参照。

122) 教育学の研究者から聞こえてくる声として、日永龍彦「大学評価政策の展開と大学の自治」日本教育行政学会年報 No. 40（2014年）17頁〜35頁〈https://www.jstage.jst.go.jp/article/jeas/40/0/40_17/_pdf/-char/ja〉、早田幸政「『教授会自治』の変容と認証評価——2014年学校教育法改正を基軸として」大学評価研究 第14号（2015年）71頁〜85頁〈https://www.juaa.or.jp/common/docs/publication/backnumber/backnumber_2015_09.pdf〉、服部憲児「大学評価の課題と可能性」日本教育経営学会紀要第59号（2017年）36頁〜45頁〈https://

米と似た制度を導入したように見えるが、実は、根本的な違いがあることに気づくべきである。

〔追記〕
　脱稿後に、山本敬三「比較法学にとっての日本法及び日本法研究の意義」法学論叢193巻6号1頁〜42頁に接した。

---

repository.kulib.kyoto-u.ac.jp/dspace/bitstream/2433/232574/1/jasea.59.0_36.pdf〉、高見英樹「戦後の国会法案審議における大学の自治を巡る議論の変容」大学経営政策研究第13号（2023年）183頁〜198頁〈https://www.jstage.jst.go.jp/article/daikei/13/0/13_183/_pdf/-char/en〉参照（2024年7月4日閲覧）。

マーク・デルナウア（Marc Dernauer）
中央大学法学部教授、日本比較法研究所研究所員

〈略歴〉
2002 年 3 月　東北大学大学院法学研究科博士前期課程修了　修士（法学）
2002 年 5 月〜 2005 年 12 月　マックスプランク外国私法国際私法研究所（ハンブルク）助手
2005 年 7 月　フライブルグ大学法学部　法学博士（Dr. jur.）
2006 年 3 月〜現在　ホフマン・アイトレ特許法律事務所（ミュンヘン）弁護士
2013 年 4 月〜 2020 年 3 月　中央大学法学部准教授
2013 年 8 月〜現在　Zeitschrift für Japanisches Recht / Journal of Japanese Law 共同編集者

〈主要著作〉
Handbuch Japanisches Handels- und Wirtschaftsrecht (2. Aufl., Carl Heymanns Verlag, Köln 2024, in Vorbereitung)（共編著）

Self-regulation in Private Law in Japan and Germany (Carl Heymanns Verlag, Köln 2018)（共編著）

Information Duties: Japanese and German Private Law (Carl Heymanns Verlag, Köln 2018)（共編著）

Business Law in Japan – Cases and Comments (Writings in Honour of Harald Baum) (Kluwer Law International, Alphen aan den Rijn 2012)（共編著）

Verbraucherschutz und Vertragsfreiheit im japanischen Recht (Mohr Siebeck, Tübingen 2006)

「商品先物取引の不当勧誘と消費者保護——ドイツ法との比較(1)〜（9・完）」国際商事法務 30 巻 11 号〜 31 巻 7 号（2002 年〜 2003 年）

奥　田　安　弘（おくだ・やすひろ）
中央大学名誉教授、日本比較法研究所名誉所員

〈略歴〉
1978年3月　神戸大学大学院法学研究科博士前期課程修了　修士（法学）
香川大学法学部助教授、北海道大学大学院法学研究科教授などを経て
2004年4月〜2023年3月　中央大学法科大学院教授
2008年3月　中央大学博士（法学）
2009年4月〜現在　北海道大学名誉教授

〈主要著作〉
『国際財産法〔第2版〕』（明石書店、2024年）
『国際私法と隣接法分野の研究・続編』（中央大学出版部、2022年）
『フィリピン家族法の逐条解説』（明石書店、2021年）
『国際家族法〔第2版〕』（明石書店、2020年）
『家族と国籍――国際化の安定のなかで』（明石書店、2017年）
『韓国国籍法の逐条解説』（明石書店、2014年、共著）
『国籍法・国際家族法の裁判意見書集』（中央大学出版部、2010年）
『国際私法と隣接法分野の研究』（中央大学出版部、2009年）
『国籍法と国際親子法』（有斐閣、2004年）
『国際取引法の理論』（有斐閣、1992年）

欧米諸国から見た日本法　――多様な視点を求めて――
日本比較法研究所研究叢書（134）

2024年11月29日　初版第1刷発行

編著者　マーク・デルナウア
　　　　奥　田　安　弘
発行者　松　本　雄　一　郎
発行所　中央大学出版部
　　　　〒192-0393
　　　　東京都八王子市東中野742-1
　　　　電話 042(674)2351・FAX 042(674)2354

© 2024　マーク・デルナウア　奥田安弘　ISBN978-4-8057-0834-7　㈱TOP印刷

日本比較法研究所研究叢書

1	小島武司 著	法律扶助・弁護士保険の比較法的研究	A5判 3080円
2	藤本哲也 著	CRIME AND DELINQUENCY AMONG THE JAPANESE-AMERICANS	菊判 1760円
3	塚本重頼 著	アメリカ刑事法研究	A5判 3080円
4	小島武司／外間寛 編	オムブズマン制度の比較研究	A5判 3850円
5	田村五郎 著	非嫡出子に対する親権の研究	A5判 3520円
6	小島武司 編	各国法律扶助制度の比較研究	A5判 4950円
7	小島武司 著	仲裁・苦情処理の比較法的研究	A5判 4180円
8	塚本重頼 著	英米民事法の研究	A5判 5280円
9	桑田三郎 著	国際私法の諸相	A5判 5940円
10	山内惟介 編	Beiträge zum japanischen und ausländischen Bank- und Finanzrecht	菊判 3960円
11	木内宜彦／M・ルッター 編著	日独会社法の展開	A5判 (品切)
12	山内惟介 著	海事国際私法の研究	A5判 3080円
13	渥美東洋 編	米国刑事判例の動向Ⅰ	A5判 (品切)
14	小島武司 編著	調停と法	A5判 (品切)
15	塚本重頼 著	裁判制度の国際比較	A5判 (品切)
16	渥美東洋 編	米国刑事判例の動向Ⅱ	A5判 5280円
17	日本比較法研究所 編	比較法の方法と今日的課題	A5判 3300円
18	小島武司 編	Perspectives on Civil Justice and ADR : Japan and the U. S. A.	菊判 5500円
19	小島・渥美／清水・外間 編	フランスの裁判法制	A5判 (品切)
20	小杉末吉 著	ロシア革命と良心の自由	A5判 5390円
21	小島・渥美／清水・外間 編	アメリカの大司法システム(上)	A5判 3190円
22	小島・渥美／清水・外間 編	Système juridique français	菊判 4400円

日本比較法研究所研究叢書

23	小島・渥美清水・外間 編	アメリカの大司法システム(下)	A5判 1980円
24	小島武司・韓相範 編	韓 国 法 の 現 在 (上)	A5判 4840円
25	小島・渥美・川添清水・外間 編	ヨーロッパ裁判制度の源流	A5判 2860円
26	塚 本 重 頼 著	労使関係法制の比較法的研究	A5判 2420円
27	小島武司・韓相範 編	韓 国 法 の 現 在 (下)	A5判 5500円
28	渥 美 東 洋 編	米 国 刑 事 判 例 の 動 向 Ⅲ	A5判 (品切)
29	藤 本 哲 也 著	Crime Problems in Japan	菊 判 (品切)
30	小島・渥美清水・外間 編	The Grand Design of America's Justice System	菊 判 4950円
31	川 村 泰 啓 著	個 人 史 と し て の 民 法 学	A5判 5280円
32	白 羽 祐 三 著	民法起草者 穂 積 陳 重 論	A5判 3630円
33	日本比較法研究所 編	国際社会における法の普遍性と固有性	A5判 3520円
34	丸 山 秀 平 編著	ド イ ツ 企 業 法 判 例 の 展 開	A5判 3080円
35	白 羽 祐 三 著	プロパティと現代的契約自由	A5判 14300円
36	藤 本 哲 也 著	諸 外 国 の 刑 事 政 策	A5判 4400円
37	小島武司他 編	Europe's Judicial Systems	菊 判 (品切)
38	伊 従 寛 著	独 占 禁 止 政 策 と 独 占 禁 止 法	A5判 9900円
39	白 羽 祐 三 著	「日本法理研究会」の分析	A5判 6270円
40	伊従・山内・ヘイリー 編	競争法の国際的調整と貿易問題	A5判 3080円
41	渥 美 ・ 小 島 編	日韓における立法の新展開	A5判 4730円
42	渥 美 東 洋 編	組 織 ・ 企 業 犯 罪 を 考 え る	A5判 4180円
43	丸 山 秀 平 編著	続ドイツ企業法判例の展開	A5判 2530円
44	住 吉 博 著	学生はいかにして法律家となるか	A5判 4620円

日本比較法研究所研究叢書

45	藤本哲也 著	刑事政策の諸問題	A5判 4840円
46	小島武司 編著	訴訟法における法族の再検討	A5判 7810円
47	桑田三郎 著	工業所有権法における国際的消耗論	A5判 6270円
48	多喜寛 著	国際私法の基本的課題	A5判 5720円
49	多喜寛 著	国際仲裁と国際取引法	A5判 7040円
50	眞田・松村 編著	イスラーム身分関係法	A5判 8250円
51	川添・小島 編	ドイツ法・ヨーロッパ法の展開と判例	A5判 2090円
52	西海・山野目 編	今日の家族をめぐる日仏の法的諸問題	A5判 2420円
53	加美和照 著	会社取締役法制度研究	A5判 7700円
54	植野妙実子 編著	21世紀の女性政策	A5判 (品切)
55	山内惟介 著	国際公序法の研究	A5判 4510円
56	山内惟介 著	国際私法・国際経済法論集	A5判 5940円
57	大内・西海 編	国連の紛争予防・解決機能	A5判 7700円
58	白羽祐三 著	日清・日露戦争と法律学	A5判 4400円
59	伊従・山内・ヘイリー・ネルソン 編	APEC諸国における競争政策と経済発展	A5判 4400円
60	工藤達朗 編	ドイツの憲法裁判	A5判 (品切)
61	白羽祐三 著	刑法学者牧野英一の民法論	A5判 2310円
62	小島武司 編	ADRの実際と理論 I	A5判 (品切)
63	大内・西海 編	United Nation's Contributions to the Prevention and Settlement of Conflicts	菊判 4950円
64	山内惟介 著	国際会社法研究 第一巻	A5判 5280円
65	小島武司 著	CIVIL PROCEDURE and ADR in JAPAN	菊判 (品切)
66	小堀憲助 著	「知的(発達)障害者」福祉思想とその潮流	A5判 3190円

日本比較法研究所研究叢書

67	藤本哲也 編著	諸外国の修復的司法	A5判 6600円
68	小島武司 編	ＡＤＲの実際と理論Ⅱ	A5判 5720円
69	吉田　豊 著	手付の研究	A5判 8250円
70	渥美東洋 編著	日韓比較刑事法シンポジウム	A5判 3960円
71	藤本哲也 著	犯罪学研究	A5判 4620円
72	多喜　寛 著	国家契約の法理論	A5判 3740円
73	石川・エーラース グロスフェルト・山内 編著	共演　ドイツ法と日本法	A5判 7150円
74	小島武司 編著	日本法制の改革：立法と実務の最前線	A5判 11000円
75	藤本哲也 著	性犯罪研究	A5判 3850円
76	奥田安弘 著	国際私法と隣接法分野の研究	A5判 8360円
77	只木　誠 著	刑事法学における現代的課題	A5判 2970円
78	藤本哲也 著	刑事政策研究	A5判 4840円
79	山内惟介 著	比較法研究　第一巻	A5判 4400円
80	多喜　寛 編著	国際私法・国際取引法の諸問題	A5判 2420円
81	日本比較法研究所編	Future of Comparative Study in Law	菊判 12320円
82	植野妙実子 編著	フランス憲法と統治構造	A5判 4400円
83	山内惟介 著	Japanisches Recht im Vergleich	菊判 7370円
84	渥美東洋 編	米国刑事判例の動向Ⅳ	A5判 9900円
85	多喜　寛 著	慣習法と法的確信	A5判 3080円
86	長尾一紘 著	基本権解釈と利益衡量の法理	A5判 2750円
87	植野妙実子 編著	法・制度・権利の今日的変容	A5判 6490円
88	畑尻剛 工藤達朗 編	ドイツの憲法裁判　第二版	A5判 8800円

日本比較法研究所研究叢書

89	大村雅彦 著	比較民事司法研究	A5判 4180円
90	中野目善則 編	国際刑事法	A5判 7370円
91	藤本哲也 著	犯罪学・刑事政策の新しい動向	A5判 5060円
92	山内惟介／ヴェルナー・F・エプケ 編著	国際関係私法の挑戦	A5判 6050円
93	森勇／米津孝司 編	ドイツ弁護士法と労働法の現在	A5判 3630円
94	多喜寛 著	国家（政府）承認と国際法	A5判 3630円
95	長尾一紘 著	外国人の選挙権　ドイツの経験・日本の課題	A5判 2530円
96	只木誠／ハラルド・バウム 編	債権法改正に関する比較法的検討	A5判 6050円
97	鈴木博人 著	親子福祉法の比較法的研究Ⅰ	A5判 4950円
98	橋本基弘 著	表現の自由　理論と解釈	A5判 4730円
99	植野妙実子 著	フランスにおける憲法裁判	A5判 4950円
100	椎橋隆幸 編著	日韓の刑事司法上の重要課題	A5判 3520円
101	中野目善則 著	二重危険の法理	A5判 4620円
102	森勇 編著	リーガルマーケットの展開と弁護士の職業像	A5判 7370円
103	丸山秀平 著	ドイツ有限責任事業会社（UG）	A5判 2750円
104	椎橋隆幸 編	米国刑事判例の動向Ⅴ	A5判 7590円
105	山内惟介 著	比較法研究　第二巻	A5判 8800円
106	多喜寛 著	STATE RECOGNITION AND *OPINIO JURIS* IN CUSTOMARY INTERNATIONAL LAW	菊判 2970円
107	西海真樹 著	現代国際法論集	A5判 7480円
108	椎橋隆幸 編著	裁判員裁判に関する日独比較法の検討	A5判 3190円
109	牛嶋仁 編著	日米欧金融規制監督の発展と調和	A5判 5170円
110	森光 著	ローマの法学と居住の保護	A5判 7370円

日本比較法研究所研究叢書

111	山内惟介著	比較法研究 第三巻	A5判 4730円
112	北村泰三・西海真樹編著	文化多様性と国際法	A5判 5390円
113	津野義堂編著	オントロジー法学	A5判 5940円
114	椎橋隆幸編	米国刑事判例の動向Ⅵ	A5判 8250円
115	森勇編著	弁護士の基本的義務	A5判 6930円
116	大村雅彦編著	司法アクセスの普遍化の動向	A5判 6710円
117	小杉末吉著	ロシア-タタルスターン権限区分条約論	A5判 5610円
118	椎橋隆幸著	刑事手続における犯罪被害者の法的地位	A5判 4950円
119	椎橋隆幸編	米国刑事判例の動向Ⅶ	A5判 7920円
120	70周年記念叢書編集委員会編	グローバリゼーションを超えて	A5判 6600円
121	鈴木彰雄著	刑法論集	A5判 3960円
122	畑尻剛著	ペーター・ヘーベルレの憲法論	A5判 2530円
123	只木誠・グンナー・デュトゲ編	終末期医療、安楽死・尊厳死に関する総合的研究	A5判 6930円
124	植野妙実子著	男女平等原則の普遍性	A5判 7590円
125	山内惟介著	国際会社法研究 第二巻	A5判 6490円
126	堤和通編著	米国刑事判例の動向Ⅷ	A5判 8140円
127	畑尻剛著	Inzidente und konzentrierte Verfassungsgerichtsbarkeit	菊判 1980円
128	奥田安弘著	国際私法と隣接法分野の研究・続編	A5判 4950円
129	山内惟介著	憲法と国際私法	A5判 10450円
130	丸山秀平著	続・ドイツ有限責任事業会社（UG）	A5判 3850円
131	早田幸政著	グローバル時代における高等教育質保証の規範構造とその展開	A5判 7480円
132	山内惟介著	気候危機とドイツ国際私法	A5判 7040円

＊表示価格は税込みです。

日本比較法研究所研究叢書

133 鈴木博人 著　親子福祉法の比較法的研究 II　A5判 1870円